智慧生态城市

Smart-Ecological City

寇有观　著

中国城市出版社

·北　京·

图书在版编目（CIP）数据

智慧生态城市／寇有观著. —北京：中国城市出版
社，2017.2

ISBN 978-7-5074-3093-6

Ⅰ.① 智… Ⅱ.① 寇… Ⅲ.① 现代化城市-生态
城市-城市建设-研究-中国 Ⅳ.① F299.2 ② X321.2

中国版本图书馆CIP数据核字（2017）第028995号

责任编辑：宋　凯　张瀛天
责任校对：焦　乐　李美娜

智慧生态城市

寇有观　著

*

中国城市出版社出版、发行（北京海淀三里河路9号）

各地新华书店、建筑书店经销

北京锋尚制版有限公司制版

北京圣夫亚美印刷有限公司印刷

*

开本：710×1000毫米　1/16　印张：19　字数：344千字

2017年7月第一版　　2017年7月第一次印刷

定价：**45.00**元

ISBN 978-7-5074-3093-6

（904005）

古代人们"筑城以卫君，造郭以守民"。城市逐渐成为地域的政治、经济、文化中心和文明的象征，成为各类要素资源和经济社会活动集中的地方，具有举足轻重的地位。我国全面建成小康社会、加快实现现代化，必须抓好城市这个"火车头"，把握发展规律，推动以人为核心的新型城镇化，发挥城镇化扩大内需这个最大潜力的作用。

城市是社会生产力和商品经济发展的产物，又是经济社会发展和人民生产生活的重要载体，集中了大量的社会财富、人类智慧和古今文明。同时，也集中了当代人类的各种矛盾，产生多种城市病：人口膨胀、资源紧缺、环境污染、交通拥堵、地面沉降、能源紧张、土地紧张。水资源短缺、基础设施落后、风景旅游资源被污染、名城特色被破坏，严重阻碍城市的社会、经济和生态环境功能的正常发挥，给人们的身心健康带来巨大危害。呼唤生态觉醒，主张人与自然和谐相处的生态文明正成为全球的共识和时代的主题，时代呼唤智慧生态城市。

改革开放以来，我国经历了世界历史上规模最大、速度最快的城镇化进程，城市发展波澜壮阔，取得了举世瞩目的成就。城市发展带动了整个经济社会的发展，城市建设成为现代化建设的重要引擎。城市发展模式成为极其重要的理论与实践问题。

十几年来，数字城市打造了城市数字化基础，实现了业务电子化；近年的智慧城市从开始就向广义化扩展，探求发展新模式；释放人的大脑，以全球网络为供需调节器，以数据计算为智能驱动，发展数字技术（DT）新经济。

物联网正在重新定义 DT 时代的生活方式、工作方式，线下尚未被数据化的市场隐藏着大量用户的个性化需求，如"冰山"一样巨大的"全息需求"亟待开发。伴随物联网技术在服务业、工业、农业的深入普及，产业重构、科技创新、业务增值成为发展的主题，触发 DT 经济大爆炸。

我们不能照搬发达国家的现代化模式，因为地球没有足够的资源支撑。必须走自己的道路，对人类有所贡献。我国建设"数字城市"、"生态城市"、"低碳城市"、"绿色城市"、"智慧城市"、"人文城市"、"科技城市"、"平安城市"等，试点示范数百上千，但他们的顶层设计仅是城市发展的中层设计，急需综合研究，"多规合一"才能破解城市发展瓶颈，治愈"城市病"。这种融合发展、协同创新的模式是"智慧生态城市"。

智慧生态城市是生态文明新时代的现代化城市，代表城市发展的方向，是可持续发展的模式、新型城镇化的路径、"蓝天、青山、绿水常在"的和谐宜居城市；是理念创新、政策引导的结晶，拥有坚实的理论基础、技术支撑和探索思考。

树立顺应自然的理念，把生态文明建设融入经济、政治、文化、社会建设各方面和全过程，协同推进新型工业化、城镇化、信息化和农业现代化，坚持把节约优先、保护优先、自然恢复为主作为基本方针，把绿色循环低碳发展作为基本途径，把深化改革和创新驱动作为基本动力，把培育生态文化作为重要支撑，使城市和谐地融入生态环境系统的物质循环过程中。

贯彻创新、协调、绿色、开放、共享的发展理念，坚持稳中求进的工作总基调和宏观政策要稳、产业政策要准、微观政策要活、改革政策要实、社会政策要托底的总体思路，通过实施适度扩大总需求、坚定不移推进供给侧结构性改革、引导良好发展预期的组合政策，努力保持经济平稳发展走势。

自信是一种积极的精神状态，发自肺腑，深植人心，无形而强大。智慧生态城市，根植中国生态，传承中华智慧，充分运用人类5000多年来积累的伟大智慧，创新驱动，回应时代召唤，坚定走生态文明发展道路。

目录
CONTENTS

第一篇
分析发展模式
回应时代呼唤

从原始的居民点到当今的大都市，人类不断探索城市发展模式，城市发展模式成为极其重要的理论与实践问题。

改革开放以来，我国经历了世界历史上规模最大、速度最快的城镇化进程，城市发展波澜壮阔，取得了举世瞩目的成就。城市发展带动了整个社会经济的发展，城市建设成为现代化建设的重要引擎。

第一节　国外传入的城市发展模式

国外传入我国的城市发展模式主要有工业城市、生态城市、绿色城市、低碳城市和智慧城市等。

一、工业城市

工业是促使大多数城市发展的主要因素，也是城市的主要经济基础；工业城市是工业革命后随着现代工业的发展而产生，以工业生产为主要职能的城市。一般多为综合性工业城市，也有单一工业为主的"专业性工业城"。

工业城市的规划建设具有共同特点。在城市经济结构中，工业占有重要地位；在城市的人口结构和劳动结构上，工业从业人员占有较大的比例。工业用地在城市中的布置对工业城市的空间布局结构具有决定性影响。根据各类工业的特点和城市发展用地的具体条件选择工业用地，并安排好工业用地同城市其他用地之间，特别是同居住用地之间的相互位置，使职工上下班比较方便又少受工业污染的危害。

工业城市需要方便的对外交通运输条件。城市的工业区尽可能沿铁路、公路和通航河流布置，并考虑各种交通运输方式之间的相互衔接和互相补充，使工业区与交通运输枢纽之间保持有机联系。工业城市必须重视环境保护，采取有效措施，在工业区和居住区之间设置卫生防护地带等，减少或避免工业生产中排放的有害物质（包括工业噪声）对环境的污染。

二、生态城市

生态城市（Eco-city）以生态学原理为基础，拥有结构合理、功能高效、关系和谐的生态系统，是社会、经济、自然三者高度协同的可持续发展城市。

（一）生态城市发展

1962年出版的《寂静的春天》（Rachel Carson著）描述了人类生存所面临的危险，首次结合经济社会问题开展了生态学研究。几年后《一门科学——生态经济学》（Kenneth Boulding著）正式提出"生态经济学"概念，把生态经济理念系统融入社会发展的各个领域。1971年，联合国教科文组织在"人与生物圈"（MAB）计划中首次提出追求人与人、人与环境高度和谐的生态城市目标。有关生态城市的理论不断演进和深化，在世界许多城市开展生态城市建设，产生深远影响。1981年，联合国环境规划署召开的"人口、资源、环境和发展"会议将生态经济作为第一主题写进《环境状况报告》。有的城市从土地利用模式、交通运输方式、社区管理模式和城市空间绿化等方面开展生态城市建设的探索。

1. 美国

国际生态城市运动的创始人、美国生态学家理查德·雷吉斯特于1975年创建了"城市生态学研究会"，随后他领导该组织在美国西海岸的伯克利开展了一系列的生态城市建设活动。1992年，伯克利通过改善能源利用结构和调整城乡空间结构，成为全球生态城市建设的典范。在其影响下美国政府非常重视发展生态农业和建设生态工业园，有力地促进了城市可持续发展。

根据理查德·雷吉斯的观点，生态城市应该是三维的、一体化的复合模式，而不是平面的、随意的。同生态系统一样，城市应该是紧凑的，为人类而设计的，而不是为汽车设计的。在生态城市建设中，大幅度减少对自然的"边缘破坏"，从而防止城市蔓延，让城市回归自然。

2. 欧洲

丹麦的哥本哈根市通过进行公交导向式交通改革和实施手指形态规划，实现了生态城市建设的基本目标。德国埃尔兰根市率先执行"21世纪议程"有关决议，全面实施城市综合生态发展规划，成为德国生态城市建设的先锋。弗莱堡市把经济发展与环境保护作为整个城市和区域发展的战略目标，采取了一系列促进区域与环境协调发展政策措施，被称为德国的"环境首都"。

3. 澳大利亚

澳大利亚怀阿拉市确立了生态城市建设的基本原则，将生态城市建设的重点放在解决城市能源和资源问题上，促进了城市的可持续发展。1994年，在生态城市学者保罗的倡导下，阿德莱德市制定了生态城市建设计划的基本原则和衡量标准，并通过采取一系列措施，解决城市资源环境问题。

4. 亚洲

新加坡是世界瞩目的"花园城市"，珍视自然，让后代能够看到真正的动植物活体而不仅仅是标本；让社会的繁荣发展同自然界物种的繁衍进化协调进行，创造一个人与自然和谐的城市。

新加坡城市规划中专门有一章"绿色和蓝色规划"，确保在城市化进程飞速发展的条件下，仍能拥有绿色和清洁的环境，充分利用水体和绿地提高人的生活质量。在规划和建设中特别注意建设更多的公园和开放空间，将主要公园用绿色廊道相连，充分利用海岸线并使岛内的水系适合休闲的需求。在蓬勃发展的城市，植物创造了凉爽的环境，弱化了钢筋混凝土构架和玻璃幕墙僵硬的线条，增加了城市的色彩。

5. 巴西

巴西的库里蒂巴市以良好的城市规划、公共交通系统整合、垃圾回收和能源项目的实施，成为享誉全球的生态城市典范。

库里提巴是快速公交系统起源地。在公路的中央辟出一条公交专用的快速通道，封闭的道路设计保证了公交车的专属权。司机可控制交叉路口的红绿灯，车速与地铁相当，每小时可达 60公里。采用大容量的双铰接巴士运营，配合对传统的公交车站的改造。全市的公交网络分为三个层面：第一层面是快速公交系统。第二层面是环形道路系统，将放射状快速公交道路连成网络状。第三层面是补给线路。补给线是一般的普通公交道路，主要连接周围卫星小镇和快速公交线。通过这三个层面公交线路的合理衔接，乘客可快速、方便地到达全市的任何地方。快速公交系统把轨道交通和传统公交的优势有机地结合起来，仅用了地铁投资的 1/10和建设周期的1/3，取得了与其相当的运营效果。公交系统的候车站犹如巨大的玻璃圆筒，两头分别设出入口，且入口处设有旋转栅栏，以保证有序。以此吸引更多市民放弃私家车，乘坐同样方便舒适的公交车。

（二）生态城市理念

生态城市是生态学在城市发展规划、建设和管理领域渗透的结果。目前生态学已经成为现代科学体系中最具活力的一个方面。面对日益严重的"城市病"，人们对生态学寄予厚望，希望能以生态学的智慧去拯救病重的城市和处于危机中的人类。

用生态学来指导城市的发展，不仅涉及城市物质环境的生态建设、生态恢复，还涉及价值观念、生活方式和政策法规等方面。生态城市的建设注重生态意识的孕育和培植。意识在生态城市发展过程中是最脆弱，而又是最基本、最重要、最核心的文化力量。人以自然为本，城以意识为生。意识是城市的灵魂，意识转型是城市社会发展转换的先导和标志，意识创新对城市转型具有根本性意义。

纠正"征服自然"观，确立"适应自然"观。人类对自然不适当地施加影响，破坏了自然环境和生态结构。这种所谓的"征服自然"实际上并未驾驭、掌握自然规律，而是扰乱了自然运行的秩序，对自然造成损毁和破坏，使自然变得更难适应和利用。

纠正"放任自然"观，确立"完善自然"观。自然并非完美无缺，自然界也会产生不利于生态的力量。人是生态的一部分，不能做大自然的旁观者。虽然人类应主动防止和减少对自然环境的破坏，但人类也不能在自然面前袖手旁观，而应积极参与，主动干预自然灾变，防止自然的消极变化，促成自然的积极变化。

（三）构建生态文化

从某种程度上说，生态城市建设就是生态文化建设，生态文化的成熟度决定生态城市的发展速度和质量。构建生态文化首先要认识走可持续发展道路的重大意义，认识发展生态文明、建设生态城市是城市现代化发展的必由之路，树立全新的人与人、人与社会、人与自然和谐的生态城市价值观。

创建生态社区。社区是城市的核心功能单元之一，是城市人性的主要表率空间和延展空间。生态社区是一种复合文化形态，是社区层面的生态文化表达。它以社区人的家庭生活和社会群体生活为内容，将社区或城市尺度上的物性和人的意性、智性等在社区层面上整合起来，形成一种生态生活文化作为社区文化的内核。

　　培育城市环保民主机制，树立生态风尚。坚持以人为本，制定好生态城市建设规划。既要充分考虑人的行为特征，尊重人格，又要努力满足人的基本需求，从人的生理和心理感受要求出发，让人们生活得更美好。

　　生态城市是生态学意义上的健康城市，这样的城市还不存在。虽然具备生态城市某些局部特征的片段已经零星出现在历史和当今的城市中，然而生态城市的概念以及建设实践仅仅刚刚开始。

　　在古老的村落可以看到生态城市的一些迹象：聚居点布局紧凑，富有活力，节约土地和能源。建设中使用当地的材料，历经数代而变化甚微，已度过种种风暴、危险和困难，融入了周围的景观，成为大自然有韵律的美景的一部分。

　　从当今的太阳能、风能及循环利用技术上看到了生态城市的一些迹象。从溪流恢复计划、城市园艺美化和果树种植行动中看到了更多正朝这个方向努力的迹象。但近30年来城市人工环境建设对自然生态环境造成的破坏，已经到了十分危急的程度，从当代城市发展到生态城市是一个长期的生态化发展过程，需要付出艰苦不懈的努力。

三、数字城市

　　数字城市由数字地球引起。

（一）数字地球

　　数字地球是时任美国副总统戈尔于1998年1月21日在加利福尼亚科学中心开幕典礼上发表的题为"数字地球：认识二十一世纪我们所居住的星球"演说时提出的一个与高新技术密切相关的概念，他将数字地球看成是"对地球的三维多分辨率表示，能够放入大量的地理数据"。戈尔的数字地球是关于整个地球、全方位的GIS、卫星遥感与虚拟现实技术、网络技术相结合的产物。面对如此浩大的工程，任何一个政府组织、企业或学术机构，都是无法独立完成的，需要成千上万的个人、公司、研究机构和政府组织的共同努力。

　　数字地球的核心是用数字化手段来处理整个地球的自然和社会活动，最大限度地利用资源，并使人们能够通过一定方式方便地获得他们所想了解的有关地球的信息；用数字的方法将地球、地球上的活动及整个地球环境的时空变化装入电脑中，实现在网络上的流通，并使之最大限度地为人类的生存、可持续发展和日常的工作、学习、生活、娱乐服务。

（二）数字城市

戈尔提出数字地球概念后，中国学者特别是地学界的专家认识到"数字地球"战略对推动我国信息化建设和社会经济、资源环境可持续发展的重要性，于1999年11月29日至12月2日在北京召开了首届国际"数字地球"大会。之后，与"数字地球"相关相似的概念层出不穷："数字中国"、"数字省"、"数字城市"、"数字化行业"、"数字化社区"等。许多省、市把它作为经济技术发展的重要战略来抓，数字城市的立项如火如荼。国家测绘局在2000年全国局长会议上明确提出，测绘局系统今后一个时期的主要任务是构建"数字中国"的基础框架。

"数字城市"（Digital city）以计算机技术、多媒体技术和大规模存储技术为基础，以宽带网络为纽带，运用遥感、全球定位系统、地理信息系统、遥测、仿真虚拟等技术，对城市进行多分辨率、多尺度、多时空和多种类的三维描述，即利用信息技术手段把城市的过去、现状和未来的全部内容在网络上进行数字化虚拟实现与应用。

四、绿色城市

绿色城市是充满绿色空间、生机勃勃的开放城市，管理高效、协调运转、适宜创业的健康城市，以人为本、舒适恬静、适宜居住和生活的家园城市，各具特色和风貌的文化城市，环境、经济和社会可持续发展的动态城市。

（一）绿色新政

"绿色新政"是联合国秘书长潘基文在2008年12月11日的联合国气候变化大会上提出的新概念，是对环境友好型政策的统称，主要涉及环境保护、污染防治、节能减排、气候变化等与人和自然的可持续发展相关的重大问题。潘基文呼吁全球领导人在投资方面转向能够创造更多工作机会的环境项目，在应对气候变化方面进行投资，促进绿色经济增长和就业，修复支撑全球经济的自然生态系统。

2008年9月中下旬，"百年一遇"的全球性金融危机爆发。欧、美、日等主要发达国家及不少发展中国家力图利用此次全球多重危机的机遇，纷纷制定和推进短期内刺激经济复苏，中长期应对气候变化，向低碳经济转型的绿色发展规划，试图通过绿色经济和绿色新政，在新一轮经济发展进程中促进经济转型，实现可持续发展。

（二）绿色城市

绿色城市对污染全面控制，资源高效利用，人与自然和谐相处。绿色发展涵盖森林、草原、湿地和园林公园，发展绿色产业、扩大绿色生态空间，对于固碳释氧、应对全球气候变化发挥重要的作用；理顺体制、机制，凸显五大功能：生态功能、经济功能、社会功能、碳汇功能、文化功能；建设三大体系：完善的绿色生态体系、发达的绿色产业体系、繁荣的绿色文化体系。

绿色城市有合理的规划布局、完善的基础设施体系、良好的环境质量、尽可能少的能源消耗、尽可能低的污染物排放，市民环保意识强，保护生活环境，拥有健康生活。绿色城市融入"绿色、健康、安全"理念，富有竞争力，天更蓝、地更绿、水更清，着力提升城市绿色竞争力。

（三）绿色城市建设

绿色城市建设涵盖植树种草绿化、绿色建筑和绿色交通建设等。绿化种树、种草是最直观的绿色建设，早已被人们认可并转化为城市规划的硬性指标，已经发展为多样化的城市园林，成为城市中不可或缺的魅力风景线。都市农业的出现给城市中生活的人们增加了接触自然和互动的机会，有利于维护城市居民的身心健康。

绿色建筑指在建筑的全寿命周期内，最大限度地节约资源（节能、节地、节水、节材），保护环境和减少污染，为人们提供健康、适用和高效的使用空间，与自然和谐共生的建筑。绿色建筑的基本内容可以概括为：节约能源及资源，提供安全、健康、舒适度良好的生活空间，与自然环境亲和，做到人及建筑与环境的和谐共处，永续发展。太阳能、风能的利用是目前最为普遍的新能源技术，可再生的新能源被广泛应用于发电，实现节能建筑的电力自给。号称中国太阳能第一楼建筑的北京北苑太阳能示范工程，其能源全部采用太阳能，已良好运转。

五、低碳城市

低碳城市（Low-carbon City）是大气中CO_2含量低的城市，遏制气候变暖。人类为了获取能源而大量消耗化石能源，致使地层中沉积碳库的碳以较快的速度流向大气碳库，从而引发温室效应、环境污染等灾难性问题。开发低碳能源，是低碳城市建设的基本保证，清洁生产是低碳城市建设的关键环节，循环利用是低碳城市建设的有效方法，持续发展是低碳城市建设的根本方向。低碳城市以低碳经济为发展模式及方向，市民以低碳生活为理念和行为特征，政府公务管理层以低碳社会为建设目标和蓝图。

（一）发展低碳经济

低碳经济是在可持续发展理念指导下，通过技术创新、制度创新、产业转型、新能源开发等多种手段，尽可能地减少煤炭、石油等高碳能源消耗，减少温室气体排放，达到经济社会发展与生态环境保护双赢的一种经济发展形态。

发展清洁生产，这是既可满足人们需要又合理使用自然资源和能源并保护环境的实用生产方法和措施，将废物减量化、资源化和无害化，或消灭于生产过程之中。其实质是一种物料和能耗最少的人类生产活动的规划和管理。同时，对人体和环境无害的绿色产品的生产亦将随着可持续发展进程的深入而日益成为今后产品生产的主导方向。

（二）开展低碳规划

科学的城市规划是建设低碳城市的第一步。城市能源消耗会直接影响到周边区域的环境污染，城市规划除了考虑单个城市自身特点外，还应结合城市所在区域和国家的发展战略来考量。低碳规划涵盖产业规划和交通规划等。

（三）倡导低碳消费

减少CO_2排放不仅是政府的责任，也是每个人应当承担的责任。倡导和实施低碳消费模式，在维持高标准生活的同时尽量减少使用消费能源多的产品。在减少碳排放方面，个人的行动非常重要，衣食住行都可以减少碳排放。从日常生活做起，节省含碳产品的使用，实行可持续的消费模式，我们就可以为实现低碳经济、建设低碳城市作出贡献。

六、智慧城市

2008年11月，在纽约召开的外国关系理事会上，IBM提出了"智慧地球"（Smart Planet）理念，进而引发了智慧城市建设的热潮。IBM经过研究认为，城市由关系到城市主要功能的不同类型的六个核心系统组成：组织（人）、业务／政务、交通、通讯、水和能源。

智慧城市广泛采用物联网、云计算、人工智能、数据挖掘、知识管理、社交网络等技术，注重用户参与、以人为本，构建有利于创新涌现的制度环境，实现智慧技术高度集成、智慧产业高端发展、智慧服务高效便民，持续创新。

智慧城市基于新一代信息技术以及维基、社交网络、综合集成法等工具和方法的应用，营造有利于创新涌现的生态，实现全面透彻的感知、宽带泛在的互联、智能融合的应用以及以用户创新、开放创新、大众创新、协同创新为特征的可持续创新；利用信息和通信技术令城市生活更加智能，高效利用资源，导致成本和能源的节约，改进服务交付和生活质量，减少对环境的影响。

充分运用信息和通信技术感测、分析、整合城市核心系统的各项关键信息，对包括民生、环保、公共安全、城市服务、工商业活动在内的各种需求做出智能的响应，为人们创造更美好的城市生活。

许多发达国家的首都和名城是智慧城市，如维也纳、巴黎、纽约、巴塞罗那、东京、柏林、哥本哈根等。

第二节　我国主要的城市发展模式

我国习惯上称以工业为主的城市为工业城市，进入21世纪，城市发展模式主要有数字城市、生态城市、低碳生态城市和智慧城市等。

一、数字城市

数字城市将城市地理、资源、环境、人口、经济、社会社情和社会服务等数字化、网络化和可视化；通过宽带多媒体信息网络、地理信息系统、虚拟现实技术等，整合城市信息资源，构建基础信息平台，建立电子政务、电子商务等信息系统和数字化社区，实现城市信息化。数字城市是人地（地理环境）关系系统，体现人与人、地与地、人与地的相互作用和相互关系，系统有政府、企业、市民、地理环境等既相对独立又密切相关的子系统，体现政府管理、企业活动和市民的生产生活等。

（一）数字城市发展战略

数字城市建设的指导思想是信息化带动工业化，工业化促进信息化；解放思想，发挥优势，实事求是，与时俱进；着力提高信息化对城市经济和社会发展的牵动效应，全面提升综合竞争实力，提高人民生活水平，加速城市现代化；发展有新思路，改革有新突破，开放有新局面，工作有新举措，坚定不移地推动社会经济的跨越式发展。

数字城市的建设方针是"统筹规划，资源共享；应用主导，面向市场；立足城市，带动周边；突出重点，拉动产业；安全可靠，务求实效"。

数字城市建设的战略目标是企业信息化、政府信息化、经济信息化、社会信息化、社区信息化、家庭数字化。信息传输高速、保真，信息内容多元、丰富，信息收发随时随地，方便快捷；信息共享，标准化、规范化、法制化；系统安全，信息安全。

（二）数字城市总体框架

数字城市的总体框架包括法律环境、基础设施、信息资源、支撑平台、应用系统和保障体系等，涉及政务、商务、居住、工作、游憩和交通等，涵盖政府信息化、企业信息化、社区信息化、家庭信息化、金融信息系统、社会信息系统和知识工程等。

1. 信息技术（IT）阶段

数字城市的初级阶段重在技术平台建设，鼓励应用；能者先行，急用先上。数字城市总体框架可以概括为五大平台、五个中心、应用、工程，政策、法规、标准、规范体系和安全、组织、资金、人才保障体系等（图1-1）。

数字城市的技术平台包括网络通信平台、地理信息平台、公用信息平台、专题信息平台和决策支持平台。数字城市系统的中心涉及网络互联、身份认证中心、信息资源管理中心、信息服务中心和决策支持中心等。系统建设容灾数据备份中心，在外

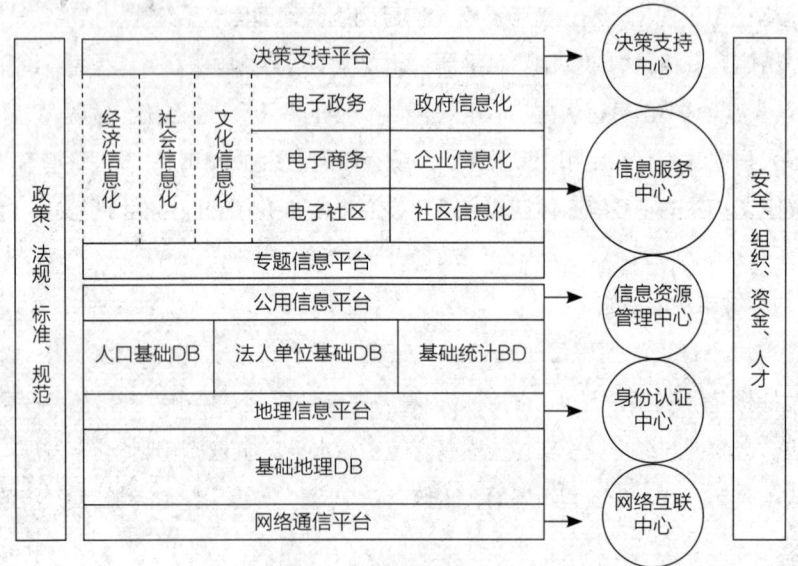

图1-1 数字城市总体框架

地建设远程数据备份中心。数字城市的基础数据库包括人口基础DB、法人单位基础DB、基础统计BD和基础地理DB等。数字城市大力推进地理信息系统、卫星导航定位系统和遥感技术在城市的应用。

重大信息工程包括市民卡工程、劳动和社会保障信息工程、社区服务信息工程、金融信息工程、金旅信息工程、农业现代化信息工程、现代物流信息工程和智能交通信息工程等。两大保证体系包括政策、法规、标准、规范体系和安全、组织、资金、人才保障体系等。

数字城市建设的保障措施有加强组织体系建设、强化信息安全保障体系、严格信息化项目管理、强化市场运作机制、加强投融资环境建设、加强政策法规体系建设和加强人力资源建设等。组建城市数字化建设推进联盟，动员政府、企业、社团、民众共同努力，量力而行，有序进展，务求实效；谁建设，谁收益，共发展，政府、企业和民众三赢。

2. 信息资源（IR）阶段

信息资源的开发利用，支撑了数字城市建设的发展。数字城市建设的高级阶段形成面向服务的数据平台，全面开展面向公众、企业和政府的服务与应用（图1-2）。

数字城市地理空间框架是数字中国国家、省（直辖市、自治区）、城市三级地理

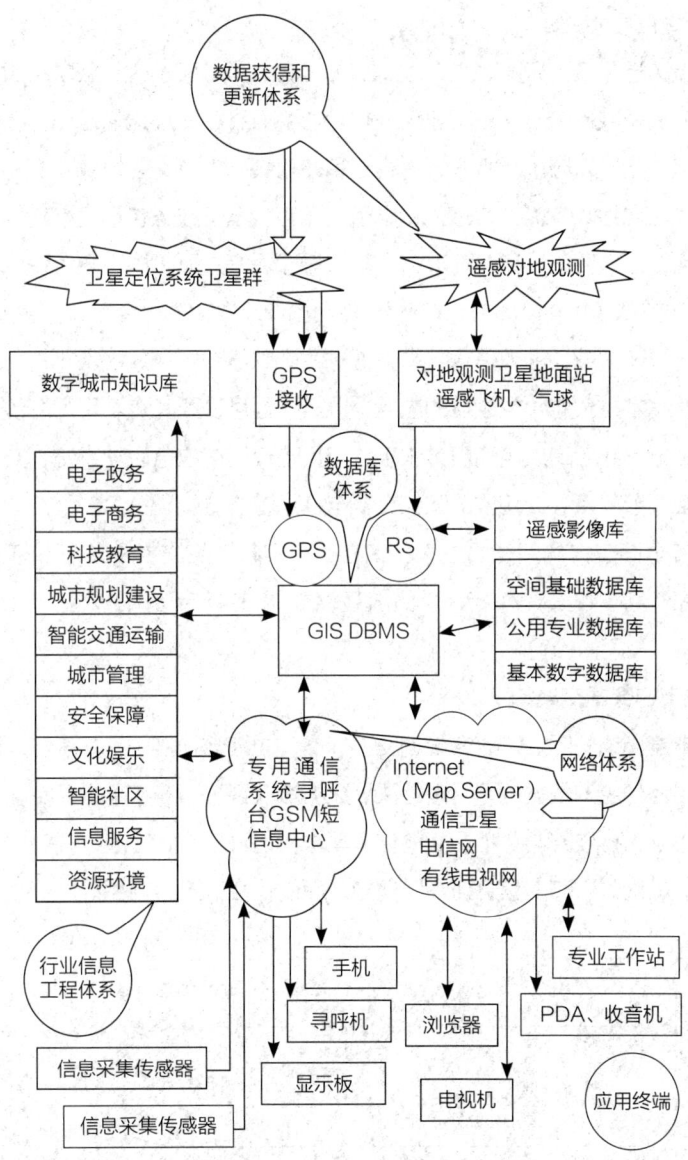

图1-2　数字城市数据平台

空间框架的重要组成部分，是市域范围内自然、社会、经济、人文与环境等各种信息的定位基础、集成工具和交换平台。三级地理空间框架的建设整体规划、渐进实施、相互协调，遵循相应的标准和规范，从而实现在分布式环境下多源、异质、异构地理空间数据的流通、共享及互操作。

（三）城市领域信息化

数字城市属于区域信息化，内含领域信息化，二者交叉融合，互联互通。数字城市重点发展五大领域的信息化：工业信息化、社会信息化、文化信息化、政务信息化和农业农村信息化，为城市运行服务，构建和谐社会。

政务信息化包括政务机关信息化和电子政务等。电子政务包括网络建设、信息资源建设、应用系统开发、公务员培训和法规法律建设等方面。电子政务积极运用信息技术，推进政府部门办公自动化，在政府机关之间、政府与社会之间，建立网络化、电子化的信息沟通渠道，实现信息共享，推进政府职能的转变。

加强信息技术在政府管理领域的应用，以政务信息资源开发利用为主线，推行政务公开，提高电子政务的应用和服务水平，积极建设城市应急联动系统、突发事件应急机制、社会预警体系等，切实加强信息安全基础工作。

电子政务全面支持构建社会主义和谐社会，实行数据交换和信息共享；协同工作，优化流程，共享数据，科学决策，协调发展，稳定社会（图1-3）。

（四）数字城市的数据交换

数字城市建设统一的、法定的数据交换标准，规范数据格式，尽可能采用规定的数据标准；制定相应的数据使用管理办法、数据版权保护、产权保护规定；部门间签订数据使用协议，打破部门、地区间的信息壁垒，促进社会、企业、政府间的信息共享，解决"信息荒岛"和"信息孤岛"问题，面向社会，服务市民。

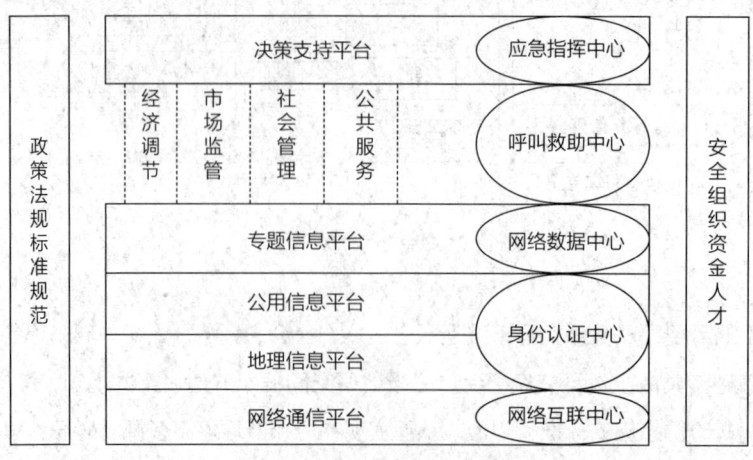

图1-3　电子政务总体框架

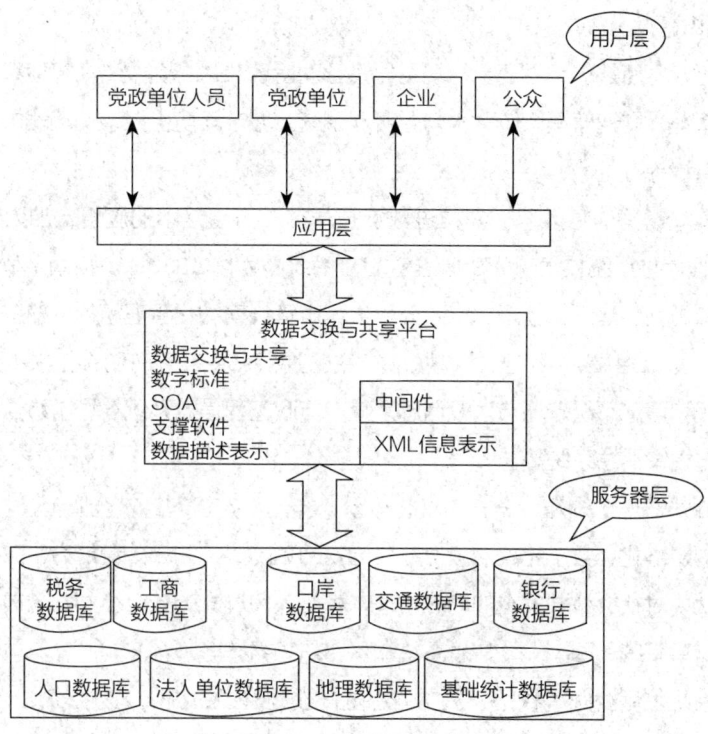

图1-4 数据交换与共享平台

数据交换与共享平台位处用户层和服务器层之间，隶属于应用支撑层；在应用支撑层之上还有应用层（图1-4）。

数据交换包括空间数据和非空间数据的交换。空间数据通过外部数据交换文件可以达到GIS数据通信与共享。发展GIS软件，制定空间数据交换标准，通过外部数据交换达到数据共享目的。同时，着手研究制定空间数据互操作规范，逐步过渡到共享平台。

（五）应用

应用主要包括电子政务、城市运营、经济运行、经济运行服务和社会公众服务等。

1. 电子政务

电子政务对提高政府工作效率、推进廉政建设、改进政府服务具有重要意义。政府部门是城市信息的最大拥有者和最多使用者，积极运用信息技术，加快电子政务建设，是经济和社会信息化发展的迫切需要。

2. 城市运营

城市运营方面的应用主要包括规划建设管理信息系统、国土资源管理系统、社会治安管理系统、交通管理系统、水资源管理系统、城市环境监控系统和城市应急联动指挥服务系统等。

规划建设管理信息系统重在推进数字技术在城市建设中的应用，加大遥感技术（RS）、地理信息系统技术（GIS）、全球定位系统技术（GPS）、多媒体、虚拟仿真技术等在城市规划、建设、管理、市政公用、城市管线集约化管理等领域的应用，提高城市规划、城市建设、城市监控、城市资源配置和公共服务的现代化水平，主要包括：城市规划信息系统、城市建设信息系统、市政工程信息系统、城市综合管网信息系统和城建档案信息系统等。

社会治安管理系统建设公安信息化体系，实现治安管理、安全防范、打击犯罪、消防管理的网络化、数字化，增强对社会治安的预防、控制和处置能力，改善社会安全环境，实现对社会公共安全的动态管理，满足人民群众的社会公共安全需求。主要包括公安信息系统、国家安全信息系统和保密信息系统等。

交通系统加强公路、铁路、航空信息基础设施建设，提高运输方式、运输技术、运输组织管理和交通基础设施建设的现代化水平，构筑交通信息服务产业化框架，实现交通部门办公业务数字化、网络化。

水资源管理信息系统协助缓解水资源短缺、水污染，使水资源管理与决策科学化。城市环境监控系统利用信息技术，提高对大气监测、水资源保护、生态环境保护、污水排放和固体废物治理的管理水平。城市应急联动指挥服务系统支持紧急情况的应急指挥调度等。

3. 经济运行

经济运行方面的应用包括电子商务、企业信息化、农业和海洋信息工程等。

企业是国民经济的细胞，推进企业信息化就是全面提高企业管理水平和整体竞争能力，与企业改革、改组、改造相结合，与强化企业的基础管理相结合，与引进先进的管理理念相结合，推进企业经营管理的信息化。

以农业科研院所、农业龙头企业和现代化农业示范点、农产品专业批发市场、农业专业生产大户为依托，加快建设农业信息系统；大力推进地理信息系统、导航定位系统、遥感技术在农业领域的应用，建设农业资源、生态、灾害等动态监测和预警预报信息系统，建设农业资源数据库，实现农业资源的信息共享；以现代化农业龙头企业为重点，建设一批农业信息化应用示范基地，使农业信息系统成为促进农业产业化、现代化和提高农民收入的重要工具。

在沿海城市建设海洋信息工程，建立海域管理数据库、海洋生态环境数据库、海洋经济数据库、海洋功能区划数据库和海洋资源数据库，开展查询检索、建模分析、环境评估等，支持海洋开发事业。

4. 经济运行服务

数字城市建设金融、税务、工商、不动产、技术监督和企业与个人诚信等信息系统，为经济运行服务。

5. 社会公众服务

数字城市积极拓展信息技术在社会公众服务领域的应用，推进教育、科研、旅游、社区、社保、养老和医疗卫生信息化进程，增强服务功能，提高服务水准。

在市、区（县）医院管理信息系统的基础上实现联网，建设一批医疗卫生数据库，开通健康网站，向社会提供医疗卫生信息服务；实施医疗一卡通，集中个人健康信息，基本实现卫生行政、管理、服务信息化和信息资源共享，开展多种增值服务；建立电子病案数据库，通过网络逐步达到协同会诊；建设一批卫生、医药、医疗器械、病历档案数据库，综合利用具有高新技术的医疗诊断装备；开发、应用医疗卫生信息咨询服务系统，建立和推广社区医疗保健服务体系；开展网上预约、挂号及远程医疗等业务，实现个性化医疗，为医疗保险、卫生保健和卫生防疫提供信息服务。

建成市、区（县）、街道、社区（居委会）四级社区服务信息网络及其支撑体系，普及推广信息化社区，家庭信息化由起步阶段进入发展阶段。

建立人事、人才信息系统，形成覆盖全市的人事人才信息网络，建设公务员、专业技术人员、人才资源配置、人才市场供求信息、军队转业干部安置等人才资源数据库系统，建设人事人才管理和决策支持信息系统。

二、生态城市

生态城市以发展生态经济、循环经济、绿色经济为重点，推进生态产业体系建设；以节约能源和促进资源永续利用为重点，推进资源保障体系建设；以生态环境保护和治理、污染物减排为重点，推进山川秀美的生态环境体系建设；以城乡环境综合整治为重点，推进人与自然和谐的生态人居体系建设；以创新可持续发展的体制、机制和提升环境保护能力为重点，推进高效、稳定、配套的能力保障体系建设；以提高环境保护和环境道德意识、倡导绿色生产和绿色消费为重点，推进生态文化体系建设。

原国家环保总局已经在全国组织开展生态建设示范区：生态省（市、县）、生态工业园区、生态乡镇（即原环境优美乡镇）、生态村。2010年，环境保护部下发《关于进一步深化生态建设示范区工作的意见》（环发〔2010〕16号）指出生态建设示范区是推进生态文明建设的有效载体。生态建设示范区工作得到各地的积极响应，引起了地方各级党委、政府的高度重视。许多地方以创建工作为抓手，优化经济增长、调整产业结构、强化节能减排、加强城乡环境保护，提升了公众环保意识，生态文明理念日益深入人心，部分地区已初步走上文明发展道路，是实现环境保护进入经济建设、社会发展的主干线、大舞台、主战场的有效形式，对于建设资源节约型、环境友好型社会、推动环境保护历史性转变具有重要意义。

三、低碳城市

低碳以减少温室气体排放为目标，构筑低能耗、低污染的发展体系。低碳产业主要是节能、减排、新能源和清洁发展机制CDM方向的产业。低碳城市通过能源、资源、交通、用地、建筑等综合手段，减少城市规划建设和使用管理过程中的碳排放；实施一系列政策措施，大力发展清洁能源，优化产业结构，构建低碳能源体系，发展绿色建筑和低碳交通，建立碳排放交易市场等。2010年8月，国家发展改革委确定在5省8市开展低碳产业建设试点工作。

（一）低碳发展

低碳发展以低能耗、低物耗、低排放、低污染，可计量、可监测、可审计为特征。低碳发展的一个基本宗旨是减缓大气中温室气体含量的增加速度；两个努力方向是少增加、多吸收大气中的温室气体；三大实施领域是节能减排、绿化增汇和开发新能源、可再生能源。

节能减排减少向大气排放温室气体，包括二氧化碳和甲烷等；绿化增汇运用光合作用，把空气里面的二氧化碳转化为有机物，放出氧气，减少大气中的二氧化碳。

国家发展改革委、财政部、中国人民银行、国家税务总局联合制定，国务院同意印发《关于加快推行合同能源管理促进节能服务产业发展的意见》。靠单位自己做，既浪费资金，也耗时过长。而专业化"节能服务公司"，有经验，有技术，很快就可以把节能改造推动起来，用能单位不用投资，还有收益。

（二）能源革命

工业革命以来，经济活动大量使用化石燃料，造成大气中二氧化碳等温室气体的浓度急速增加，产生愈来愈明显的全球增温、海平面上升以及全球变暖加剧的现象，对水资源、农作物、自然生态系统及人类健康等造成日益明显的负面冲击，能源革命迫在眉睫。

人类的能源利用经历了火与柴草、煤炭与蒸汽机、石油与内燃机三个时代的演变。依托于石油、内燃机和电力的应用，世界由"蒸汽时代"进入"电气时代"。2010年1月，国务院决定成立国家能源委员会，国务院总理出任主任，各大部委领导任委员，主抓能源革命。

低碳发展必须实行能源革命，优化能源结构，大力发展替代新能源和优先发展可持续能源，开发风能、太阳能、水能、地热能、生物质能、氢能、燃料电池和核能等低碳或零碳新能源，提高非化石能源尤其是可再生能源的消费比重，向低碳无碳富氢的方向发展，最终形成低碳无碳能源体系。

新能源革命发生在能源的提供方式、输送方式和消费方式三个领域。石油、煤炭将向清洁能源、低碳能源过渡，新能源的比例2020年会提高到20%；输送方式会从电网、固网运输向智能电网过渡；消费方式会从用油向用电过渡。

新能源系统通过发展清洁能源替代煤炭、石油等化石能源以减少二氧化碳排放。CDM项目包括新能源发电、新型动力汽车、建筑节能、工业节能、循环经济、清洁技术和环保设备等；发展风能、太阳能、生物质能、核能、地热能、海洋能等新能源。

煤是我国主导能源，未来一段时间之内煤的低碳利用是发展低碳能源的核心，洁净化利用化石能源，特别是煤炭，使这一"黑色"能源逐步"绿色化"。煤炭在总能源中的比重也逐步下降，到2050年可压至40%以下。以后总能源的增量将由清洁新能源补充。与此同时，煤炭的洁净度、安全性和利用效率逐步提高，煤炭的战略地位将调整为重要的基础能源。

我国的二氧化碳排放总量2008年超过美国，成为世界第一大二氧化碳排放国，虽然2030年前我国的人均二氧化碳排放水平仍比美国低60%。但由于国际社会减排二氧化碳的呼声日益强烈，我国在温室气体排放上面临巨大的政治和经济压力。温室气体排放很可能成为我国经济发展的硬约束条件。

国家仍然直接调控着能源行业。自20世纪80年代以来，中央政府已将较小企业的所有权下放给地方政府，并允许非国有企业进入能源行业的某些领域。我国的石油、天然气以及电力行业都由大型股份制企业控制，它们中的大部分已经将最盈利的子公司在海外上市，政府（国有资产监督管理委员会）是其最大的股东。企业高层职位的任命接受政府的指导，在实际运营中，这些大企业的独立性日趋增强。

（三）增加碳汇

碳汇（Carbon Sink）指从空气中清除二氧化碳的过程、活动和机制，主要是森林吸收并储存二氧化碳的能力。森林植物吸收大气中的二氧化碳并将其固定在植被或土壤中，从而减少大气中二氧化碳的浓度。森林是陆地生态系统中最大的碳库，在降低大气中温室气体浓度、减缓全球气候变暖中，具有十分重要的独特作用。

森林面积虽然只占陆地总面积的1/3，但森林植被区的碳储量几乎占到了陆地碳库总量的一半。树木通过光合作用吸收大气中大量的二氧化碳，减缓了温室效应，形成通常所说的森林碳汇作用。二氧化碳是林木生长的重要营养物质，林木把吸收的二氧化碳在光能作用下转变为糖、氧气和有机物，为生物界提供枝叶、茎根、果实、种子，提供最基本的物质和能量来源。这一转化过程，就形成了森林的固碳效果。森林是二氧化碳的吸收器、贮存库和缓冲器。反之，森林一旦遭到破坏，则变成了二氧化碳的排放源。

碳源（Carbon Source）指产生二氧化碳之源。它既来自自然界，也来自人类生产和生活过程。碳源与碳汇是两个相对的概念，碳源指自然界中向大气释放碳的母体，碳汇指自然界中碳的寄存体。减少碳源一般通过二氧化碳减排来实现，增加碳汇则主要采用固碳技术，尤其是绿色植物通过光合作用固碳。

四、低碳生态城市

低碳生态城市是低碳目标与生态理念相融合的复合系统，低污染、低排放、低能耗、高能效、高效率、高效益，资源节约、环境友好、居住适宜、运行安全、经济健康发展和民生持续改善。通过"低碳"来减少城市发展对自然生态环境的负面影响，创造人与自然和谐共生的关系，是低碳模式和生态化理念在城市发展中的落实。

低碳生态城市通过多系统的共生，实现城市生态环境、能源利用、经济社会、人居生活的可持续性，从而提高城市中各系统的运营效率和效益，减少城市内耗和对环境的破坏，最终达到人与自然的共生。低碳生态城市也有个性，主要体现在与能源使用及规划（尤其是可再生能源使用和规划）等相关方面，如能源的多级利用、将城市可再生能源规划纳入规划体系、可再生能源与城市元素的一体化，将"转废为能"作为城市可再生能源利用的重要方面、城市产业结构与节能和利用可再生能源相结合、将发展可再生能源与建设生态型城市相结合。

五、智慧城市

随着国家治理体系和治理能力现代化的不断推进，随着网络强国战略、国家大数据战略、"互联网+"行动计划的实施和"数字中国"建设的不断发展，城市被赋予了新的内涵和新的要求，这不仅推动了传统意义上的智慧城市向新型智慧城市演进，更为新型智慧城市建设带来了前所未有的发展机遇，完成从数字城市向智慧城市的跃升。

（一）统筹新型智慧城市建设

为贯彻落实《关于促进智慧城市健康发展的指导意见》（发改高技〔2014〕1770号）的有关要求，国家发展改革委会同工业和信息化部、科技部、公安部、财政部、国土资源部、住房城乡建设部、交通运输部等25个部门成立了促进智慧城市健康发展部际协调工作组，统筹推进智慧城市建设。

新型智慧城市的本质是全心全意为人民服务；以为民服务全程全时、城市治理高效有序、数据开放共融共享、经济发展绿色开源、网络空间安全清朗为主要目标，通过体系规划、信息主导、改革创新，推进新一代信息技术与城市现代化深度融合、迭代演进，实现国家与城市协调发展的新生态。

"六个一"推进新型智慧城市建设：一个体系架构、一张天地一体的栅格网、一个通用功能平台、一个数据集合、一个城市运行中心、一套标准，从而实现治理更现代、运行更智慧、发展更安全、人民更幸福。

（1）一个开放的体系架构。遵循体系建设规律，运用系统工程方法，构建开放的体系架构，通过"强化共用、整合通用、开放应用"的思想，指导各类新型智慧城市的建设和发展。

（2）共性基础"一张网"。构建一张天地一体化的城市信息服务栅格网，夯实新型智慧城市建设的基础，实现城市的精确感知、信息系统的互联互通和惠民服务。

（3）一个通用功能平台。构建一个通用功能平台，实施各类信息资源的调度管理和服务化封装，进而支撑城市管理与公共服务的智慧化，有效管理城市基础信息资源，提高系统使用效率。

（4）一个数据体系。建立一个开放共享的数据体系，通过对数据的规范整编和融合共用，实现并形成数据的"总和"，进而有效提高决策支持数据的生产与运用，进一步提升城市治理的科学性和智能化水平。

（5）一个高效的运行中心。构建新型智慧城市统一的运行中心，实现城市资源的汇聚共享和跨部门的协调联动，为城市的高效精准管理和安全可靠运行提供支撑，更好地对城市的市政设施、公共安全、生态环境、宏观经济、民生民意等状况进行有效掌握和管理。

（6）一套统一的标准体系。标准化是新型智慧城市规范、有序、健康发展的重要保证，需要通过政府主导，结合各城市特色，分类规划建设内容和核心要素，建立健全涵盖"建设、改革、评价"三方面内容的标准体系。

（二）智慧城市建设战略思考

多年来，我国不断在推进建设数字城市、智慧城市。

1. 智慧城市战略背景目标

当今世界，信息化和经济全球化相互促进，我国已经成为网络大国，但在自主创新方面相对落后，人均带宽与国际先进水平差距较大；经济形势错综复杂，支撑发展的要素条件发生深刻变化，处于结构调整阵痛期、增长速度换挡期。

我国发展仍处在可以大有作为的战略机遇期。稳增长的同时，推动发展从主要依靠要素投入向更多依靠创新驱动转变，从国际产业分工中低端向中高端提升。

建设智慧城市的战略目标是网络基础设施基本普及，自主创新能力显著增强，信息经济全面发展，网络安全保障有力，信息服务全面丰富，网络文化繁荣发达，人才

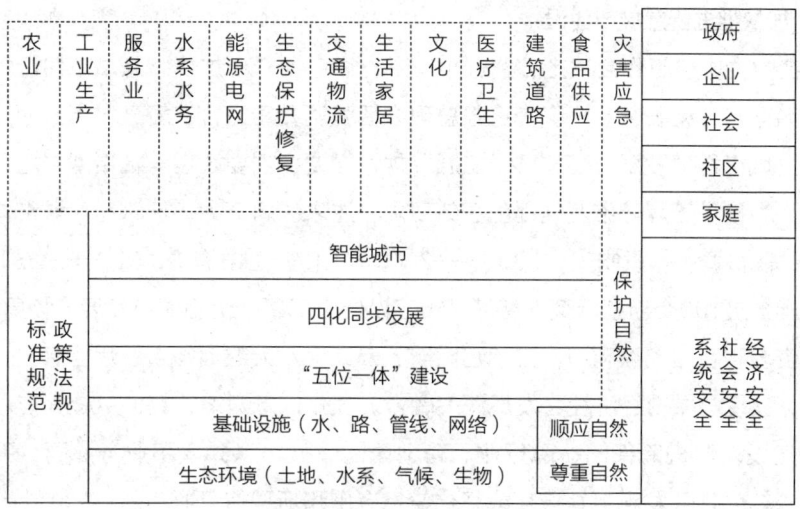

图1-5 智慧城市发展的总体架构

队伍素质高，双边、多边的国际交流活跃。

2. 智慧城市发展的总体架构

总体架构可以分为生态环境、基础设施、"五位一体"建设、四化同步发展、智能城市等层次；涵盖政府、企业、社会、社区和家庭（图1-5）。

3. 智慧城市建设的战略重点

智慧城市建设的战略重点是促进信息消费，建设生态文明。

从需求方面施策，从供给方面发力，构建扩大内需的长效机制。把消费作为扩大内需的主要着力点。通过增加居民收入提高消费能力，完善消费政策，培育消费热点。扩大服务消费，支持社会力量兴办各类服务机构，重点发展养老、健康、旅游、文化等服务，落实带薪休假制度。促进信息消费，实施"宽带中国"战略，加快发展第四代移动通信，推进城市百兆光纤工程和宽带乡村工程，大幅提高互联网网速，在全国推行"三网融合"，鼓励电子商务创新发展，维护网络安全。

开展公用设备设施的智能化改造升级，加快实施智能电网、智能交通、智能水务、智慧国土、智慧物流等工程。鼓励各类市场主体共同参与智慧城市建设。在国务院批准发行的地方政府债券额度内，由各省、自治区、直辖市人民政府统筹考虑安排部分资金用于智慧城市建设。鼓励符合条件的企业发行募集资金用于智慧城市建设的企业债。

（三）加快推进智慧城市建设

在中央城市工作会议上，习近平总书记讲话要求要加快智慧城市建设，提升城市治理水平和服务水平。李克强总理讲话强调要着力打造智慧城市，通过智慧化促进城市科学发展。国家"十三五"规划纲要提到要建设一批新型示范型智慧城市，为推进智慧城市发展提出了新要求，注入了新动力。促进智慧城市健康发展的部际协调工作机制工作组2016—2018年工作分工中提出，对"十三五"期间在全国推进100个新型示范性智慧城市建设作出部署。统筹城市发展的物质资源、信息资源和智力资源利用，推动物联网、云计算、大数据等新一代信息技术创新应用，实现与城市经济社会发展深度融合。强化信息网络、数据中心等信息基础设施建设。促进跨部门、跨行业、跨地区的政务信息共享和业务协同，强化信息资源社会化开发利用，推广智慧化信息应用和新型信息服务。

优先发展生产性服务业，推进服务业综合改革试点和示范建设，依靠改革调整优化产业结构；促进文化创意和设计服务与相关产业融合发展，加快发展保险、商务、科技等服务业。设立新兴产业创业创新平台，在新一代移动通信、集成电路、大数据、先进制造、新能源、新材料等方面赶超先进，引领未来产业发展。

大力节约集约利用资源，推动资源利用方式根本转变，加强全过程节约管理，大幅降低能源、水、土地消耗强度，大力发展循环经济。

本章总体分析城市，为研究发展模式奠定基础。

第一节　城市总体架构

城市总体架构涉及城市的所有方面：人、财、物、天、空、地、工、农、商、学、警，地面、空中和地下，实体与虚拟；涵盖政府、企业、社会、社区和家庭等。

城市发展的总体架构基本有五个层次：生态环境、基础设施、城市建设、城市发展驱动力、产业发展与公共服务；涵盖农业、工业、服务业、生态环境保护修复、生态规划、精准清洁生产、水系水务、能源、电网、建筑、道路、交通、物流、家居、食品供应、健康医疗、灾害应急等领域，政府、企业、家庭等主体人群（图2-1）。

生态文明建设关系人民生活，关乎民族未来。雾霾天气、环境污染矛盾突出，实行区域联防联控，深入实施大气污染防治行动计划，推动能源生产和消费方式变革。

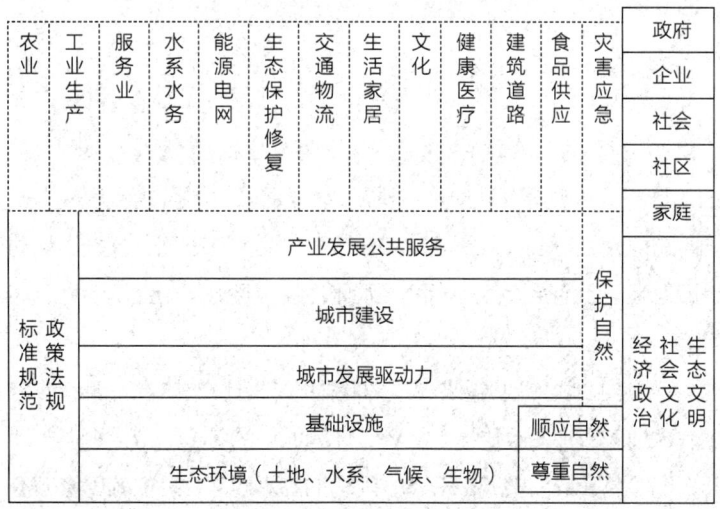

图2-1　城市发展总体架构

第二节 城市生态环境

城市建设在生态环境中，生态环境指与人类密切相关，影响人类生活和生产活动的各种自然力量（物质和能量）或作用的总和，涵盖水资源、土地资源、生物资源、气候资源及其负面影响与灾害。城市系统的生存与发展取决于其生命支持系统的活力，包括区域生态环境（光、热、水、气候、土壤、生物等）的承载力、生态服务功能的强弱、物质代谢链的闭合与滞竭程度，以及景观生态的时、空、量等的整合性。城市首先要建设基础设施，利用生态环境资源，规避生态环境危害。

一、城市土地

土地由地表及一定高度和深度范围内的岩石、矿藏、土壤、水文、大气和植被等要素构成，是环境要素与人类的社会生产和生活作用于空间的某些结果所组成的自然—经济综合体。

城市土地利用反映城市布局的基本形态和城市内功能区的地域差异。城市土地在未经开发建设之前具有自然属性和农业属性，包括土壤的肥沃程度、地表坡度大小、坡向、土地承压力和透水性等。开发建设提高了土地的使用价值，土地的经济属性在很大程度上决定城市的土地利用。

二、城市水脉

水是大地景观的主脉，是生物繁衍的条件。城市水体是城市中自然因素最为密集，自然过程最为丰富的地域。而且，人类活动和城市干扰又非常剧烈，是人类活动与自然过程共同作用最为强烈的地带之一。同时，水体往往也是城市中最具活力、环境优美的地段。

20世纪90年代以来，滨水地区开发越来越成为我国城市建设的热点。随着城市经济基础逐渐雄厚，滨水地区的开发改造提上日程，成为城市的黄金地带，提供土地开发和就业的新机会，能够提升和重塑城市形象。成功的滨水地区开发依赖周密而富有特色的规划设计。一个好的河岸滨水区的生态设计具有较高生产力、能够自我维护，只需适当的人工管理即可，具有较高的环境、社会和美学效益，同时在耗能、资源和人力上具有较高的经济性。

三、城市气候

城市气候是在大气候或区域气候背景下，城市特殊下垫面和人类活动的影响下形成的局地气候，相对郊区农村气候来说，城市是个气候岛：热岛、干岛、雨岛、烟霾岛、雾岛等。

由于有热岛中心的上升气流，空气中又有较多的粉尘等凝结核，城市中云量比郊区多，城市中及其下风方向的降水量也比其他地区多。另外，城市中由于大量使用能源，向大气中排放出许多二氧化硫和氧化氮，它们在一系列复杂的化学反应下，形成硫酸和硝酸，通过成雨过程和冲刷过程成为酸雨降落。酸雨导致土壤贫瘠，森林生长速率减慢，微生物活动受到抑制，对鱼类生存构成威胁，刺激人的咽喉和眼睛，防治酸雨是刻不容缓的任务。

雾霾天气是一种大气污染状态，雾霾是对大气中各种悬浮颗粒物含量超标的笼统表述，尤其是PM2.5被认为是造成雾霾天气的"元凶"。随着空气质量的恶化，阴霾天气现象增多，危害加重。不少地区把阴霾天气现象并入雾一起作为灾害性天气预警预报系统，称为"雾霾天气"。

二氧化硫、氮氧化物以及可吸入颗粒物这三项是雾霾的主要成分，前两者为气态污染物，最后一项颗粒物是加重雾霾天气污染的罪魁祸首。它们与雾气结合在一起，让天空瞬间变得灰蒙蒙的。颗粒物的英文缩写为PM，北京监测的是PM2.5，也就是空气动力学当量直径小于等于2.5微米的污染物颗粒。这种颗粒本身既是一种污染物，又是重金属、多环芳烃等有毒物质的载体。

四、城市生物

生物多样性是人类赖以生存的物质基础，也是城市生存的根本条件，对维持城市的生态平衡和可持续发展具有十分重要的意义。

城市生物多样性分布格局由自然生态环境和城市化过程所决定，其动态和机理与自然生态系统迥然不同。城市生物多样性为城市生态系统提供了诸多生态系统功能与服务，对改善城市环境、维持城市可持续发展有重要作用。城市化过程深刻改变了城市的生物多样性分布格局，导致了诸如本地物种多样性降低、外来物种多样性增加、物种同质化等一系列问题。城市生物多样性的生态系统功能研究在未来城市生物多样性研究中有重要地位。

第三节　城市基础设施

城市基础设施（Urban Infrastructure）是城市生存和发展必需的工程性基础设施和社会性基础设施的总称。我国一般讲城市基础设施多指工程性基础设施，包括能源系统、给排水系统、交通系统、通信系统、环境系统、防灾系统、城市污水处理设施、生活垃圾处理设施等工程设施。大体上可分为市政类的灰色基础设施和环境保护、生态、生命支持类的绿色基础设施。城市基础设施是城市正常运行和健康发展的物质基础，对于改善人居环境、增强城市综合承载能力、提高城市运行效率、稳步推进新型城镇化、确保全面建成小康社会具有重要作用。当前，我国城市基础设施仍存在总量不足、标准不高、运行管理粗放等问题。加强城市基础设施建设，有利于推动经济结构调整和发展方式转变，拉动投资和消费增长，扩大就业，促进节能减排。围绕改善民生、保障城市安全、投资拉动效应明显的重点领域，加快城市基础设施转型升级，全面提升城市基础设施水平。

一、城市生态基础设施

生态基础设施（Ecological Infrastructure）（Mander, Jagonaegi, et al. 1988；Selm and Van, 1988）本质上是城市所依赖的自然系统，是城市及其居民能持续地获得自然服务（Natures Services）（Costanza etal. 1992, Daily, 1997；俞孔坚等，2001）的基础，这些生态服务包括提供新鲜空气、食物、体育、休闲娱乐、安全庇护以及审美和教育等。它不仅包括习惯的城市绿地系统，更广泛地包含一切能提供上述自然服务的城市绿地系统、林业及农业系统、自然保护地系统。所以，生态基础设施是维护生命安全和健康的关键性空间格局，是城市和居民获得持续的自然服务（生态服务）的基本保障，是城市扩张和土地开发利用不可触犯的刚性限制。

城市生态基础设施是城市可持续发展的重要基础。在快速城市化的背景下，加强绿化，建设城市公园，提升城市绿地功能，保障生态基础设施的结构完整性和功能完善性十分重要。城市生态基础设施与表面生态学的整合研究将对城市水文效应（内涝）、灰霾效应（PM2.5）、热岛效应、水体污染与富营养化等备受关注的重大问题提供新的解决思路与科学方法。

二、道路交通基础设施

城市道路交通基础设施包括城市道路、桥梁、公共交通基础设施、城市步行和自行车交通系统等。

城市道路、桥梁与改造包括城市道路网络系统、道路网络密度、道路网络连通性和可达性，城市桥梁安全检测和加固改造、安全隐患整改，城市桥梁信息系统，桥梁安全管理制度等。

公共交通基础设施包括地铁、轻轨等城市轨道交通系统，大容量地面公共交通、调度中心、停车场、保养场、首末站以及停靠站、换乘枢纽及充电桩、充电站、公共停车场等配套服务设施等。

城市步行和自行车交通系统包括城市步行、自行车"绿道"，行人过街设施、自行车停车设施、道路林荫绿化、照明等设施等。

三、城市管网基础设施

城市管网基础设施包括市政地下管网、城市供水、排水防涝和防洪设施、城市电网等。

市政地下管网包括供水、污水、雨水、燃气、供热、通信等各类地下管网的建设、改造和检查，城市地下综合管廊等。

城市供水、排水防涝和防洪设施包括饮用水水源建设与保护、自备水井、城市排水防涝设施、雨污分流管网改造与排水防涝设施，雨水滞渗、收集利用等削峰调蓄设施，城市防洪设施，预报预警、指挥调度、应急抢险体系等。

城市电包括城市配电网、中心城市500（或330）千伏环网网架、大部分城市220

（或110）千伏环网网架、城市智能配电网等。

第四节　城市建筑建设

城市建设首先是建筑物和构筑物，也涵盖城市的经济建设、政治建设、文化建设、社会建设和生态文明建设。

一、城市建筑

建筑是建筑物与构筑物的总称，是人们为了满足社会生活需要，利用所掌握的物质技术手段，并运用一定的科学规律和美学法则创造的人工环境。建筑物是用泥土、水泥、砖瓦、石材、木材、钢筋、型材等建筑材料建造的一种供人居住和使用的空间，如住宅、厂房、楼宇、窑洞、水塔、寺庙、体育馆等。根据罗马时代的建筑家维特鲁威所著的现存最早的建筑理论书《建筑十书》记载，建筑包含的要素应兼备用（Utilitas，实用）、强（Firmitas，坚固）、美（Venustas，美观）的特点，为此，确立艺术且科学的观点。所以，建筑构成三要素是：建筑功能、建筑技术和建筑艺术形象。

改革开放30多年来，我国城市建筑与基础设施建设的速度和工程总量均居世界前列，但一些建筑在造型设计、环境设计、景观设计等方面不如人意，主要表现在设计思想不够深刻，缺乏人文关怀和精神内涵；创新思维不足，存在不少"便捷式"、"快餐式"、"拼贴式"设计；设计管理的法律法规不够完善，好的设计理念难以落地等。

在建筑设计领域追赶世界发展潮流，不能脱离中国实际，必须重视本土化，让建筑设计"落地生根"。实现本土化，要求建筑设计师对我国的土地、景观、民俗、文化等有深刻认知和热爱。除了设计师自身的努力，城市居民参与对于实现建筑设计本土化也十分关键。城市建筑与城市居民的工作、生活息息相关，他们有权对城市建筑设计提出自己的诉求。同时，城市居民对自己生存的环境有细致入微的认识，能为建筑设计师提供灵感和丰富素材。城市建筑设计只有在广泛收集城市居民意见的基础上进行，才有坚实的群众基础，才能形成设计与使用的良性循环。

二、城市建设

改革开放30多年来，我国城市经济社会发展取得了举世瞩目的辉煌成就，人民生活水平不断提高，全面建设小康社会取得重大进展。亿万人民在物质生活得到基本保障后，不仅对物质生活水平和质量提出了新的更高要求，而且在充分行使当家作主的民主权利、享有丰富的精神文化生活、维护社会公平正义、拥有健康美好的生活环境等方面都有了新的期待。

把握"五位一体"总布局，必须深刻理解五大建设的丰富内涵。"五位一体"总布局是一个有机整体，其中的经济建设是根本，政治建设是保证，文化建设是灵魂，社会建设是条件，生态文明建设是基础。只有坚持"五位一体"建设全面推进、协调发展，才能形成经济富裕、政治民主、文化繁荣、社会公平、生态良好的发展格局，建设富强民主文明和谐的社会主义现代化城市。

第五节　城市发展动力

城市发展的动力来自政府、市场与社会。政府通过行政手段和政策引导等推动城市发展；我国城市产生和发展的特点之一就是政治功能占有十分突出的位置，一个城市的规模和发展与其行政地位的等级高低成正比，形成了等级分明的城市体系。同时，市场、工业等经济要素作用凸显。近代以后，沿海沿江等口岸被迫开埠通商，进出口贸易率先发展，城市的聚集性骤然凸显，城市的经济功能陡然增强，一些城市的主要功能发生嬗变。市场愈发显露出对城镇化的推力。随着城市经济功能增强和交通网络的发展，以进出口商品为主的商品市场网络不断发展，带动资本、劳动力等要素市场的重组。市场与城市的互动，促使经济重心和布局的调整，也促使市场网络和城市体系的重构，推动了近代城市发展。社会力量对城市发展的作用开始显现，通过社团和个人等方式主动参与到城市规划、建设和管理中。三种动力相互交叉和互动，形成改革、科技、文化三大城市发展动力。

一、改革

改革是城市发展的强大动力；牢固树立政治意识、大局意识、核心意识、看齐意识，增强改革定力，聚集改革资源，激发创新活力，抓实目标任务、精准落地、探索创新、跟踪问效、机制保障，更加富有成效地抓好改革工作。

（一）经济体制改革

坚持社会主义市场经济改革方向，使市场在资源配置中发挥决定性作用，主要涉及经济体制改革，也必然影响政治、文化、社会、生态文明和党的建设等各个领域，使各方面体制改革朝着建立完善的社会主义市场经济体制方向协同推进，同时也使各方面自身相关环节更好地适应社会主义市场经济发展提出的新要求。

着力推进供给侧结构性改革，重要任务是坚决减去低效无效落后产能。化解过剩钢铁、煤炭产能，探索多种方式有效降低企业杠杆率，减轻债务负担，帮助企业做好富余人员安置工作，力争做到转岗不下岗、转业不失业，确有困难的由社保兜底。企业发挥主体作用，敢于先行先试，赢得新的发展。培育新动能和改造提升传统动能融合发展，增加大量就业岗位，为化解过剩产能创造条件。在简化审批、营造环境上多出实招，吸引各类创新要素，促进新经济加快成长。

产权制度是社会主义市场经济的基石。完善产权保护制度、依法保护产权，关键是要在事关产权保护的立法、执法、司法、守法等各领域体现法治理念，坚持平等保护、全面保护、依法保护。要在加强各种所有制经济产权保护，完善平等保护产权的法律制度，严格规范涉案财产处置的法律程序，完善政府守信践诺机制，完善财产征收征用制度，加大知识产权保护力度，健全增加城乡居民财产性收入的各项制度等方面，加大改革力度，不断取得工作实效。

（二）商事制度改革

把商事制度改革作为推进简政放权、放管结合、优化服务的重要抓手，促进新设市场主体保持较快增长，更大激发企业活力。简政放权是供给侧结构性改革的重要内容，有利于实施创新驱动发展战略，推进大众创业、万众创新，推动增加就业和经济发展。继续削减工商登记前置审批事项，探索实施各类经营许可证负面清单管理，加快推进"证照分离"试点。在全面实施企业"三证合一"基础上，再整合社会保险和统计登记证，实现"五证合一、一照一码"，降低创业准入的制度性成本。

支持去产能过程中分流人员自主创业，为他们从事经营或注册企业提供"绿色通道"便捷服务，并按规定给予税费减免、担保贷款等政策扶持，促进提高创业成功率。营改增改革出发点是为企业减负、让利于民、规范税制，确保各行业税负整体只减不增。政府部门主动服务企业，避免税负增加转嫁给实体经济特别是小微企业。

（三）科技体制改革

深化科技体制改革。建立健全鼓励原始创新、集成创新、引进消化吸收再创新的体制机制，健全技术创新市场导向机制，发挥市场对技术研发方向、路线选择、要素价格、各类创新要素配置的导向作用。建立产学研协同创新机制，强化企业在技术创新中的主体地位，发挥大型企业创新骨干作用，激发中小企业创新活力，推进应用型技术研发机构市场化、企业化改革，建设创新体系。

实行以增加知识价值为导向的分配政策，针对科研人员岗位特点，统筹自然科学、哲学社会科学等不同科学门类，统筹基础研究、技术开发、成果转化创新链条，加强系统设计、分类管理，构建体现智力劳动价值的薪酬体系和收入增长机制，激发广大科研人员积极性、主动性、创造性。通过加大绩效工资分配激励力度、落实科研成果性收入等激励措施，完善分配机制，使科研人员收入与岗位职责、工作业绩、实际贡献紧密联系。

（四）社会事业改革

社会事业改革关乎民生、连接民心。坚定不移把改革总体设计中有关社会事业、保障和改善民生的改革要求落到实处，加快推进有关健全就业创业体制机制、深化教育体制改革、深化收入分配制度改革、建立更加公平可持续的社会保障制度、深化医药卫生体制改革等重点任务。关注群众多方面、多层次需求，创新方式方法，多用善用会用多予少取、放活普惠的办法推进改革，多谋民生之利、多解民生之忧。认真分析归纳民生领域的热点难点问题，列出清单，拿出措施，每年办成几件实实在在的事情。

鼓励各地因地制宜推广，支持各地差别化探索，在公立医院运行机制改革、医保经办管理体制、药品供应保障制度建设、分级诊疗制度建设、综合监管制度建设、建立符合医疗行业特点的人事薪酬制度等方面大胆探索创新，全力取得突破。

（五）改革关头勇者胜

党的十八届三中全会以来，全面深化改革实施进展顺利，各领域标志性、支柱性改革任务基本上已经推出，重要领域和关键环节改革取得突破性进展，全面深化改革、全面依法治国的主体框架正在逐步确立。改革真刀真枪、大刀阔斧，涉险滩、动奶酪、啃硬骨头，突破了一些过去认为不可能突破的关口，也解决了一些多年来想解决但一直没有很好解决的问题，不断夯基垒台、积厚成势，为下一步深化改革创造了良好条件。

当前和今后一个时期，是全面深化改革的施工高峰期，是落实改革任务的攻坚期，抓谋划、抓统筹、抓落实的任务依然艰巨繁重。要按照既定的时间表、路线图，更加注重发挥经济体制改革的牵引作用，更加有针对性解决各领域各层面各环节的矛盾和问题，强化基础支撑，注重系统集成，完善工作机制，严格督察落实，不断提高改革精准化、精细化水平，坚定不移地把全面深化改革推向前进。

改革关头勇者胜，气可鼓而不可泄。抓难点、补短板，尚未推出的改革要加快突破推进，已经推出的改革要加快落实落地。抓试点、求突破，加强试点工作统筹，及时评估试点的成效、经验和问题，对证明行之有效的经验和做法，要及时推广应用。抓督察、促落实，落实督察责任，严格督察工作要求，提高督察工作权威性和执行力。抓宣传、聚共识，加强思想政治工作，及时了解群众利益诉求，尊重基层首创精神，发现基层创新典型，及时宣传总结推广。

二、科技

人类社会发展中发现各种各样的问题，对其产生种种困惑和怀疑，从而进行科学探索和研究，引导科学家们不断地探索，人类的知识也在不断地深化，科学技术不停地进步，推动城市不断地发展。

（一）科学技术是第一生产力

"科学技术是生产力"是马克思主义的基本原理。马克思曾指出："生产力中也包括科学"，并且说："固定资本的发展表明，一般社会知识，已经在多么大的程度上变成了直接的生产力。"马克思还深刻地指出："社会劳动生产力，首先是科学的力量"；"大工业把巨大的自然力和自然科学并入生产过程，必然大大提高劳动生产率"。

1988年9月，邓小平同志根据当代科学技术发展的趋势和现状，提出了"科学技术是第一生产力"的论断，发展了马克思主义的生产力理论。"科学技术是第一生产力"，既是现代科学技术发展的重要特点，也是科学技术发展的必然结果。

（二）科技驱动创新发展新路

当今世界，科技创新成为提高城市竞争力的关键支撑，成为社会生产方式和生活方式变革进步的强大引领，谁牵住了科技创新这个牛鼻子，谁走好了科技创新这步先手棋，谁就能占领先机、赢得优势。改革开放以来，我国经济增长突飞猛进。然而，如今人口红利等优势日趋消失，人口、土地、资源、环境的矛盾日益凸显。必须转变依托人口等要素驱动经济发展的方式，走科技驱动创新发展的新路。把科技创新潜力更好地释放出来，充分发挥科技进步和创新的作用，加快从要素驱动、投资规模驱动发展为主向以创新驱动发展为主的转变。

在新一轮的科技革命中，世界各国都在以科技为核心推动创新发展，争取主动权。美国强调"对科技创新的支持是经济竞争力的关键"，力图保持领先优势和对全球经济的领导地位。欧盟提出建立创新型欧洲，探索欧洲复兴之路。2013年9月30日，习近平总书记主持中共中央政治局第九次集体学习时指出："当前，从全球范围看，科学技术越来越成为推动经济社会发展的主要力量，创新驱动是大势所趋。"2013年7月17日，习近平总书记到中国科学院考察工作时强调："科技兴则民族兴，科技强则国家强，要结合实际坚持运用我国科技事业发展经验，积极回应经济社会发展对科技发展提出的新要求，深化科技体制改革，增强科技创新活力，集中力量推进科技创新，真正把创新驱动发展战略落到实处。"

三、文化

文化自信是民族复兴的精神引领。文化可以弘扬中国精神、传播中国价值、凝聚中国力量。实现中华民族伟大复兴，离不开中华文化繁荣兴盛，离不开文艺事业繁荣发展。举精神旗帜、立精神支柱、建精神家园，是当代中国文化的崇高使命。

（一）文化滋养城市

城市有自身的形象和内涵，具有特殊文化品格和精神气质的城市是具有吸引力和令人难忘的，成为城市的名片。每一座城市，都有证明自己身份的名片，城市的地位和实力同样需要一个个能够与之相匹配、张扬时代精神的代表，成为城市发展、功能完善、经济提升的最好助推力。

文化是人化，是人类特殊的生活方式和活动方式，是社会成员共同的文明素质和心理结构，是民族的集体智慧、集体性格；是凝结在社会成员中的核心价值、行为定势。文化是一个潜在的社会力量，它在社会中的作用在很大程度上可以超越政治、超越经济。经过30多年改革开放的洗礼，人们对"文化"的认知成熟了、升华了。当下，任何一座城市都把提升文化品质作为自己孜孜以求的目标。任何一个市长都会认真研究如何提升城市文化品质，以增强城市竞争力。

提高市民文明素质。以加强和改进城市规划建设管理来满足人民群众日益增长的物质文化需要，以提升市民文明素质推动城市治理水平的不断提高。大力开展社会主义核心价值观学习教育实践，促进市民形成良好的道德素养和社会风尚，提高企业、社会组织和市民参与城市治理的意识和能力。从青少年抓起，完善学校、家庭、社会三结合的教育网络，将良好校风、优良家风和社会新风有机融合，建立完善市民行为规范，增强市民法治意识。

传统文化是城市发展的根基。上海世博会的40名参展方代表来到江苏镇江考察。在有一千六百多年历史的西津渡，矗立着全国唯一保存完好的元代过街石塔，塔下铭刻着车辙印痕的青石板长街，古栈道上、古渡口边深厚的历史堆积层，已被玻璃罩精心保护起来。而建于近代的英国领事馆旧址不仅原貌保留，还成为当地博物馆的一部分，与馆内三万余件文物共同守望着镇江历史。

（二）文化驱动发展

上海世博会意大利馆是众多热门展馆中的一个，其成功的一大原因是意大利国内各地区踊跃参与，将各自的历史文化与创新成果巧妙融合，带给参观者特别的吸引力。以坎帕尼亚大区为例，这里不仅拥有庞贝古城等世界闻名的历史遗产，同时也是欧洲航空航天技术最领先的地区之一。围绕"城市生活品质服务的创新"这一主题，坎帕尼亚大区展示其作为历史、建筑和艺术经典的地铁系统，卫星遥感和地震监测技术，老街区的改造和可持续发展，还有现场模拟昔日王宫的光影游戏和月光下的庞贝古城。各地区轮番上场，无疑让意大利馆的文化内涵更加多元和丰富，观众浏览这些有千年智慧积淀的地区展示，无疑是一个寻找创新灵感、实现自我完善并借文化驱动新的发展的旅程。

城市的发展和宜居，离不开对文化的传承。面对蕴含着历史文化的老港口和老街道，德国杜塞尔多夫在新的发展阶段没有简单地将其推倒重来，而是从产业转型的需求出发，对老城区进行保留和改造，实现了城市的重新定义和城市空间的拓展。我国武汉也大力推进文化建设，重点打造"五城"，即读书之城、音乐之城、博览之城、设计之城和创意之城，到2020年建成国家文化中心城市。

保护历史文化风貌。有序实施城市修补和有机更新，解决老城区环境品质下降、空间秩序混乱、历史文化遗产损毁等问题，促进建筑物、街道立面、天际线、色彩和环境更加协调、优美。通过维护加固老建筑、改造利用旧厂房、完善基础设施等措施，恢复老城区功能和活力。加强文化遗产保护传承和合理利用，保护古遗址、古建筑、近现代历史建筑，更好地延续历史文脉，展现城市风貌。用5年左右时间，完成所有城市历史文化街区划定和历史建筑确定工作。

第六节　城市产业发展

城市产业涵盖农业、工业、服务业、传统产业和战略新兴产业。城市转型的本质是城市功能的提升、城市空间的优化和城市产业的持续升级。自20世纪80年代以来，在全球信息技术革命的推动下，全球产业价值链形成，使全球城市转型出现新趋势。在城市不断进行产业升级和强化城市功能的同时，创造城市经济发展的外部效应，即城市空间价值提高和市民生活质量提优，现代服务业是实现这一目的的有效路径之一。因此，不断增长的城市服务经济体系直接带动了城市产业结构的调整和对高端劳动力和人才价值的重新评估，带来城市资源的优化配置。

一、制造业

制造业是国民经济的主体。当前，我国制造业与互联网融合步伐不断加快，在激发"双创"活力、培育新模式新业态、推进供给侧结构性改革等方面已初显成效，但仍存在平台支撑不足、核心技术薄弱、应用水平不高、安全保障有待加强、体制机制亟需完善等问题。国际上现代城市由服务业主导，包括生产性服务业和生活性服务业。

美国、欧洲和日本，工业发展的趋向是逐渐远离城市，向远郊区发展，因为那里的土地价格比较低，劳动力成本比较低，环境成本与城市有较大区别。在我国，大量城市还在近郊区搞工业发展区，这种工业发展区成为GDP的主要增长目标，必然会对环境、社会带来负面影响，包括土地、劳动力、外来人口治理及环境危机等。

二、现代服务业

联合国贸发组织公布的数据表明，自20世纪90年代以来，服务业已经成为全球产业转移的新兴领域。全球性的产业组织正在由"生产化"转向"服务化"，制造业生产企业的组织形式逐步由大规模生产向大规模客服化转变，部分发展中国家的区域中心城市逐步显现出"总部经济"效应。近年来，我国服务业发展取得显著成效，成为国民经济和吸纳就业的第一大产业，稳增长、促改革、调结构、惠民生作用持续增强。当前我国进入全面建成小康社会的决胜阶段，经济社会发展呈现出更多依靠消费引领、服务驱动的新特征。

城市现代服务业的发展，推进城市产业的空间重组，带来了城市集聚效应和大区域城市空间要素的"集约化"。现代服务业的高度产业融合性，在延伸城市产业链的同时大大拓展了城市产业的发展空间，通过科技、文化、制造和服务业的融合带来的城市集聚效应，使城市形成各种特色城区。同时，现代服务业以规模经济效应和资源整合效应，强化了中心城市强大的整体服务能力和创新能力，进一步促成了以中心城市为核心的城市群或城市圈主体的新型城市体系发展。

新经济增长理论认为，一国或一个城市的经济增长情况取决于该国或该城市的知识积累、技术进步和人力资本水平。一个城市的现代服务业聚集区恰恰是该城市的知识中心、技术创新中心和文化进步中心，无疑是城市实现转型升级和经济增长的新动力所在。因此，通过发展现代服务业实现城市产业转型升级，在我国新一轮的城市化进程中，有着重要而关键的意义。

第七节 城市公共服务

城市公共服务指城市公共部门面向城市公众提供的公共产品与服务，包括城市基础设施的投资和维护，提供和加强就业岗位，社会保障服务，兴办和支持教育、科技、文化、医疗卫生、体育等公共事业，及时发布有关社会信息，为社会公众生活质量的提高和参与公共事务提供有力的保障和创造相关的条件。

一、城市公共服务框架体系

城市公共服务的框架体系由城市设施建设服务、为企事业发展的综合服务、对居民生活综合服务、城市科学文化普及教育服务、城市弱势群体服务及城市公共灾害抗御服务等六大方面；各个城市可根据具体条件和广大市民公共服务需求导向确定六大共性内容的科学排序。

二、城市公共服务管理平台

运用大数据构建城市综合管理平台，实现数据化智能化的城市管理，更好地提升城市基础设施的运作效率及城市运行管理和公共服务水平。逐步协调搭建基于大数据应用的城市综合管理平台。打造大数据生态环境，实现数据共享体制，消除"数据孤岛"，奠定城市综合管理平台数据基础；建立统筹机制协调建设，建立城市管理综合平台保障机制；继续推动大数据在城市建设中的应用实践，逐步完善城市综合管理平台的管理能力；利用法律手段保障城市综合管理平台安全运行。不断盘活已有存量数据，充分利用大数据增量，提升城市公共服务水平，促使城市管理从"经验管理"转向"科学管理"。

落实政府"放管服"改革，做到一个窗口办事、一站式办结，杜绝群众和企业到窗口办理后还需再到部门"跑腿"。

第八节 人才优先依法治理

深入实施人才优先发展战略，推进人才发展体制改革和政策创新，形成具有国际竞争力的人才制度优势。运用法治思维和法治方式推动发展，全面提高依据宪法法律治国理政。加强和创新社会治理，推进社会治理精细化，构建全民共建共享的社会治理格局。牢固树立安全发展观念，坚持人民利益至上，健全公共安全体系，完善和落实安全生产责任和管理制度，切实维护人民生命财产安全。实施国家安全战略，坚决维护政治、经济、文化、社会、信息等安全。

城市发展的关键在于各级领导干部的认识和行动。必须深学笃用，通过示范引领让干部群众感受到新发展理念的真理力量，各级领导干部要结合历史学，多维比较学，联系实际学，真正做到崇尚创新、注重协调、倡导绿色、厚植开放、推进共享。用好辩证法，对贯彻落实新发展理念进行科学设计和施工，坚持系统的观点，遵循对立统一规律、质量互变规律、否定之否定规律，坚持具体问题具体分析，善于把握发展的普遍性和特殊性、渐进性和飞跃性、前进性和曲折性，善于把握工作的时度效。创新手段，善于通过改革和法治推动贯彻落实新发展理念，发挥改革的推动作用、法治的保障作用。守住底线，在贯彻落实新发展理念中及时化解矛盾风险，下好先手棋，打好主动仗，层层负责、人人担当。

城市是人们经济、政治、文化和社会生活的主要载体，18世纪中叶以来的工业文明为人类创造了极大物质财富的同时，也带来了一系列生态和环境问题。主张人与自然和谐共处的生态文明正成为全球的共识和时代的主题，时代呼唤智慧生态城市。

第一节　城市发展面临挑战

我国城市高速发展的同时，伴随着前所未有的挑战。人口膨胀、交通拥挤、贫富两极分化、差异化竞争缺失、公共服务供给严重不足、各种城市病出现，困扰和制约城市发展，可持续发展受到严重制约。

一、城市建筑媚洋求怪，城市规模盲目扩张

一些城市建筑贪大、媚洋、求怪，奇奇怪怪的洋建筑泛滥；盖高楼、修广场，特色缺失；缺少文化自信、文化自觉，出现新文化病，文化传承堪忧。一些城市在发展进程中，自觉或不自觉的照搬西方发达国家模式，给城市的健康发展造成了严重问题。

一些城市规模盲目扩张，摊大饼式发展；而且目标趋同、功能重复、产业同构，造成资源浪费。片面追求增加城镇建设用地指标、大量土地变成非农用地进行地产开发，缺少支撑农民"上楼进城"的产业跟进。农业转移人口的就业问题、公共服务、贫富差距、城乡差距等社会矛盾复杂。一些城市没有根据自身的优势和独特资源禀赋，形成特色定位、特色产业和特色品牌，出现了特色危机，让城市缺失旅游的基本功能和城市的文化价值。

二、经济发展动力不足，水土资源过度开发

城市经济增长主要建立在资源、投资和劳动力高投入及工资、地价等要素低成本的基础上，粗犷式发展，高消耗、低效应，产能过剩、产业下滑、产业结构难于调整。产业发展处于价值链低端，城市间低水平同质竞争突出，经济增长过度依赖投资拉动，创新驱动力严重不足，发展成果共享机制不完善，城镇化加速缺乏实体经济支撑，城镇化发展红利难于普惠百姓。

水土资源过度开发，出现严重透支。城市快速扩张造成土地资源消耗过快，土地城镇化快于人口城镇化；城市水资源供需矛盾突出，全国数百城市供水不足，过百城市严重缺水；城市能源消耗急剧上升，城镇人均生活能耗超过农村人均水平，城镇单位建筑面积耗能是农村地区的4倍多。

三、交通拥堵以车为本，环境污染生态破坏

大规模的城市建设和小轿车进入家庭，机动车拥有量急剧上升，给城市交通造成了前所未有的冲击，局部道路拓展的结果却导致更多的车流和堵塞；全国约2/3的城市在高峰时段出现拥堵，北京、上海、天津、沈阳、西安、成都等平均通勤（往返）时间超过1小时。城市上班族平均通勤时间全球领先，高于世界平均水平，比加拿大和美国高出近乎1倍。

道路交通建设片面重视小轿车，挤占人行道、自行车道十分严重。驾驶员、骑行人、行人不遵守交通规则，逆行，抢行，人行道上骑行，越线等灯等十分普遍。

城市交通噪声污染日趋严重。北京的交通噪声能量占环境噪声总能量的70%~80%，严重破坏了城市的生态环境。交通拥堵，车速过低导致更多的尾气污染，机动车排气污染成为城市大气的重要污染源，影响市民的工作生活和身心健康，成为社会广泛关注的热点和政府施政的难点。

我国污染物排放总量处在一个很高的水平，已经接近或超过环境容量，在一些地方、一些时间段，超过得相当多，环境形势十分严峻。环境质量差主要表现为雾霾、富营养化、地下水污染和城市黑臭水体等。城市自然植被覆盖较低，钢筋水泥丛林面积不断扩大，城市绿地占城市建设用地比重小。城市湿地面积锐减，生物多样性持续减少，城市地下水过度开采，地面沉降。

四、城市规划特色缺失

我国工业用地建筑容积率低，住宅用地建筑容积率高，城市规划的经济指向强烈。有的规划不切实际，贪大求全，全国有一百多个城市提出建设"国际化大都市"；有的城市规划文化特色缺失，"千城一面"，大拆大建，大量历史文物古迹、名人故里、自然遗产被破坏。

五、城市管理矛盾丛生

"重建设、轻管理"严重，城市扩张和改造中拆迁问题突出。征地补偿标准、集体资产和土地增值收益分配、就业安置、养老和医疗保障等，引发众多矛盾和冲突。

城市公共服务价格高，覆盖面有限，分布不均。住房、教育、医疗矛盾多。全面提升城市运行水平，建立良治的综合管理架构，支撑经济、社会的协调发展，是重要的基础工作。系统梳理和完善城市运行与发展的体制机制，在高速的城镇化进程中建立与之相适应的运行与发展新模式尤为紧迫。

第二节　我国城市发展理念

我国城市发展理念是创新、协调、绿色、开放、共享，统一思想，协调行动，深化改革，开拓前进。

一、创新发展

创新是引领我国城市发展的第一动力。把创新摆在城市发展全局的核心位置，不断推进理论创新、制度创新、科技创新和文化创新，让创新贯穿城市的一切工作，让创新在全社会蔚然成风。把人才作为支撑发展的第一资源，加快形成以创新为主要引领和支撑的经济体系和发展模式。在国际发展竞争日趋激烈和我国发展动力转换的形势下，必须把发展基点放在创新上，形成促进创新的体制架构，塑造更多依靠创新驱动、更多发挥先发优势的引领型发展。

（一）实现创新驱动是一个系统性的变革

紧紧围绕经济竞争力提升的核心关键、社会发展的紧迫需求、城市安全的重大挑战，采取差异化策略和非对称路径，强化重点领域和关键环节的任务部署。推动产业技术体系创新，创造发展新优势；强化原始创新，增强源头供给；优化区域创新布局，打造区域经济增长极；深化军民融合，促进创新互动；壮大创新主体，引领创新发展；实施重大科技项目和工程，实现重点跨越；建设高水平人才队伍，筑牢创新根基；推动创新创业，激发全社会创造活力。

实施创新驱动发展战略，必须从体制改革、环境营造、资源投入、扩大开放等方面加大保障力度。改革创新治理体系，多渠道增加创新投入，全方位推进开放创新，完善突出创新导向的评价制度，实施知识产权、标准、质量和品牌战略，培育创新友好的社会环境。

优化劳动力、资本、土地、技术、管理等要素配置，激发创新创业活力，推动大众创业、万众创新，释放新需求，创造新供给，推动新技术、新产业、新业态蓬勃发展，加快实现发展动力转换。

发挥消费对增长的基础作用，着力扩大居民消费，引导消费朝着智能、绿色、健康、安全方向转变，以扩大服务消费为重点带动消费结构升级。促进流通信息化、标准化、集约化。

发挥投资对增长的关键作用，深化投融资体制改革，优化投资结构，增加有效投资。发挥财政资金撬动功能，创新融资方式，带动更多社会资本参与投资。创新公共基础设施投融资体制，推广政府和社会资本合作模式。

发挥出口对增长的促进作用，增强对外投资和扩大出口结合度，培育以技术、标准、品牌、质量、服务为核心的对外经济新优势。实施优进优出战略，推进国际产能和装备制造合作，提高劳动密集型产品科技含量和附加值，营造资本和技术密集型产业新优势，提高我国产业在全球价值链中的地位。

拓展发展新空间，用发展新空间培育发展新动力，用发展新动力开拓发展新空间。拓展基础设施建设空间，拓展网络经济空间，拓展蓝色经济空间。

（二）探索创新创业模式，构建产业新体系

科学技术被定义为第一生产力，创新则是科学技术发展的最大推动力。实际上，创新在技术之外，在知识与制度层面一样地发生作用。从蒸汽革命、电力革命，到信息革命，在近现代历史上每一次人类重大的生产技术创新都会带来生产关系与社会生活的巨大变化。

今天，以大数据、云计算、物联网为代表的新一代信息技术风起云涌，推动着知识社会的形成和创新模式的嬗变，世界进入了以用户为中心、以社会实践为平台、以协同创新和开放创新为特点的新时代。"众创空间"是创新新时代的创新创业模式探索，通过市场化机制、专业化服务和资本化途径，构建低成本、便利化、全要素、开放式的创业服务平台。

加快建设制造强国，实施《中国制造二〇二五》。引导制造业朝着分工细化、协作紧密的方向发展，促进信息技术向市场、设计、生产等环节渗透，推动生产方式向柔性、智能、精细转变。

实施工业强基工程，开展质量品牌提升行动，支持企业瞄准国际同行业标杆推进技术改造，全面提高产品技术、工艺装备、能效环保等水平。更加注重运用市场机制、经济手段、法治办法化解产能过剩，加大政策引导力度，完善企业退出机制。

支持战略性新兴产业发展，发挥产业政策导向和促进竞争功能，更好地发挥国家产业投资引导基金作用，培育一批战略性产业。

实施智能制造工程，构建新型制造体系，促进新一代信息通信技术、高档数控机床和机器人、航空航天装备、海洋工程装备及高技术船舶、先进轨道交通装备、节能与新能源汽车、电力装备、农机装备、新材料、生物医药及高性能医疗器械等产业发展壮大。

开展加快发展现代服务业行动，放宽市场准入，促进服务业优质高效发展。推动生产性服务业向专业化和价值链高端延伸、生活性服务业向精细和高品质转变，推动制造业由生产型向生产服务型转变。大力发展旅游业。

（三）构建发展新体制，完善宏观调控方式

加快形成有利于创新发展的市场环境、产权制度、投融资体制、分配制度、人才培养引进使用机制。坚持适度扩大总需求，持续深化"放管服"和财税、金融、创新、国企等重点领域改革。采取正确方略和有效办法推进五大重点任务，去产能和去

杠杆的关键是深化国有企业和金融部门的基础性改革，去库存和补短板同有序引导城镇化进程和农民工市民化有机结合，降成本的重点是增加劳动力市场灵活性、抑制资产泡沫和降低宏观税负。坚持引导市场预期，提高政策质量和透明度，用稳定的宏观经济政策稳住市场预期，用重大改革举措落地增强发展信心，特别要坚持基本经济制度，鼓励民间投资，改善企业微观环境，创造各类企业平等竞争、健康发展的市场环境。发挥改善民生、发展社会事业对扩大内需、推动经济发展的积极作用。深化行政管理体制改革，进一步转变政府职能，激发市场活力和社会创造力。

坚持公有制为主体、多种所有制经济共同发展。毫不动摇巩固和发展公有制经济，毫不动摇鼓励、支持、引导非公有制经济发展。推进产权保护法治化，依法保护各种所有制经济权益。

深化国有企业改革，增强国有经济活力、控制力、影响力、抗风险能力。分类推进国有企业改革，完善现代企业制度。完善各类国有资产管理体制，以管资本为主加强国有资产监管，防止国有资产流失。健全国有资本合理流动机制，推进国有资本布局战略性调整，引导国有资本更多投向关系国家安全、国民经济命脉的重要行业和关键领域，坚定不移地把国有企业做强做优做大，更好地服务于国家战略目标。

鼓励民营企业依法进入更多领域，引入非国有资本参与国有企业改革，更好激发非公有制经济活力和创造力。

优化企业发展环境。开展降低实体经济企业成本行动，优化运营模式，增强盈利能力。限制政府对企业经营决策的干预，减少行政审批事项。清理和规范涉企行政事业性收费，减轻企业负担，完善公平竞争、促进企业健康发展的政策和制度。激发企业家精神，依法保护企业家财产权和创新收益。

加快形成统一开放、竞争有序的市场体系，建立公平竞争保障机制，打破地域分割和行业垄断。深化市场配置要素改革，促进人才、资金、科研成果等在城乡、企业、高校、科研机构间有序流动。

深化财税体制改革，建立健全有利于转变经济发展方式、形成全国统一市场、促进社会公平正义的现代财政制度，建立税种科学、结构优化、法律健全、规范公平、征管高效的税收制度。建立事权和支出责任相适应的制度，适度加强中央事权和支出责任。调动各方面积极性，考虑税种属性，进一步理顺中央和地方收入划分。建立全面规范、公开透明预算制度，完善政府预算体系，实施跨年度预算平衡机制和中期财政规划管理。建立规范的地方政府举债融资体制。健全优先使用创新产品、绿色产品的政府采购政策。

加快金融体制改革，提高金融服务实体经济效率。健全商业性金融、开发性金融、政策性金融、合作性金融分工合理、相互补充的金融机构体系。构建多层次、广覆盖、有差异的银行机构体系，扩大民间资本进入银行业，发展普惠金融，着力加强对中小微企业、农村特别是贫困地区金融服务。积极培育公开透明、健康发展的资本市场，推进股票和债券发行交易制度改革，提高直接融资比重，降低杠杆率。开发符合创新需求的金融服务，推进高收益债券及股债相结合的融资方式。推进汇率和利率市场化，提高金融机构管理水平和服务质量，降低企业融资成本。规范发展互联网金融。加快建立巨灾保险制度，探索建立保险资产交易机制。

二、协调发展

正确处理发展中的重大关系，重点促进城乡区域协调发展，促进经济社会协调发展，促进新型工业化、信息化、城镇化、农业现代化同步发展，在增强城市硬实力的同时注重提升城市软实力，不断增强发展整体性。塑造要素有序自由流动、主体功能约束有效、基本公共服务均等、资源环境可承载的区域协调发展新格局。

（一）推动区域城乡协调发展

强化城乡融合的建设理念，打破行政区界限，从区域整体对城市建设进行统筹全面规划；按照城市生态学原理，使物质资源、能量资源和信息资源在城乡区域之间得到合理配置和调控，实现城乡和谐发展；运用循环经济原理，将城乡区域作为整体，实行资源的节约、合理和循环利用，增强城市和区域的可持续发展能力。

坚持工业反哺农业、城市支持农村，健全城乡发展一体化体制机制，推进城乡要素平等交换、合理配置和基本公共服务均等化。

推进以人为核心的新型城镇化。提高城市规划、建设、管理水平。深化户籍制度改革，促进有能力在城镇稳定就业和生活的农业转移人口举家进城落户，并与城镇居民享有同等权利和义务。实施居住证制度，努力实现基本公共服务常住人口全覆盖。健全财政转移支付同农业转移人口市民化挂钩机制，建立城镇建设用地增加规模同吸纳农业转移人口落户数量挂钩机制。维护进城落户农民土地承包权、宅基地使用权、集体收益分配权，支持引导其依法自愿有偿转让上述权益。深化住房制度改革。加大城镇棚户区和城乡危房改造力度。

促进城乡公共资源均衡配置，健全农村基础设施投入长效机制，把社会事业发展重点放在农村和接纳农业转移人口较多的城镇，推动城镇公共服务向农村延伸。提高社会主义新农村建设水平，开展农村人居环境整治行动，加大传统村落民居和历史文化名村名镇保护力度，建设美丽宜居乡村。

发展特色县域经济，加快培育中小城市和特色小城镇，促进农产品精深加工和农村服务业发展，拓展农民增收渠道，完善农民收入增长支持政策体系，增强农村发展内生动力。

（二）推动物质文明和精神文明协调发展

扶持优秀文化产品创作生产，加强文化人才培养，繁荣发展文学艺术、新闻出版、广播影视事业。构建中华优秀传统文化传承体系，加强文化遗产保护，振兴传统工艺，实施中华典籍整理工程。加强和改进基层宣传思想文化工作，深化各类群众性精神文明创建活动。

深化文化体制改革，实施重大文化工程，完善公共文化服务体系、文化产业体系、文化市场体系。推动基本公共文化服务标准化、均等化发展，引导文化资源向城乡基层倾斜，创新公共文化服务方式，保障人民基本文化权益。推动文化产业结构优化升级，发展骨干文化企业和创意文化产业，培育新型文化业态，扩大和引导文化消费。普及科学知识。倡导全民阅读。发展体育事业，推广全民健身，增强人民体质。

牢牢把握正确舆论导向，健全社会舆情引导机制，传播正能量。加强网上思想文化阵地建设，实施网络内容建设工程，发展积极向上的网络文化，净化网络环境。推动传统媒体和新兴媒体融合发展，加快媒体数字化建设，打造一批新型主流媒体。优化媒体结构，规范传播秩序，推动中华文化走出去。

三、绿色发展

坚持节约资源和保护环境的基本国策，可持续发展；坚持绿色惠民，为人民提供更多优质生态产品；坚定走文明发展道路，形成人与自然和谐发展的现代化建设新格局；着力改善生态环境，推动形成绿色发展方式和生活方式，规划建设美丽城市。

（一）人与自然和谐筑牢生态安全屏障

加快建设主体功能区，发挥主体功能区作为国土空间开发保护基础制度的作用。有度有序利用自然，调整优化空间结构，划定农业空间和生态空间保护红线，构建科学合理的城市化格局、农业发展格局、生态安全格局、自然岸线格局。

根据资源环境承载力调节城市规模，依托山水地貌优化城市形态和功能，实行绿色规划、设计、施工标准。维护生物多样性，实施濒危野生动植物抢救性保护工程，严防外来有害物种入侵。严厉打击象牙等野生动植物制品非法交易。

支持绿色清洁生产，推进传统制造业绿色改造，推动建立绿色低碳循环发展产业体系，鼓励企业工艺技术装备更新改造。

加强资源环境市情和生态价值观教育，培养市民环境意识，推动全社会形成绿色消费自觉。倡导合理消费，力戒奢侈浪费，制止奢靡之风。在生产、流通、仓储、消费各环节落实全面节约。管住公款消费，深入开展反过度包装、反食品浪费、反过度消费行动，推动形成勤俭节约的社会风尚。

坚持保护优先、自然恢复为主，实施山水林田湖生态保护和修复工程，构建生态廊道和生物多样性保护网络，全面提升森林、河湖、湿地、草原、海洋等自然生态系统稳定性和生态服务功能。

开展大规模绿化行动，加强林业工程建设，完善天然林保护制度，全面停止天然林商业性采伐，增加森林面积和蓄积量。发挥国有林区林场在绿化国土中的带动作用。扩大退耕还林还草，加强草原保护。严禁移植天然大树进城。创新产权模式，引导各方面资金投入植树造林。

加强水生态保护，连通江河湖库水系，开展退耕还湿、退养还滩。推进荒漠化、石漠化、水土流失综合治理。强化江河源头和水源涵养区生态保护。开展蓝色海湾整治行动。加强地质灾害防治。

（二）节能降耗减排绿色低碳循环发展

全面节约和高效利用资源，树立节约集约循环利用的资源观，推动形成勤俭节约的社会风尚。以市县级行政区为单元，建立由空间规划、用途管制、领导干部自然资源资产离任审计、差异化绩效考核等构成的空间治理体系。

推进能源革命，加快能源技术创新，建设清洁低碳、安全高效的现代能源体系。提高非化石能源比重，推动煤炭等化石能源清洁高效利用。加快发展风能、太阳能、生物质能、水能、地热能，安全高效发展核电。加强储能和智能电网建设，发展分布式能源，推行节能低碳电力调度。改革能源体制，形成有效竞争的市场机制。

推进交通运输低碳发展，实行公共交通优先，加强轨道交通建设，鼓励自行车等绿色出行。实施新能源汽车推广计划，提高电动车产业化水平。提高建筑节能标准，推广绿色建筑和建材。

主动控制碳排放，加强高能耗行业能耗管控，有效控制电力、钢铁、建材、化工等重点行业碳排放，支持优化开发区域率先实现碳排放峰值目标，实施近零碳排放区示范工程。

实施循环发展引领计划，减少单位产出物质消耗。加强生活垃圾分类回收和再生资源回收的衔接，推进生产系统和生活系统循环链接。

坚持节约优先，强化约束性指标管理，实行能源和水资源消耗、建设用地等总量和强度双控行动。实施全民节能行动计划，提高节能、节水、节地、节材、节矿标准，开展能效、水效领跑者引领行动。

实行最严格的水资源管理制度，以水定产、以水定城。合理制定水价，编制节水规划，实施雨洪资源利用、再生水利用、海水淡化工程，建设地下水监测系统，开展地下水超采区综合治理。坚持最严格的节约用地制度，调整建设用地结构，降低工业用地比例，推进城镇低效用地再开发和工矿废弃地复垦，严格控制农村集体建设用地规模。

建立健全用能权、用水权、排污权、碳排放权初始分配制度，创新有偿使用、预算管理、投融资机制，培育和发展交易市场。推行合同能源管理和合同节水管理。

（三）加大环境治理力度遏制环境污染

加大环境治理力度，以提高环境质量为核心，实行最严格的环境保护制度，形成政府、企业、公众共治的环境治理体系。

推进多污染物综合防治和环境治理，实行联防联控和流域共治，深入实施大气、水、土壤污染防治行动计划。实施工业污染源全面达标排放计划，实现城镇生活污水垃圾处理设施全覆盖和稳定运行。扩大污染物总量控制范围，将细颗粒物等环境质量指标列入约束性指标。坚持城乡环境治理并重，加大农业面源污染防治力度，统筹农村饮水安全、改水改厕、垃圾处理，推进种养业废弃物资源化利用、无害化处置。

改革环境治理基础制度，建立覆盖所有固定污染源的企业排放许可制，实行省以下环保机构监测监察执法垂直管理制度。建立全国统一的实时在线环境监控系统，健全环境信息公布制度，探索建立跨地区环保机构，开展环保督察巡视，严格环保执法。

四、开放发展

坚持内外需协调、进出口平衡、引进来和走出去并重、引资和引技引智并举，积极参与"一带一路"建设，发展更高层次的开放型经济，构建广泛的利益共同体。丰富对外开放内涵，提高对外开放水平，协同推进战略互信、经贸合作、人文交流，努力形成深度融合的互利合作格局。

（一）完善对外开放布局

推进双向开放，促进国内国际要素有序流动、资源高效配置、市场深度融合。加快对外贸易优化升级，完善对外贸易布局，创新外贸发展模式，加强营销和售后服务网络建设，提高传统优势产品竞争力，巩固出口市场份额，推动外贸向优质优价、优进优出转变，壮大装备制造等新的出口主导产业。发展服务贸易。实行积极的进口政策，向全球扩大市场开放。

完善投资布局，扩大开放领域，放宽准入限制，积极有效引进境外资金和先进技术。支持企业扩大对外投资，推动装备、技术、标准、服务走出去，深度融入全球产业链、价值链、物流链，建设大宗商品境外生产基地，培育跨国企业。积极参与国际产能和装备制造合作金融服务平台。

（二）形成对外开放新体制

实行准入前国民待遇加负面清单管理制度，促进内外资企业一视同仁、公平竞争。完善境外投资管理，健全对外投资促进政策和服务体系。有序扩大服务业对外开放，扩大银行、保险、证券、养老等市场准入。

秉持亲诚惠容，坚持共商共建共享原则，完善双边和多边合作机制，以企业为主体，实行市场化运作，推进同有关国家和地区多领域互利共赢的务实合作，着力实现合作共赢。

扩大对外援助规模，完善对外援助方式，为发展中国家提供更多免费的人力资源、发展规划、经济政策等方面咨询培训，扩大科技教育、医疗卫生、防灾减灾、环境治理、野生动植物保护、减贫等领域对外合作和援助，加大人道主义援助力度。主动参与2030年可持续发展议程。

五、共享发展

坚持发展为了人民、发展依靠人民、发展成果由人民共享，作出更有效的制度安排，着力增进人民福祉，使全体人民在共建共享发展中有更多获得感，增强发展动力。按照人人参与、人人尽力、人人享有的要求，坚守底线、突出重点、完善制度、引导预期，注重机会公平，保障基本民生，实现全体人民共同迈入全面小康社会。

（一）增加公共服务供给

坚持普惠性、保基本、均等化、可持续方向，从解决人民最关心最直接最现实的利益问题入手，增强政府职责，提高公共服务共建能力和共享水平。

加强义务教育、就业服务、社会保障、基本医疗和公共卫生、公共文化、环境保护等基本公共服务，努力实现全覆盖。加大对革命老区、民族地区、边疆地区、贫困地区的转移支付。加强对特定人群特殊困难的帮扶。

创新公共服务提供方式，能由政府购买服务提供的，政府不再直接承办；能由政府和社会资本合作提供的，广泛吸引社会资本参与。加快社会事业改革。

全面贯彻党的教育方针，落实立德树人根本任务，加强社会主义核心价值观教育，提高教育质量，培养德智体美全面发展的社会主义建设者和接班人。深化教育改革，把增强学生社会责任感、创新精神、实践能力作为重点任务贯彻到国民教育全过程。

推动义务教育均衡发展，全面提高教育教学质量。普及高中阶段教育，逐步分类推进中等职业教育免除学杂费，率先从建档立卡的家庭经济困难学生实施普通高中免除学杂费。发展学前教育，鼓励普惠性幼儿园发展。完善资助方式，实现家庭经济困难学生资助全覆盖。

促进教育公平。加快城乡义务教育公办学校标准化建设，加强教师队伍特别是乡村教师队伍建设，推进城乡教师交流。办好特殊教育。完善教育督导，加强社会监督。支持和规范民办教育发展，鼓励社会力量和民间资本提供多样化教育服务。

帮扶存在特殊困难的计划生育家庭，注重家庭发展。弘扬敬老、养老、助老社会风尚，建设多层次养老服务体系，推动医疗卫生和养老服务相结合，探索建立长期护理保险制度。全面放开养老服务市场，通过购买服务、股权合作等方式支持各类市场主体增加养老服务和产品供给。保障妇女和未成年人权益。支持残疾人事业发展，健全扶残助残服务体系。

（二）实施脱贫攻坚工程

实施精准扶贫、精准脱贫，因人因地施策，提高扶贫实效。分类扶持贫困家庭，对有劳动能力的支持发展特色产业和转移就业，对"一方水土养不起一方人"的实施扶贫搬迁，对生态特别重要和脆弱的实行生态保护扶贫，对丧失劳动能力的实施兜底性保障政策，对因病致贫的提供医疗救助保障。实行低保政策和扶贫政策衔接，对贫困人口应保尽保。

扩大贫困地区基础设施覆盖面，因地制宜解决通路、通水、通电、通网络等问题。对在贫困地区开发水电、矿产资源占用集体土地的，试行给原住居民集体股权方式进行补偿，探索对贫困人口实行资产收益扶持制度。

提高贫困地区基础教育质量和医疗服务水平，推进贫困地区基本公共服务均等化。建立健全农村留守儿童和妇女、老人关爱服务体系。

实行脱贫工作责任制。进一步完善中央统筹、省（自治区、直辖市）负总责、市（地）县抓落实的工作机制。强化脱贫工作责任考核，对贫困县重点考核脱贫成效。加大中央和省级财政扶贫投入，发挥政策性金融和商业性金融的互补作用，整合各类扶贫资源，开辟扶贫开发新的资金渠道。健全东西部协作和党政机关、部队、人民团体、国有企业定点扶贫机制，激励各类企业、社会组织、个人自愿采取包干方式参与扶贫。把革命老区、民族地区、边疆地区、集中连片贫困地区作为脱贫攻坚重点。

（三）就业优先社会保障

坚持就业优先战略，实施更加积极的就业政策，创造更多就业岗位，着力解决结构性就业矛盾。完善创业扶持政策，鼓励以创业带就业，建立面向人人的创业服务平台。

统筹人力资源市场，打破城乡、地区、行业分割和身份、性别歧视，维护劳动者平等就业权利。加强对灵活就业、新就业形态的支持，促进劳动者自主就业。落实高校毕业生就业促进和创业引领计划，带动青年就业创业。加强就业援助，帮助就业困难者就业。

推行终身职业技能培训制度。实施新生代农民工职业技能提升计划。开展贫困家庭子女、未升学初高中毕业生、农民工、失业人员和转岗职工、退役军人免费接受职业培训行动。推行工学结合、校企合作的技术工人培养模式，推行企业新型学徒制。提高技术工人待遇，完善职称评定制度，推广专业技术职称、技能等级等同大城市落户挂钩做法。

提高劳动力素质、劳动参与率、劳动生产率，增强劳动力市场灵活性，促进劳动力在地区、行业、企业之间自由流动。建立和谐劳动关系，维护职工和企业合法权益。完善就业服务体系，提高就业服务能力。

缩小收入差距，支持慈善事业发展。建立更加公平更可持续的社会保障制度，实施全民参保计划，完善社会保险体系。统筹救助体系，确保困难群众的基本生活。

实行医疗、医保、医药联动，推进医药分开，实行分级诊疗，建立覆盖城乡的基本医疗卫生制度和现代医院管理制度。坚持中西医并重，促进中医药、民族医药发展。完善基本药物制度，健全药品供应保障。

第三节　城市发展部分案例

实际研究了一些地方的智慧城市报告，参与了一些城市调研，了解了一些智慧城市建设；分析研究深圳市坪山新区、武汉经济技术开发区、浙江义乌、徐州市西部新城、北京门头沟区、安徽淮南市、广西梧州市、广东湛江市、中新天津生态城、芬兰赫尔辛基和瑞典哈马尔比等城市发展案例，积极探索发展模式。

一、深圳市坪山新区探索智慧生态系统

深圳市坪山新区正建设国家级低碳生态示范区、开展智慧城市试点，探索智慧生态系统，引领特区发展和新型城市建设。坪山新区拥有后发优势，自然资源丰富；马

峦山的天然瀑布群、金龟山的野生生物群、客家民居等资源使坪山新区拥有良好的生态环境，可以发展"智慧生态"产业和人文社会生态系统，吸引高端要素集聚坪山。构建生态安全格局，保护生态环境。以公园绿地、水库、农田等为生态斑块，以城市绿廊、市政通廊、道路绿化为生态廊道，以马峦山及大面积生态绿地为生态基质，构建新区良好的生态格局安全。优化调整基本生态控制线，加强对马峦山、聚龙山、坪山河、坑子水库等生态资源的保护和控制，逐步清退基本生态控制线内其他违法建设用地。

依托坪山"云计算"数据中心，建立多种面向服务的信息平台。打造坪山新区多种开放、共享的信息服务支撑平台，包括城市规划和开发管理信息化平台、电子政务阳光政府综合应用平台等，实现精确精细、敏捷高效的城市管理和服务模式，发挥智慧型城市公共基础设施及网络系统的功能。

建设新区的"千里眼、顺风耳"——感知网络。建设覆盖新区的身份识别感知网络，扩大位置感知网络应用范围，建立覆盖全区的视频监控网络和环境监控网络，根据行业应用需求建设专业感知网络，形成坪山新区整体感知环境，实现动态实时监控。

建设新区"智慧市政"系统：建设新区地下管线智能管理系统，进行区域"智能交通"试点；建立坪山河流域水环境智能监控系统，建设多种可再生能源应用平台，推广应用智能电表、智能电器、电动汽车、储能电站等，初步建设"智能电网"；选择部分公共建筑试点"智能建筑"工程，提供智慧化管理和服务，实现优质、便捷的工作体验。

探索能源有效供给和使用。对电网标准化接入改造升级，建设电网信息集成系统、电网运营管理平台、电力需求管理系统、电网设施监控系统、电网日常管理系统、电网用户管理系统、电网分析和规划系统等。实现水务全面有效管理。收集水资源信息作为协助制定城市发展战略规划的参考。在水务日常运营管理中贯彻开源、节流和循环再生的思路，通过整合后的水资源信息对水务进行监管和治理。系统包括水务整体监控网络、水务综合业务管理系统、城市水务三维仿真分析系统等。倡导绿色可持续发展环境，通过城市环境管理对影响城市环境的各种因素进行监控，通过对资源消耗、节约减排和环境污染的治理，降低这些因素对环境的影响，建设环境污染监测和治理系统、整体环境监控网络、绿色环境监测和绿色环保分析规划系统等。

（a）

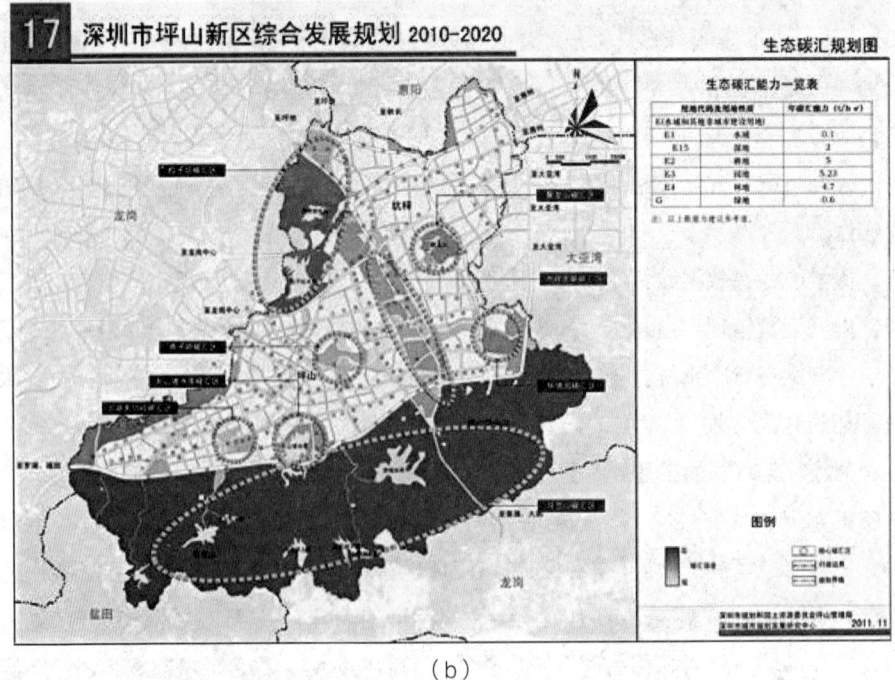

（b）

图3-1 深圳市坪山新区综合发展规划

二、武汉经济技术开发区建设智慧生态城

武汉智慧生态城依山畔水，景观优美，凭借开发区雄厚的工业基础及产业配套，以"国际化智慧城市示范区、慢生活休闲体验区"为功能定位，以新一代信息技术、科技研发、文化创意、智能制造、健康休闲等为重点产业，面向国内外企业、科研院所、高等院校，引进和孵化世界级创新研发机构和企业，运用全新的思维方式和理念建设一个面向未来、以世界领先水平为目标，真正体现生产、生活、生态协调发展的智慧区域。

武汉经济技术开发区建设智慧生态城战略目标是到2020年，武汉经济技术开发区智慧生态城创建成为"国际化智慧城市示范区"和"国际化宁静悠闲的慢生活休闲体验区"，形成一个山水宜居、创智活力的现代化产业新都市。

武汉开发区先进制造业示范园区定位建成国内最具影响力和实力的先进制造业示范园区。重点发展汽车及零部件、电子电器、高端装备制造、新兴产业等先进制造业。

武汉开发区商务城定位建成现代服务业聚集区，是武汉经济技术开发区行政、文化、交通和商业中心。未来将大力发展城市综合体和商务综合体，全方位打造现代化都市生活中心。

武汉开发区智慧城定位建设成为国际化智慧城示范区。重点发展新一代信息技术产业项目，建设数字家庭产业园、物联网产业园、云计算创新服务园、智慧城市及未来科技体验区等，全方位打造国际化高端技术研发高地。

武汉开发区生态城定位建设成为国际化宁静悠闲的慢生活休闲体验区。重点发展以工业与工程设计、时尚设计、建筑设计、个人创意设计为核心的创意设计产业，推动"汉阳制造"向"汉阳设计"发展。

武汉开发区黄金口产业园主要承接雷诺汽车整车及其配套设施建设。

三、义乌推动城市智慧生态建设

通过物联网、云计算、下一代宽带信息网络等新一代信息技术，对各种需求做出智能的响应，使决策更加切合环境发展的需要，以更加精细和动态的方式实现环境管理和决策的智慧，同时提升政府、企业和公众对环境信息的交互性，让信息更加全面、精准和公开。

义乌市城市智慧生态建设有利于加强环境治理力度，实现"看得见、管得住"，培育环保服务产业。提高管理效率，提供便捷服务；促进机制体制创新，引入责任追溯及运行保障机制，加强业务执行跟踪、系统运行监控，保证信息被正确地传达，任务被顺利、及时地下达，提高业务执行效率和信息传达的正确率；加强部门协同，提高应急处理响应率，通过信息化的手段管理应急预案，快速响应应急处理需求，加强部门间的协同；智慧生态作为智慧城市的重要的组成部分，以智慧生态为先导的智慧城市建设必将对"智慧义乌"的建设树立标杆和榜样，为后期智慧城市的建设打好坚实的基础。

四、徐州市西部新城规划智慧与生态相融

徐州市西部新城采用智慧与生态相融的规划策略：①微智慧创意联动，营建智慧新城；②促进生态保护与转型利用，创建宜居新城；③交通导向，创造快捷新城；④产业创新引领，打造健康新城；⑤特色彰显，构建绿色生态新城。

（一）构建山水融合的绿地景观系统，显山露水

绿地系统规划：西部新城内部绿地系统以水系、道路带状绿地为纽带，以桃花源湿地公园、泉润湿地公园以及故黄河、玉带河为主要水体景观，以卧牛山、磨山和王长山为主要山体自然景观，建立点、线、面三位一体的网络化绿地景观系统。

景观风貌规划：规划以智慧、健康、创新和生态的思想为指导，将西部新城划分为新城景观风貌主中心、新城景观风貌次中心、生态核心和绿色生态廊道。

（二）实现"智慧"与"生态"的交融和辐射

总体功能结构规划，以生态格局为基础，西部新城形成"一带两极、三心四区"的整体结构。其中，"一带"为贯穿西部新城并连接九里山、云龙湖风景区的景观生态廊道；"两极"指新城南部围绕自然风光打造的城市旅游休闲极，以及新城北部为带动徐州市西北片区而催生的新城产业发展极；"三心"是指城市生态绿心，北部为依托黄河古道打造的九里西湖，中部为桃花源湿地公园，南部则是依托现状水田打造的泉润湿地公园及生态修复后的王长山；"四区"则分别是北部智慧产业服务区、东部宜居生态居住区、西部商贸配套服务区和南部健康产业发展区。

重点培育"智慧"与"生态"主题的产业项目，并加强彼此间的辐射作用。规划以服务九里山片区高新产业为基础，以"智慧"管理徐州市西部区域为核心，依托物联网系统，借助云计算和云存储能力，构建强大的城市数据中心和公共服务平台，为企业转型、生产销售提供全流程的信息化专业服务，打造徐州智慧产业新城新样板；借势大健康产业的快速发展与前景，依托徐州市作为淮海经济区的中心城市，快速发展医疗产业、养老养生产业、体育产业、老龄金融产业和房地产业等大健康产业集群，构造健康服务新城；彰显西部新城生态环境特色，改善西部新城旅游及人文环境，形成以休闲度假、康体娱乐等多元文化兼容并蓄的休闲旅游新城。

（三）对重点片区进行差异化设计，突显片区特色

北部"智慧云都"核心区设计，"智慧云都"整个区域被黄河古道景观带、城市视线通廊、滨水休闲景观带及防护绿化带围绕和穿插，营造了优美的区域景观环境。因此，在进行城市设计时依托四条景观带，分别对主体功能布局、建筑天际线等进行详细的设计。在此基础上，对功能单元进行了更为详细的规划设计，以突显该地区的现代风貌。

南部"生态绿城"核心区设计，"生态绿城"位于西部新城南部，其主要以彭祖养生之道为基础，以专业化的康复系统为核心，以智能化的疗养服务为支撑，致力于打造一个"生态绿城"。湿地公园、生态廊道、河流及山体公园将其分割成三大部分，又将各部分串联在一起。因此，在进行城市设计时，规划依托这一生态绿廊，分别对主体功能布局、建筑天际线等进行了详细设计，以打造一个健康生态的绿色之城。

五、生态门头沟建设智慧城市

生态门头沟建设智慧城市，实质是智慧生态门头沟。

（一）门头沟已经开展生态修复项目

（1）妙峰山镇桃园村灰窑生态修复。

（2）妙峰山镇河峪口村灰窑生态修复。

（3）百花山下边坡生态修复。

（4）生态退化系统恢复。

（5）煤矿废弃地生态修复。

（6）公路边坡生态修复。

（7）废弃石灰矿生态修复。

（8）采石废弃地生态修复。

（9）采砂废弃地生态修复等。

（二）已经开展生态建设项目

（1）大山里的生态房实验。

（2）生态治理。

（3）门头沟区全面启动"绿色出行文明交通"主题实践活动。

（4）调整产业结构。

（5）基础设施建设。

（6）环境保护工作。

（7）门头沟区举办"做文明有礼的北京人——和谐家庭健步京西"暨"健康步行月"等。

（三）"十三五"时期

"十三五"时期，门头沟新城按照产城融合发展的理念，根据产业用地布局及产业人口需求合理测算配套住宅项目。山区按照打造"大景区、大沟域"的思路，大力实施旅游景区及特色沟域经济建设，推动山区各镇特色化发展。要做好人口测算工作，做好存量人口普查摸底工作，根据人口数量倒推建设规模，为做好产业发展规划和空间布局安排打好基础。

城乡基础设施专项规划要围绕宜居宜业生态门头沟建设高水平编制，要深入研究基础设施综合管网整合配套问题，合理安排好项目实施时序，切实补齐基础设施短板，为地区未来可持续发展提供良好的基础支撑。公共服务与社会治理专题方面坚持问题导向，侧重解决百姓所关心的问题。总之，围绕人民群众做文章，考虑到区域时代特征和群众需求，落实到公共服务领域中。

六、智慧淮南生态淮南市

淮南市是安徽省辖市，位于安徽中北部，北拥淮河，南依舜耕，山水平秋色，彩带串明珠，拥有大量煤矿、煤电、煤化工产业，实属中国能源之都、华东工业粮仓。淮安市正按照构建和谐社会和建设资源节约型、环境友好型社会的要求，重点处理好煤炭生产与生态环境可持续发展的关系。继续发挥煤炭资源优势，建设能源科技创新城市；凭借"三山三水"的良好环境和丰富的文化内涵，建设山水园林城市、宜居生态城市和文化旅游名市。

建设"三山鼎立、三水环抱、三城互动"的山水园林城市结构。"三城"之间保留生态隔离带，以城市快速通道相互联系。市域空间划分为禁止建设区、限制建设区和适宜建设区，分别进行空间管制。按照"北重（煤电化产业）南轻（高新技术产业）、东新（现代制造业）西传（传统制造业）"的原则安排工业。

大力发展信息化，形成较为完善的数据资源建设和共享制度、规范、标准框架及其部分细则，实现数据采集机制创新。完善人口、法人和空间地理基础库建设，启动宏观经济和文化资源基础数据库建设，初步搭建满足各专业领域应用的数据库体系。初步建成数据资源目录和共享交换平台。应用物联网、云计算、大数据、移动互联网等新一代信息技术有效推动矿山、物流、旅游、智能装备、农业生产等产业的转型升级，实现95％以上规模企业生产经营的自动化、集成化、网络化、智能化和协同化；重点培育物联网、云计算和卫星资源等现代信息产业。

与中国资源卫星应用中心、中国科学院对地观测与数字地球科学中心、北京华迪宏图信息技术有限公司和航天讯联（北京）网络技术有限公司合作开展卫星应用与产业发展研究，以国产卫星数据为主要数据源，开展煤矿沉陷区遥感监测、湿地与水资源连续动态监测和土地利用变化动态监测三大重点领域应用试点，逐步开发遥感空间信息标准化系统产品。建设卫星应用综合信息集成服务平台，发展国产卫星遥感数据的行业业务化应用，面向未来农业、林业、水利、资源、城管、环保等行业精准业务需求，提供规模化、标准化的数据加工处理服务和一站式卫星遥感数据电子商务与网络计算服务。建立有效的产业化运营机制和营销模式，提高卫星遥感应用产业化能力，带动淮南卫星数据应用向产业化、规模化和市场化发展。

七、生态强市建智慧生态梧州

发挥生态区位优势，围绕"四个全面"战略布局，积极适应和引领经济发展新常态，开发城市矿产，发展智能制造，优化空间布局，统筹发展生态经济，协同创新，产业扶贫，建设智慧生态梧州。

为进一步推进梧州市生态环境保护与建设，转变经济发展方式，发展生态经济，实现经济、社会和环境的全面、协调、可持续发展，根据《生态广西建设规划纲要》的统一部署和要求，把生态市的创建作为今后10年的奋斗目标，争取在2020年之前，建成经济繁荣、社会稳定、生态环境良好和符合国家生态市指标要求的新梧州。重点建设领域和主要任务有：

（1）生态经济体系建设。

（2）自然资源保障体系建设。

（3）生态环境体系建设。

（4）生态人居体系建设。

（5）生态文化体系建设。

（6）能力保障体系建设。

推进"两化"融合发展。构建以企业信息化建设为核心，传统产业改造提升和新兴产业发展为主线，高校、科研机构等社会各方积极参与的"两化"融合推进格局，为建设全国信息惠民国家试点城市提供支持和保障。

通过加强引导和资金扶持，信息化带动工业化，有效促进两化融合。梧州是国内重要的木材生产基地和松脂生产基地之一，"城市矿产"和再生资源循环利用产业初具规模；桑蚕资源多层循环利用的新型产业链初步形成；甘蔗、桑蚕、水稻种植和养殖业初步探索出循环发展模式；林竹废弃物资源化利用率达90%以上；餐厨废弃物资源化利用和无害化处理国家级试点，被列为国家再生资源回收体系建设试点城市，建设国家森林城市。

八、湛江建设"一带一路"战略支点城市

湛江市位于中国大陆最南端、广东省西南部，处在粤、桂、琼三省（区）结合部，东临南海，南望海南岛，西靠北部湾，北倚大西南。湛江港水深浪静，海面宽

阔，终年气候温和，沙泥积淤较少，是得天独厚的军事要塞和海运咽喉。

湛江市地处雷州半岛，拥有丰富的海岸、海岛、海湾资源；湛江港是新中国的成立后第一个由我国自行设计、自行建造、自行管理的天然深水良港。实施港口带动，发展海洋经济，陆海统筹，潜力巨大。近年湛江市依托港口优势引进钢铁、石化、造纸等重大工业和商贸物流项目，为发展注入了强劲动力，正在打造现代化绿色循环低碳发展的"智慧生态湛江"，提升城市承载功能，全力建设国家"一带一路"战略支点城市。

以"工业立市、港口兴市、生态建市"的发展战略为指导，抢抓国家实施海洋强国和"一带一路"两大战略，有序开发陆上国土与海上国土，同步建设陆上湛江与海上湛江，统筹推进半岛港口群和环半岛交通建设，发展临港工业，优化港口服务业，打造半岛港口群，串联起港、园、产、城四大元素，形成半岛城镇群、港口群、产业群和生态防风林带、旅游经济带"三群两带"。建设"南方海谷"争当粤西创新驱动发展排头兵，全力打造生态半岛绿化湛江。

生态建市协同发展。加强海绵城市、脚印城市、智慧生态城市建设；坚持资源高效循环化利用、企业生态化集聚布局、产业链条优化配置、基础设施共享化建设、工农业生产清洁化实施、先进技术集成化应用；提升湛江市区核心城市综合服务功能；以海东新区、湛江经济开发区为重点加快城市新区建设，以老城区为重点加大旧城改造力度。

强化生态支点功能，建设重要生态安全屏障。湛江生态系统完整性高，有海洋（海岛）生态系统和陆地生态系统。基于"市域统筹发展，实施差别化分区"的城乡统筹发展战略，将市域城乡空间划分为城镇化引导地区、镇村协调发展区、生态控制区三类，提出差异化的发展策略。建设湛江的生态控制区。这是湛江重要的生态涵养地区，主要包括各类自然保护区、饮用水源保护区，严格控制城市发展边界，形成"区域绿地+城市绿环"的城市外围生态框架，并以绿楔形式渗透进城市内部。构建城市"绿色生活网络"。开展"节能降耗减排全民行动"，建设节约型政府；实现资源消耗"减量化"，单位工业增加值用水量下降，农业灌溉用水有效利用系数增加。开展节能降耗减排技术研发，建设产品与服务基地；保护和合理利用水资源、土地资源、港口岸线资源，严格保护生态环境和基本农田，集约节约使用土地，合理引导人口和产业发展，持续打造绿色湛江。

九、天津生态城加快建设智慧城市

借鉴城市规划、建设管控的成功经验，继续加强雨水径流的控制和恢复城市海绵体的工作，实现修复城市水生态、改善城市水环境、涵养城市水资源、提高城市水安全、复兴城市水文化等多重目标。在生态城智慧城市建设规划编制、信息化能力发展等方面开展合作，共建具有国际领先水平的智慧城市。实现绿色建筑比例100%的目标，共同将生态城建设成为绿色建筑示范基地，并成为绿色建筑技术产品展示中心、绿色建筑研发中心、绿色建筑教育培训中心和绿色交流与合作中心。

十、芬兰大赫尔辛基生态智慧建设

赫尔辛基城市规划部门提出了城市结构致密化（Densification）策略来支撑生态高效的城市结构发展需要，于2014年年底编制了新的城市总体规划—大赫尔辛基生态智慧建设。其Kalasatama住区将健康服务站点、基础教育、能源电网、交通基础设施、物业地产开发和休闲空间，六位一体同步推进智慧建设能力。Kalasatama智慧住区的建筑将坚持紧凑集约，兼具多样性（变化的空间、自然的搭配和富于生活气息）的原则。住区为婴儿车和骑行者专门提供多样化的道路供选择。建筑的底层将预留作为餐厅和商店，住区最大的商业综合体规划在片区的中心位置。

十一、瑞典生态城市典范——哈马尔比

位于斯德哥尔摩西南城区的哈马尔比是智慧生态城市建设的典型代表。1.2万套生态公寓可以容纳2.8万人居住、1万人工作，始建于1997年的哈马尔比生态城预计2020年完工，与20世纪90年代初期建设的小区相比，对环境的影响减少一半，创立了自己的生态循环模式——哈马尔比模式，包括智能的垃圾处理、水治理及能源使用等多个方面：地下管道自动回收垃圾，雨水、生活污水分别处理，最大限度降低能源消耗。通过一系列节能措施和增加回收利用的环节，哈马尔比实现能源消耗量和垃圾量的减少，通过改善水循环和整体环境治理，将整个区域建设成一个可持续发展的、智能化的宜居城区。

十二、碧桂园将在马来西亚打造首座智慧生态城市

立体分层，车辆地下穿行，公园在地面覆盖，每一天，人们都生活在大自然的呼吸之中。按照碧桂园的设计规划，森林城市将是中国企业在马来西亚建造的首座智慧生态城市，也是全球首个分层立体城市。智慧生态之城配套齐全、智能化管理、生态宜居，是产城一体的未来智慧生态新城，拥有旅游会展、教育培训、医疗保健、外企驻地、近岸金融、电商基地、新兴科技、绿色与智慧八大支柱产业，全方位满足投资理财、海外置业、度假观光、教育、养老的不同需求。

（一）刷新世界纪录的"未来城市榜样"

碧桂园森林城市位于新马经济特区——依斯干达特区（图3-2），与新加坡隔海相望，直线距离约两公里，是一座由四个人工岛规划连接的近20平方公里的海上城，森林城市是碧桂园目前的头

图3-2　碧桂园智慧生态城市

号战略项目，总投资超2500亿元，将耗时20年进行开发。

项目发起人、碧桂园董事局主席杨国强曾经感言："希望能有一座城市，那里的生活非常安全、没有车辆在地面穿行，建筑外墙都长满植物，到处都是公园，大家在那里可以晒太阳、跑步、游泳。"森林城市，就是杨国强梦想的实践。

（二）碧桂园具有多重标签

碧桂园将是世界唯一地面无车的立体交通之城、与自然可持续发展的融合示范基地、世界上最大垂直绿化及屋顶花园系统、世界建筑设计的典范示范区、世界智慧高新技术落地中心。

城市定位于绿色智慧生态之城的森林城市，关注城市的可持续发展，包括其中的绿色建筑、超前规划、产城融合、环境管理等，都是森林城市获得可持续发展的有效因素，而智慧城市的打造无疑也是其中之一。

第四节　发展案例分析研究

　　智慧生态城市是智慧城市与生态城市的良好结合，智慧生态城市建设将开辟我国未来的城市发展新趋势。城市中，城市主体等核心系统相互联系并且交互利用。

一、智慧城市趋向智慧生态城市

　　分析上述城市发展案例，发现我国一些智慧城市趋向智慧生态城市，欧盟的智慧城市实际是智慧生态城市，非常重视城市的可持续发展，遵循自然规律，发挥生态功能，将城市融入当地生态系统。住房城乡建议部多年来倡导生态城市；中国社会科学院发布《中国生态城市建设发展报告（2012）》指出，生态城市是中国城镇化发展的必然之路。

　　世界由物质、能量和信息组成，城市必须正确处理他们的关系，维护动态平衡。数字城市、智慧城市均在信息化范畴，属于虚拟世界；而解决人类和当地的问题必须进入实体世界，即物质、能量领域，重视城市实体建设。

　　传统城市建立在工业文明基础上，是资源消耗型与环境污染型城市，通过对自然资源的获取、产品加工、消耗废弃的利用模式与生产方式获得发展。几十年来，我国城市快速发展繁荣，大城市人口集聚，不少城市垃圾围城、交通拥堵、空间紧张、影响宜居，资源约束趋紧，环境污染严重，生态系统退化。国家新型城镇化规划（2014—2020年）提出走中国特色新型城镇化道路，推动新型城市建设：加快绿色城市建设、推进智慧城市建设、注重人文城市建设。

　　中共中央政治局2015年3月24日审议通过《关于加快推进生态文明建设的意见》。7月1日，中央全面深化改革领导小组第十四次会议强调，"现在，我国发展已经到了必须加快推进生态文明建设的阶段。生态文明建设是加快转变经济发展方式、实现绿色发展的必然要求"。国务院抓双创四众、互联网+、海绵城市建设。部委发文布置：

　　（1）2014年7月22日，国家发展改革委、财政部、国土资源部等六部委联合宣布在全国建立57个生态文明试验区，积极探索符合我国国情的生态文明建设模式。

　　（2）2014年8月26日，国家发展改革委、国土资源部、环境保护部和住房城乡建设部印发《关于开展市县"多规合一"试点工作的通知》。

（3）2014年8月29日，经国务院同意，国家发展改革委、工信部、科技部、公安部、财政部、国土资源部、住房城乡建议部、交通部等八部委印发《关于促进智慧城市健康发展的指导意见》。

2015年，李总理访欧时强调，站在新起点上，双方要乘势而上，采取更多实际行动：一是深化智慧城市合作；二是加强节能环保合作……法国总理表示加快三方合作、生态城市等新领域合作，把法中务实合作推向更高水平。7月10—11日，2015中国智慧城市国际博览会，参展交流的日本代表团来自日本海外生态城项目协议会，说明智慧城市与生态城市关系密切。

二、超越创新积极回应时代呼唤

十多年来，我国建设"数字城市"、"智慧城市"，推进现代化；学习和借鉴人类文明的一切优秀成果，但不是照搬其他国家的理念和模式，而是从我国的现实条件出发来创造性前进。

我国城市贯彻五大发展理念，坚持以人为本、科学发展、改革创新、依法治市，转变城市发展方式；完善城市治理体系，提高城市治理能力，着力解决城市病等突出问题；不断提升城市环境质量、人民生活质量、城市竞争力；建设和谐宜居、富有活力、各具特色的现代化城市，走一条中国特色城市发展道路。

（1）统筹空间、规模、产业三大结构，提高城市发展全局性。

（2）统筹规划、建设、管理三大环节，提高城市工作系统性。

（3）统筹改革、科技、文化三大动力，提高城市发展持续性。

（4）统筹生产、生活、生态三大布局，提高城市的宜居性。

（5）尊重自然、水流、气流三大规律，提高城市的安全性。

大体不改变水系格局，不变动气流导向，以免加剧洪涝、干旱危害和空气污染。

时代呼唤新的城市发展模式，积极的回应是"智慧生态城市"。超越创新，信息流引领技术流、资金流、人才流，提升信息采集、处理、传播、利用、安全能力，更好地稳增长、调结构、惠民生；超越城市建设与环境保护协调的层次，让城市规划建设融合社会、文化、历史、政治、经济、产业和生态等因素，向更加全面的方向发展，让城市成为社会、经济、文化和自然高度和谐的复合生态系统。智慧生态城市的物质、能量流动和信息传递，构成环环相扣、协同共生的网络，实现物质循环再生、能量充分利用、信息反馈调节，效益良好、社会和谐、人与自然协同共生，可持续发展。

立足市情和发展新阶段性特征，明确指导思想、基本理念、重要原则、总体目标，提出建设任务和举措，提供体制机制保障。发挥制度的引导、规制、激励、约束等功能，规范各类开发、利用、保护行为；创新驱动，积极规划建设智慧生态城市。

第五节　城市发展模式探索

城市发展是农村人口向城市集聚、农业用地按相应规模转化为城市建设用地的过程，人口和用地匹配，城市规模同资源环境承载能力相适应。面对日益严重的资源环境、城乡分离和社会分化难题，工业文明已经无能为力，人们积极探索城市发展的新模式。

传统的城市化发展模式的缺陷日益彰显，1999年的《北京宪章》把我们这个时代称作"混乱的城市化时代"。在毁掉一个个极富特色城市的同时，没有用智慧去建设一个个极富特色的新城市。相反，却结构畸形、功能混乱、行动别扭。

一、理念认识历史演进

19世纪末，英国社会活动家霍华德在他的著作《明日，一条通向真正改革的和平道路》中认为应该建设一种兼有城市和乡村优点的理想城市，称为"田园城市"。田园城市实质上是城乡结合体。1919年，英国"田园城市和城市规划协会"经与霍华德商议后，明确提出田园城市的含义：田园城市是为健康、生活以及产业而设计的城市，它的规模足以提供丰富的社会生活，但不应超过这一程度；四周要有永久性农业地带围绕，城市的土地归公众所有，由一专业委员会受托掌管。

生态经济学成为20世纪六七十年代产生的一门新兴学科，但人类社会经济同自然生态环境的关系自古以来就普遍存在。社会经济发展要同其生态环境相适应，是一切社会和一切发展阶段所共有的经济规律。

1989年，英国环境经济学家戴维·皮尔斯（David Pearce）首先提出绿色经济概念，1990年，提出"循环经济（Circular Economy）"概念。2003年，英国提出用低碳基能源。2008年，联合国提出绿色经济和绿色新政。2009年，IBM发布"智慧地球"战略，得到美国总统支持。

2010年，我国皇明太阳能集团提出"微排地球"战略。"微排地球"比"低碳排放"范围更宽泛，通过综合利用包括太阳能等可再生能源在内的清洁能源技术，减少废气、废水、固体废弃物等物体的排放。而"微排地球"的另一项重要内容，是指微排的城乡一体化推进。微排地球战略是为应对和解决全球能源危机和环境问题而产生的未来发展解决方案。世界各地应携手共建一个绿色、可持续的包括微排城市、微排农村、微排社区、微排工厂、微排交通等在内的"微排地球"。通过综合利用包括太阳能等在内的清洁能源技术，减少个人及组织在生活、生产过程中排放的废气，甚至实现"零排放"。

目前，相提并论的有低碳经济、绿色经济、生态经济、循环经济、静脉经济等很多内涵相近的表述。它们之间相互包容，但并无一种完全的递进关系。低碳经济注重过程，是手段，是阶段，实质是提高能效、开发清洁能源与发展"碳汇建设"，是达到生态、绿色的必由之路。绿色经济、生态经济强调经济与环境的协调发展，提倡经济的发展要与有限的自然承载能力相适应。静脉经济更着眼于资源的回收与利用。循环经济倡导发展经济要依靠生态资源的循环来实现，倡导资源的高效利用和循环利用，遵从自然规律。循环经济最初提出"3R"原则（Reduce、Reuse、Recycle），以后又有"4R"（Rethink）、"5R"（Repair）之说。

我国有关低碳经济和绿色经济的国际会议比较多，层面很高。有识之士纷纷将目光投向中国古代的自然哲学，希望从东方智慧中吸取灵感，找到治病良方。其基本取向是将人与自然的关系转向"天人合一"，对解决当今世界人与自然日趋紧张的关系有启发作用。

二、生态赤字制约发展

社会发展受生态承载力的制约。生态承载力指生态系统的自我维持、自我调节能力，资源与环境子系统的供容能力及其可维育的社会经济活动强度和具有一定生活水平的人口数量。生态系统有自我维持和自我调节能力，在不受外力与人为干扰的情况下，生态系统可保持自我平衡状态，其变化的波动范围在可自我调节范围内，生态学上称作稳态。如果系统受到干扰，干扰超过系统的可调节能力或可承载能力范围后，则系统平衡被破坏，系统开始瓦解。自然生态系统中，在生物的各个水平层次上，都具有稳态机制，能达到一定平衡。在巨大的生态系统中，物质循环和能量流转的相互作用，建立了自校稳态机制（Self-correcting homeostasis）而无需外界控制（E. P. Odum，1992），但生态系统的稳态机制是有限度的，当系统承载力超过稳态限度后，系统便发生转变，从一种稳态走向另一种稳态，但稳态的变化是渐进的，著名生态学家Odum将这种变化看作是一系列台阶，称作稳态台阶。在稳态台阶范围内，即使有压力使其偏高，仍能借助于负反馈保持相当稳定，超出这个稳定范围，正反馈导致系统迅速破坏。所以说，如果要使生态系统不发生剧烈变化或不超出波动范围，则压力的作用必须在生态系统的可自我维持和自我调节能力范围内，否则系统便走向衰退或死亡。而系统的衰退与死亡，意味着生物的衰退与死亡。所以，面向可持续发展，人类的任何活动都必须限制在生态系统的弹性范围之内。

早在2011年国合会提交的《中国生态足迹报告》就指出，中国的人均生态足迹已经是环境承载力的2倍，生态赤字逐渐增大。

面积不断扩展的水泥建筑，钢筋浇铸水泥结结实实地埋葬了其所在地下的所有生命，加之移山、填海、抽油、采矿、修水坝、打隧道等，导致地球必需的生物大量灭绝，各个圈层的联系大面积隔断，使地球的纵横循环系统都受到严重破坏。

我国城市不能按照国外的汽车—高速公路—城市蔓延—石油社会的模式发展，重蹈破坏环境的覆辙；必须利用这个人类历史的重要时机，选择一条可持续发展的新路。世界上没有哪个国家有中国这么大的人口和资源潜力去建设比当今工业化国家的城市好得多的生态城市。这给我国提供了一个千载难逢的机会：在别人发展汽车社会的同时另辟蹊径，以一种对自己的人民也对这个美好星球上其他生物负责的态度，使自己变得更智慧、强大。我国不仅有思想基础，有实证经验，也有能力和潜力去做。这个思想基础就是中国5000多年来积淀的"天人合一"的生态观；这个实证经验就是中国传统文化的自力更生传统和阴阳共济的乡居生态原则。

三、创新思维积极探索

城市发展是一个自然历史过程，有其自身规律。城市和经济发展两者相辅相成、相互促进。必须认识、尊重、顺应城市发展规律，积极适应和引领经济发展新常态，把城市规划好、建设好、管理好，促进以人为核心的新型城镇化发展。创新规划理念，改进规划方法，增强规划的前瞻性、严肃性和连续性，实现一张蓝图做到底。坚持协调发展理念，从区域、城乡整体协调的高度确定城市定位，谋划城市发展。加强空间开发管制，划定城市开发边界，根据资源禀赋和环境承载能力，引导调控城市规模，优化城市空间布局和形态功能，确定城市建设约束性指标。按照严控增量、盘活存量、优化结构的思路，逐步调整城市用地结构，把保护基本农田放在优先地位，保证生态用地，合理安排建设用地，推动城市集约发展。

古今中外，人类对理想城市的探索从未停止，特别是工业文明之后。理想城市是人们对居住环境的一种向往和怀念。现代城市规划从工业文明开始，城市规划的第一本法律是英国的《公共卫生法》。当年，英国、北美都垃圾乱倒，传染病蔓延扩散，城市脏乱差，大概有一百年时间。

霍华德先生提出田园城市。他是社会学家，从改造社会的角度提出，希望有一种兼有城市和乡村优点的理想城市模式。

欧洲人首先提出紧凑城市。他们开始反思小汽车的使用，化石燃料石油的使用，城市蔓延发展模式对地球、对人类并不是真正的理想，应该反过来，提倡紧凑。

美国人提出新城市主义、精明增长、智慧增长。"二战"之后，小汽车的使用是复兴经济的重要抓手。兴建高速公路，大量使用石油，发展小汽车，钢铁工业、电子工业产业链延伸，美国被称之为"架在汽车轮子上的国家"。20世纪50年代以后，美国人开始反思，发现也有问题。所以提出新城市主义，强调紧凑宜人的社区模式，充满人情味的社区空间；还提出精明增长，智慧增长，控制城市的盲目扩张，保护生态环境，多考虑环境问题。

当今我国城市实现四大转型，增长方式从过去工业文明的褐色发展转向低能耗、低排放、低污染的绿色发展；发展方式从过去的线性发展转向循环发展；发展空间从过去平面摊大饼的蔓延式发展转向紧凑、集约有序的均衡发展；发展模式从过去的英美模式转向中国模式、科学发展的新型模式。

四、积极发展信息化

进入21世纪，我国信息化取得长足进展，但与全面建成小康社会、加快推进社会主义现代化的目标相比还有差距。目前，我国网民数量、网络零售交易额、电子信息产品制造规模已居全球第一，一批信息技术企业和互联网企业进入世界前列，形成了较为完善的信息产业体系。信息技术应用不断深化，"互联网+"异军突起，经济社会数字化网络化转型步伐加快，网络空间正能量进一步汇聚增强，信息化在现代化建设全局中引领作用日益凸显。同时，我国信息化发展也存在比较突出的问题，主要是：核心技术和设备受制于人，信息资源开发利用不够，信息基础设施普及程度不高，区域和城乡差距比较明显，网络安全面临严峻挑战，网络空间法治建设亟待加强，信息化在促进经济社会发展、服务整体战略布局中的潜能还没有充分释放，发展仍处于可以大有作为的重要战略机遇期。

（一）互联网进入大智移云时代

中国工程院院士、中国互联网协会理事长邬贺铨比较了移动互联网企业与电信运营商企业的市值，指出移动互联网企业的大部分市值为其销售收入的10~20倍，而运营商的市值是其销售收入的不到2倍。互联网进入了大智移云时代，移动互联网的发展风光无限。

移动互联网的应用风情万种。分析网民在智能终端上的主要行为，手机搜索和新闻仍然是用户应用的主要选择，其次社交应用包括微信等正在成为主流，然后是微博、邮件等，而游戏和娱乐业务也发展迅速。手机支付的规模正在不断增长；位置服务的发展推动了商业化应用；智能终端接入各种传感器，开启了物联网应用；移动医疗和健康服务迅速发展，移动的新应用层出不穷。

移动互联网的私募和创投的重点在移动娱乐、移动营销、移动购物、移动医疗、移动技术、移动教育、移动服务、移动社交、移动金融等，这些都成为投资关注的重点。与此同时，企业级移动应用开始崛起，从移动设备管理到企业文件共享等，更多的移动应用将会出现。

采取多种措施，从身份认证到攻击防护再到应用安全，需要在多个方面构建移动互联网的安全防护。移动终端本身有很多安全风险。iPhone的安全问题给我们敲响了警钟，在iOS和Android平台上安全问题都无法切实得到保障。网络安全内涵在延伸，最重要的是赛博（Cyber）安全，既包括网络基础设施的安全，数据内容层面的安全，还包括被控制对象执行决策层面的安全。

移动互联网创新正风起云涌，移动互联网重塑了产业链，给创新留下了很多空间和机会。移动互联网的创新链涉及Web应用、服务托管、网络、云平台等。

移动互联网是互联网发展的新阶段。移动互联网是"大智移云"时代的重要特征，是未来创新平台的主要支柱。移动互联网丰富了应用，对信息消费和经济发展都作出了贡献。移动互联网的安全问题比桌面互联网更严峻。移动互联网在路上，机遇与挑战同行，风光与风险相伴，未知多于已知，永远都有故事，成功难以复制，唯有创新永恒。

（二）城市规划信息系统分析设计

系统分析包括功能分析和实体分析两大方面。功能分析是业务运作的科学抽象，实体分析是自顶而下分析数据的过程。整体而言，城市规划主要处理城市发展的空间关系，城市规划信息系统需要地理信息系统（GIS）的支持。

1. 城市规划功能分析

1933年，《雅典宪章》明确提出城市的四大功能：居住、工作、游憩、交通，并提出有"计划"、有"秩序"发展城市的原则，成为现代城市规划的一项基本原则。后来，高层建筑的大量建造，改变了传统城市"水平式"发展的模式，出现了向高空"立体式"发展的新形式。

1950～1960年，美国城市规划的中心工作是土地利用规划，每个城市都有总体规划图。当时，把总体规划图看作城市规划的主要成果，现在则把它看作是规划的第一步，传统的总体规划发展成综合规划，规划城市发展的各项目标、达到目标的方针政策和主要途径，包括经济、文化、艺术、社会、心理、环境、节能等领域，对城市建设发展起指导作用，建筑容积率FAR（Floor Area Ratio）控制等。

城市由各种物质要素组成，他们之间构成错综复杂的关系。这些物质要素都占有城市的一定空间，要求一定数量和质量的土地。城市规划就是要尽可能满足它们对用地的要求，尽可能避免它们之间的矛盾，同时最大限度地符合城市和区域的总体利益。为此目的而对城市用地空间所进行的组织工作，称为用地划分或用地功能划分。这是城市规划的基本工作内容，在城市规划的发展构成中具有重要意义。

规划的内容具体包括：城镇体系规划、城市规划、镇规划、乡规划和村庄规划。城市规划、镇规划分为总体规划和详细规划。详细规划分为控制性详细规划和修建性详细规划。

城市总体规划、镇总体规划的内容包括：城市、镇的发展布局，功能分区，用地布局，综合交通体系，禁止、限制和适宜建设的地域范围，各类专项规划等。规划区范围、规划区内建设用地规模、基础设施和公共服务设施用地、水源地和水系、基本农田和绿化用地、环境保护、自然与历史文化遗产保护以及防灾减灾等内容，应当作为城市总体规划、镇总体规划的强制性内容。城市总体规划、镇总体规划的规划期限一般为二十年。城市总体规划还应当对城市更长远的发展作出预测性安排。

乡规划、村庄规划应当从农村实际出发，尊重村民意愿，体现地方和农村特色。乡规划、村庄规划的内容包括：规划区范围，住宅、道路、供水、排水、供电、垃圾收集、畜禽养殖场所等农村生产、生活服务设施、公益事业等各项建设的用地布局、建设要求，以及对耕地等自然资源和历史文化遗产保护、防灾减灾等的具体安排。乡规划还应当包括本行政区域内的村庄发展布局。

同时还应做到以下几点：

（1）注意保护和改善城市生态环境，防止污染和其他公害，加强城市绿化建设和市容环境卫生建设，保护历史遗产、城市传统风貌、地方特色和自然景观。

（2）编制民族自治地方的城市规划，应当注意保持民族传统和地方特色。

（3）有利生产、方便生活、促进流通、繁荣经济、促进科学技术文化教育事业发展。

（4）符合城市防火、防爆、抗震、防洪、防泥石流和治安、交通管理、人民防空建设等要求，在可能发生强烈地震和严重洪水灾害的地区，必须在规划中采取相应的抗震、防洪措施。

（5）合理用地、节约用地。

（6）具备勘察、测量以及其他必要的基础资料。

大城市、中等城市为了进一步控制和确定不同地段的土地用途、范围和容量，协调各项基础设施和公共设施的建设，在总体规划基础上，可以编制分区规划。城市中心业务区范围的确定，在城市规划中十分重要。它常是中心商业区或闹市区的范围。区内又分功能亚区：商业亚区、金融亚区、办公亚区、文娱亚区、旅游亚区、信息产业和服务产业亚区等。

城市规划实行分级审批。城市新区开发和旧区改建坚持统一规划、合理布局、因地制宜、综合开发、配套建设的原则。各项建设工程的选址、定点，不得妨碍城市的发展，危害城市的安全，污染和破坏城市环境，影响城市各项功能的协调。

城市的土地利用和各项建设必须符合城市规划，服从规划管理。任何单位和个人服从城市人民政府根据规划作出的调整用地决定。

2．城市规划数据分析

城市规划数据包括各种规划数据和开展规划必需的相关数据。前者又包括综合规划、专题规划、总体规划和详细规划等。城市规划的数据有地籍图、房产图、地价图、交通图、交通设施、生活设施、文体设施和娱乐设施等。

综合规划包括城镇体系规划、道路交通规划、城市对外交通及特种交通规划、城市水系规划、城市用地规划、城市郊区规划、城市空域规划、工程管线综合规划、城市地下空间规划、城市环境保护规划、历史文化保护规划、城市工业用地规划、城市仓储用地规划、城市公共设施规划和城市居住区规划等。

专题规划包括给水工程规划、排水工程规划、电力工程规划、电信工程规划、燃气工程规划、热力工程规划、环卫设施规划、消防设施规划、城市防洪规划、防地质灾害规划、城市防卫设施规划、道路绿化规划等。

由于城市规划涉及城市的政治、经济、文化、社会和城市发展的广泛领域，具有很强的综合性。所以开展规划必需的相关数据也包括城市基础信息、专题信息和社会经济文化等信息。

城市基础信息的主要内容为1：500～1：50000城市基本比例尺地形图、城市自然条件和资源信息，是以空间表示为主的图形信息。内容分类为：

（1）城市基本比例尺地形图，包括：测量控制点、居民地和垣栅、工矿建（构）筑物及其他设施、交通及附属设施、水系及附属设施、管线及附属设施、境界、地貌、土质、植被等。

（2）城市自然条件和资源信息。

专题信息包括：规划管理信息、土地管理信息、房屋管理信息、市政道路管理信息、工程管线管理信息、环保信息、防洪信息、文物信息、园林绿化信息、供电信息和邮电信息等。社会经济信息包括：经济信息，教育、科技、文化、卫生管理信息和公交、消防与交通管理信息等。

3．系统设计

城市规划信息系统的设计包括三个层次的工作。①数据总体规划，设计城市规划数据库，包括城市空间数据库，以查询检索为基本要求；②在数据库的基础上，设计应用系统，包括城市总体规划系统、城市控制性详细规划系统、城市修建性详细规划系统、道路规划系统、地下管线规划系统、市政工程规划系统和城市规划办公自动化系统等；③在前两个层次基础上建设城市规划知识库，研发面向应用的各类专家系统

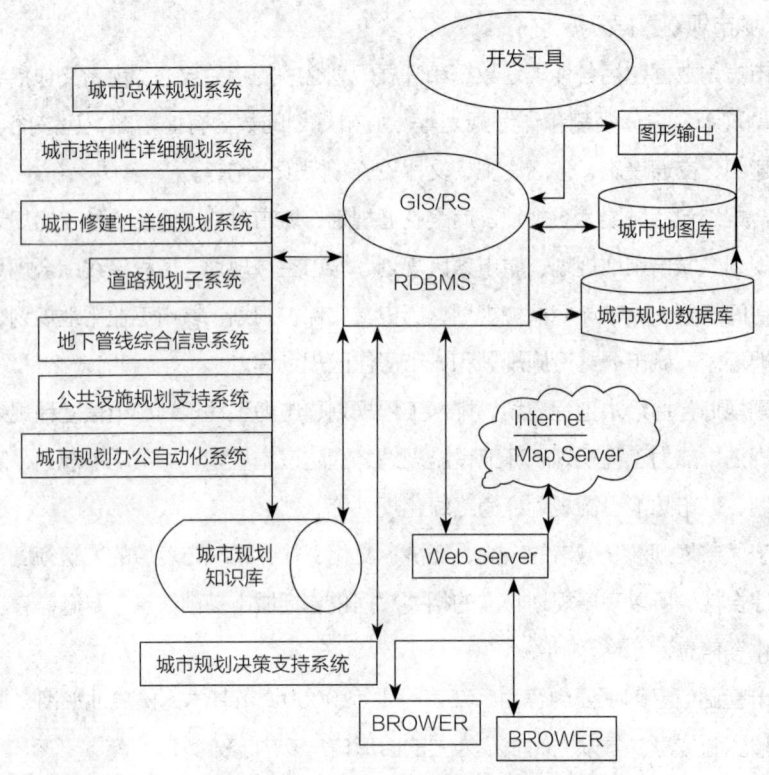

图3-3　城市规划信息系统框架

（ES）、决策支持系统。城市规划信息系统的结构如图3-3。

　　（1）城市规划数据库。城市规划空间数据库以地理信息系统GIS平台为核心，包括图形影像库和关系数据库。图形库包括地形图库：1∶10000、1∶2000、1∶500比例尺等；地籍图、房产图库：1∶500；正射影像图库：1∶2000黑白数字正射影像图库、1∶5000假彩色数字正射影像图库；综合地下管线图库：1∶500；行政区界图库：街（镇）界、村界、区界、市界等；行政管理机构、街道机构、教育设施、体育设施、邮电设施、商业网点、交通设施、社会福利设施、医疗卫生设施、文化娱乐设施、市政设施分布图库等。遥感影像图库存储航片和卫片。城市规划图库存储总体规划图、详细规划图、专业规划图等。

　　上述图形要素带有属性数字表和文字注记等，城市人口、社会经济统计数据存在关系数据库。系统具有地图输入、动态更新、数据管理、信息处理、查询检索和图表输出功能。库中图、数和文字可以统一存放，统一管理，综合检索。

（2）应用系统。应用系统包括总体规划、详细规划、规划管理、办公自动化（OA）等系统。总体和分区规划子系统是系统的龙头，具有有关城市规划信息的综合查询、规划控制和土地利用管理功能。城市控制性详细规划子系统是整个规划信息系统的核心。城市修建性详细规划子系统是系统日常最大量的工作，系统具有建筑审批、市政工程管线审批、规划管理、测绘管理和政策法规管理等功能。

在道路规划子系统中，规划道路一经确定，立即可调用地籍图与数据，查找到国土、房产、质检办公自动化中对应的文档，依照一定的规则，综合分析、计算出规划道路内需要拆迁的房主情况、房屋结构和规划道路内的基底面积等，为建设管理提供高效能的辅助支持。地下管线信息系统实现"普查成图与普查成果监理入库相结合、全面普查与竣工测量相结合、规划审批与现状信息相结合"，具有空间决策支持或专家系统功能；具有网络分析（包括事故分析）、任意断面生成与分析功能；直观地表达了管线设计原则和各种指标要求，如管线最小覆土深度、管线最小水平净距、管线交叉时的最小垂直净距等。可以根据现状管线综合平面图，自动生成任意点道路横断面图和交叉点标高图，通过确定多点管线断面来设计管线；可以根据所提供的事故发生地的地理位置及管线现状，确定受影响区域的大小，找出相关阀门或检修井，绘制受影响区域的现状管线图等。此外，还可以根据规划设计的要求，自动进行管线信息的筛选、图形简化、符号更改、接边处理等，自动产生其他比例尺的综合管理图。

设施规划支持系统建立公共服务设施规划分析模型，包括区域规划与总体规划的宏观控制层、分区规划的中观控制层、详细规划的微观设计层，支持各种公共设施的规划。系统支持工程综合规划、管线的工程辅助设计、管线地图综合等。

规划办公自动化系统全面支持城市规划部门的办公，整体提高规划作业、管理效率与管理质量。系统强调案件跟踪与流程的规范化、自动化，以利于社会主义市场经济条件下的公平、效率原则，改善政府机关办事的公众形象。办公自动化集成了基本地图库（矢量与栅格）、规划图形库、业务办公文档、统计信息库等，成为一个管理系统，在其上开发一系列的功能，实施空间或图/文结合的分析和决策支持，实现业务办公和对公众开放的既定目标。

五、智慧生态融合发展

研究一些地方的"智慧城市"规划与实践发现，许多城市选择可持续发展方针，一些城市选择了"智慧生态"融合发展路径，呈现"智慧生态"发展趋势。

（一）向生态文明转型

人类若仍沿着水泥城市化的方向前进，只能加大对生态环境的破坏。需要调整政策思路，做到短期政策和中长期政策并重，需求侧管理和供给侧改革并重，建设生态文明。

生态是自然界的存在状态，文明是人类社会的进步状态，生态文明是人类文明中反映人类进步与自然存在和谐程度的状态。人类也是自然的一部分，人类活动不能超过自然界容许的限度；生态问题具有世界整体性，生态文明建设是一个动态的历史过程。人类经历了三次技术革命和两次转型，向生态文明转型影响经济发展，是一场深刻革命。

历史实践表明，每一次文明转型都会引起人类经济社会体制和人与人之间的物质利益关系革命。我国在1978年以前处于农业文明主导阶段，1978年改革开放后开始逐步向工业文明转型。党的十一届三中全会开启的经济体制改革，是我国从农业文明向工业文明转型的里程碑。由工业文明向生态文明转型，需要再进行一次深入的改革。

生态文明建设需要政府增加对生态恢复、生态建设和环境保护的公共支出；增加资源税、生态环境税，会增加企业成本，提高物价总体水平。实施制度创新，建立基于生态环境保护的制度体系，建立起生态环境产权维护机制。

（二）探索发展道路

现在，世界发达水平人口全部加起来是10亿人口，而我国有13亿人口，全部进入现代化就意味着世界发达水平人口要翻一番多，不能想象我们能够以现有发达水平人口消耗资源的方式来生产生活，那全球现有资源都给我们也不够，必须探索中国发展道路。

深入调研，发现问题，系统分析，确定焦点；着力推进节能减排，修复城市生态系统，改善出行条件、水汽质量，监测城市，智能管理，发展可再生能源，建设"生态文明"。

中小城市不一定搞大范围土地开发。可以一小块，一亩地、几十平方米、几百平方米地出让，降低成本，保留特色老房子；给中小投资者创造投资空间，给服务业发展带来低成本效果，同时为城市形态的个性化发展创造空间。调整产业结构，促进服务业发展，使服务业发展成为城市发展的主导。

调整人口结构，不必盲目追求城市的人口多。中小城市，特别是小城市，没有责任发展成为几十万、几百万人口的城市，解决好现有区域内人口的公共服务问题，提高公共服务质量。改变放大城市人口的规划模式，通过更好的规划来解决本地人口的服务问题。

河北衡水把新型农村城市与工业园区、现代农业园区统筹建设，"三区同建"，让村民在改善居住环境的同时，在家门口实现就业；并出台了土地流转、复垦奖补等优惠政策。通过旧村拆迁，在原址复垦腾出的土地产生的效益可以解决全村水、电、供热、物业等费用。

农民搬进新城市，随之而来的问题是如何增收。衡水市首批"三区同建"的564个村，因地制宜搞产业、建园区。2014年"三区同建"启动以来，已建成和在建农村新型城镇160多个、现代农业园区280个、工业园区40个，有20多万农民在家门口实现了就业，村民年人均收入由8000元提高到12000元以上。

（三）响应时代呼唤

当前我国经济发展中结构性问题最为突出，矛盾的主要方面在供给侧，必须推进供给侧改革。供给侧结构性改革的根本目的是提高社会生产力水平。推进供给侧改革一定要改革制度，从源头上减少能源资源消耗和环境污染，所以供给侧改革包括所有可提高效率的改革。供给侧结构性改革关系全局、关系长远，必须切实抓好。包括：

（1）针对主体的改革，如创业就业制度改革、国有企业改革、垄断行业改革、政府机构改革、行政审批制度改革、干部考核制度改革等。

（2）针对要素的改革，如土地制度改革、资源产权制度改革、金融制度改革、环境制度改革、科技制度改革、教育人才制度改革、信息管理制度改革等。

（3）针对结构的改革，如户籍制度改革、城乡差别福利制度改革、养老和医疗卫生制度改革、价格制度改革等。

按照"五位一体"总体布局和"四个全面"战略布局，牢固树立和贯彻落实五大发展理念，依法规划、建设和管理城市，着力转变城市发展方式，着力塑造城市特色风貌，着力提升城市环境质量，着力创新城市管理服务，走出一条中国特色城市发展道路。

坚持依法治理与文明共建相结合，坚持规划先行与建管并重相结合，坚持改革创新与传承保护相结合，坚持统筹布局与分类指导相结合，坚持完善功能与宜居宜业相结合，坚持集约高效与安全便利相结合。

（四）选择智慧生态

从国外传入的城市发展模式有工业城市、生态城市、绿色城市、低碳城市、智慧城市等；我国实行的城市发展模式有数字城市、生态城市、低碳生态城市、智慧城市等。剖析城市发展案例，概括发展模式，发现"智慧生态"融合发展是最佳选择，于2011年提出发展智慧生态城市；陆续提出智慧生态城市的总体规划、顶层设计和推进策略，2013年以来每年由中国仪器仪表学会报请中国科协批准，联合举办"智慧生态城市论坛"、"智慧生态城市研讨会"，倡导推进"智慧生态城市"，做过多次报告，撰写多篇文章公开发表。

（1）2009年2月2日《信息导刊》第5期，发表"走信息化工业化融合之路"。

（2）2009年10月29日，在欧美同学会会员之声发表"建设数字中国 低碳中国"。

（3）2010年7月13日，在东方道尔"智慧城市"沙龙发言"发展地球物联网-建设低碳智慧城市"。

（4）2011年11月，在"第八届数字中国发展高层论坛暨信息主管峰会"《空间信息云与智慧城市论文集》发表"发展地球物联网 建设智慧生态城市"。

（5）2012年3月，在《中国市长》发表"落实科学发展 建设智慧生态城市"。

（6）智慧生态门头沟总体研究《办公自动化》，2015年09期，5月1日。

（7）紧跟时代步伐 建设"智慧生态城市"《中国建设报》2015年11月11日特刊七版。

（8）未来智慧生态城市建设《办公自动化》2016年11期，2016年6月1日。

……

2015年在"协同创新澳门论坛"演讲"规划智慧生态城市 建设中华生态文明"，在OA2015国际学术研讨会"智慧生态城市论坛"演讲"试论智慧生态城市"，在第十九届中国北京国际科技产业博览会"2016智慧城市论坛"演讲"未来智慧生态城市建设"。

（五）智慧生态城市特征

生态文明新时代的智慧城市是"智慧生态城市"。智慧生态城市主要特征有：

（1）智慧生态城市融入生态系统，实现可持续发展。智慧生态城市遵循自然规律，发挥生态功能，有一套生态机制，实现物质循环再生、能量充分利用、信息反馈调节，人与自然协同共生，将城市融入当地生态系统，实现可持续发展。

（2）智慧生态城市四化协同发展，"五位一体"建设。解决人类和当地的问题必须进入实体世界，即物质、能量领域，重视城市实体建设，四化协同发展，"五位一体"建设。

（3）智慧生态城市引领城乡发展。智慧生态城市促进经济、政治、文化、社会、生态一体建设；带来许多机会和增长点。

（4）智慧生态城市维护生态安全、粮食安全、食品安全，环境宜居。

（5）智慧生态城市遏制城乡、区域差别扩大，促进社会公平，维护社会和谐稳定。

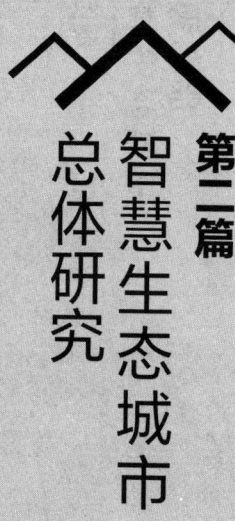

第二篇
智慧生态城市
总体研究

智慧生态城市是信息化与工业化、城镇化、农业现代化融合发展的新模式。

当前我国进入全面建成小康社会的决胜阶段，经济社会发展呈现出更多依靠消费引领、服务驱动的新特征。

第一节　智慧生态城市战略需求

城市化是人类社会发展的趋势。在城市化进程中，人类将大多数野生生物限制在越来越狭小的范围内，同时也将自己圈在钢筋水泥和各种污染构成的人工环境中，远离了人类祖先所拥有的野趣盎然的生活环境，产生了种种文明病。因此，改善和保护城市生态环境，是人类在城市建设和发展过程中应当高度重视的重要课题。

一、生态环境恶化

我国发展的资源约束趋紧，水污染、空气污染、土壤污染严重；节约资源、修复生态、治理污染、保护环境成为紧迫任务。

文明发祥以来，地球补充资源的速度快于人类消耗资源的速度。然而，根据世界自然基金会发布的《地球生命力报告》，从1970年开始，每年从地球获取的资源比其可以恢复的更多，第一个"地球超载日"于当年12月底降临。地球超载日又称"生态越界日"或"生态负债日"，之后人类开始透支地球的未来。由于不负责任的"过度消费"，我们消耗资源的速度与地球资源再生的速度之间的差距日渐扩大，从裂缝变成鸿沟。1993年的"地球超载日"为10月21日，2000年为10月1日，2013年为8月20日，2014年为8月19日，2015年为8月13日，2016年为8月9日，日期逐年提前。透支未来的强度不断增大，逼近大幅改变生态环境的临界点，需要高度警惕。人类用完了地球本年度的可再生资源，剩下的4个多月进入了生态超载阶段，在生态赤字的状态下，透支自然产品和生态服务。

生态足迹指维持一个人、地区、国家的生存所需要的或者指能够容纳人类所排放的废物的、具有生物生产力的地域面积。中国脆弱的生态系统正承受着经济发展和不断增长的人口带来的双重压力。尽管中国的人均生态足迹低于全球平均水平。但由于人口基数大，中国的生态足迹总量居全球第一，比排名第二的美国高1/3，是自身承载力的2.2倍，这意味着我们需要2.2个中国的可再生资源总量才能满足需求；全球和我国的生态赤字越来越大，环境污染越来越重，转变发展方式刻不容缓。

二、融合发展求解难题

实行多年的"数字城市"、"生态城市"、"低碳城市"、"智慧城市"等均没有缓解交通拥堵、环境污染等顽疾。数字城市和智慧城市属于信息化范畴，而解决人类和当地的问题必须进入实体世界，融合发展求解难题。

遵照国家新型城镇化规划（2014—2020年）提出的"顺应现代城市发展新理念新趋势，推动城市绿色发展，提高智能化水平，增强历史文化魅力，全面提升城市内在品质"的要求；我们倡导发扬优良传统集成创新，产业链接项目对接，建设"智慧生态城市"，融合发展，从源头去除信息孤岛，破解发展阻力。

智慧城市重在应用，生态城市重在基础；在各城镇（乡）结合实际，深入进去，提出咨询报告和智慧生态规划要点，供政府、企业与民众决策。

第二节　智慧生态城市发展途径

以人民为中心，贯彻五大发展理念，着力解决城市病等突出问题，不断提升城市生态环境质量、人民生活质量、城市竞争力，建设和谐宜居、富有活力、各具特色的现代化城市。坚持集约发展，框定总量、限定容量、盘活存量、做优增量，立足市情，保护自然，在统筹上下工夫，在重点上求突破，着力提高城市发展的持续性、宜居性。

深入推进新型城镇化，加快城镇棚户区改造和基础设施建设，推动新型城市建设，加快培育中小城市和特色小城镇，全面提升城市综合承载能力。充分发挥新型城镇化对新农村建设的辐射带动作用，推动基础设施和公共服务向农村延伸，搭建多层次、宽领域、广覆盖的融合发展平台，带动农村一二三产业融合发展。做好"地"、"钱"、"房"三个方面的改革，完善土地利用机制，创新投融资机制，完善城镇住房制度，为新型城镇化提供科学合理的制度保障。深化新型城镇化综合试点，建立人口市民化成本分担机制、多元可持续投融资机制、完善农村宅基地制度、创新设市设区模式。

健全市、县级科技成果转化工作网络，强化科技管理部门开展科技成果转移转化工作职能。以创新资源集聚、工作基础好的市为主导，依托自主创新示范区、高新区、农业科技园区、创新型城市等，建设科技成果转移转化示范区，探索形成一批可复制、可推广的工作经验与模式。支持地方建设通用性或行业性技术创新服务平台，搭建科技成果中试与产业化载体，开展研发设计、中试熟化、检验检测、知识产权、投融资等服务。

第三节　智慧生态城市建设基本原则

中央城市工作会议为城市建设搭建了顶层设计，也为智慧生态城市指明了方向。做好城市工作，要顺应城市工作新形势、改革发展新要求、人民群众新期待，坚持人民城市为人民。

一、尊重城市发展规律

城市发展是一个历史过程，有自身规律。城市各方面发展相辅相成、相互促进。认识、尊重、顺应城市发展规律，端正城市发展指导思想，实事求是地工作。

二、统筹空间、规模、产业三大结构

在主体功能区规划、新型城镇化规划（2014—2020年）的基础上，结合实施

"一带一路"建设等战略，明确城市发展空间布局、功能定位；科学规划城市空间布局，实现紧凑集约、高效绿色发展。结合资源禀赋和区位优势，明确主导产业和特色产业，强化大中小城市和小城镇产业协作协同，逐步形成横向错位发展、纵向分工协作的发展格局。加强创新合作机制建设，构建开放高效的创新资源共享网络，以协同创新牵引城市协同发展。城镇化同农业现代化同步发展，城市工作同"三农"工作一起推动，形成城乡发展一体化的新格局。

三、统筹规划、建设、管理三大环节

树立系统思维，从构成城市诸多要素、结构、功能等方面入手，对事关城市发展的重大问题进行深入研究和周密部署，系统推进各方面工作。综合考虑城市功能定位、文化特色、建设管理等多种因素来制定规划，接地气，邀请被规划企事业单位、建设方、管理方参与，邀请市民共同参与。增强规划科学性、指导性。加强城市设计，提倡城市修补，加强控制性详细规划的公开性和强制性。加强对城市的空间立体性、平面协调性、风貌整体性、文脉延续性等方面的规划和管控，留住城市特有的地域环境、文化特色、建筑风格等"基因"。规划经过批准后要严格执行，不断完善城市管理和服务，彻底改变粗放型管理方式，让人民群众在城市生活得更方便、更舒心、更美好。把安全放在第一位，把安全工作落实到城市工作和城市发展的各个环节各个领域。

四、统筹改革、科技、文化三大动力

城市发展依靠改革、科技、文化三轮驱动，增强城市持续发展能力。推进规划、建设、管理、户籍等方面的改革，以主体功能区规划为基础统筹各类空间性规划，推进"多规合一"。深化城市管理体制改革，促进有能力在城镇稳定就业和生活的常住人口有序实现市民化，统筹推进土地、财政、教育、就业、医疗、养老、住房保障等领域配套改革。推进城市科技、文化等诸多领域改革，优化创新创业生态链，让创新成为城市发展的主动力，释放城市发展新动能。加强城市管理数字化平台建设和功能整合，建设综合性城市管理数据库，发展民生服务智慧应用。保护弘扬传统文化，延续城市历史文脉，保护好前人留下的文化遗产。结合自己的历史传承、区域文化、时代要求，打造自己的城市精神，对外树立形象，对内凝聚人心。

五、统筹生产、生活、生态三大布局

把握生产空间、生活空间、生态空间的内在联系，实现生产空间集约高效、生活空间宜居适度、生态空间山清水秀。把创造优良人居环境作为中心目标，努力把城市建设成为人与人、人与自然和谐共处的美丽家园。增强城市内部布局的合理性，提升城市的通透性和微循环能力。

以自然为美，把好山好水好风光融入城市。大力开展生态修复，让城市再现绿水青山。控制城市开发强度，划定水体保护线、绿地系统线、基础设施建设控制线、历史文化保护线、永久基本农田和生态保护红线，防止"摊大饼"式扩张，推动形成绿色低碳的生产生活方式和城市建设运营模式。坚持集约发展，树立"精明增长"、"紧凑城市"理念，科学划定城市开发边界，推动城市发展由外延扩张式向内涵提升式转变。

六、统筹政府、社会、市民三大主体

善于调动各方面的积极性、主动性、创造性，集聚促进城市发展正能量。坚持协调协同，尽最大可能推动政府、社会、市民同心同向行动，使政府有形之手、市场无形之手、市民勤劳之手同向发力。政府创新城市治理方式，特别注意加强城市精细化管理。提高市民文明素质，尊重市民对城市发展决策的知情权、参与权、监督权，鼓励企业和市民通过各种方式参与城市建设、管理，真正实现城市共治共管、共建共享。

第四节 智慧生态城市发展战略方针

智慧生态城市发展的战略方针是"人为核心，生态为本，智慧发展"。

一、人为核心

城市的主体不是建筑，而是生活在其中的人们，智慧生态城市必须以人为核心，政府做好服务，企业充满活力，家庭和睦安康，城市和谐宜居；坚持普惠性、保基本、均等化、可持续方向；从解决人民最关心最直接最现实的利益问题入手，增强政府职责，提高公共服务共建能力和共享水平；实施食品安全战略，形成严密高效、社会共治的食品安全治理体系，让人民群众吃得放心。

全面提升公民科学素质，加强科普基础设施建设，加快科学精神和创新文化的传播塑造，使公众能够更好地理解、掌握、运用和参与科技创新，进一步夯实创新发展的群众和社会基础。规划建设智慧生态健康工程，实施全民健身战略、食品安全战略，创新发展健康技术，积极应对人口老龄化，建设健康城市。

强化企业创新主体地位和主导作用，支持科技型中小企业健康发展，形成有国际竞争力的创新型领军企业。依托企业、高校、科研院所建设技术创新中心，形成具有带动力的创新型城市和区域创新中心。完善企业研发费用加计扣除政策，扩大固定资产加速折旧实施范围，推动设备更新和新技术应用。

深化科技体制改革，引导构建产业技术创新联盟，推动跨领域跨行业协同创新，促进科技与经济深度融合。加强技术和知识产权交易平台建设，建立从实验研究、中试到生产的全过程科技创新融资模式，促进科技成果资本化、产业化。构建普惠性创新支持政策体系，加大金融支持和税收优惠力度。深化知识产权领域改革。

扩大高校和科研院所自主权，赋予创新领军人才更大人财物支配权、技术路线决策权。实行以增加知识价值为导向的分配政策，提高科研人员成果转化收益分享比例，鼓励人才弘扬奉献精神。

二、生态为本

生态系统中的物质和能量是沿食物链和食物网流动的，能量在沿食物链的传递过程中逐级递减；生态系统中的能量来源于绿色植物光合作用固定的太阳能。在生态系统中只有绿色植物才能进行光合作用固定太阳能。绿色植物通过叶绿体，利用光能把二氧化碳和水合成有机物，并储存能量，同时释放出氧气，有机物中储存着来自阳光的能量。因此，生态系统的能量最终来自于太阳光能。

生态为本的实质是尊重自然、顺应自然、保护自然的生物多样性、生态链，实现绿色发展；师法自然，修复生态。"天蓝、地绿、水清"，生态机制使城市的生态形象与生态功能相统一、相协调，可持续发展。

三、智慧发展

智慧发展，首先是数字化、信息化、智能化，进而实行新的工业革命、科技革命、产业革命，高效、低耗、减排，科学发展；弘扬中华优良传统，向更加全面的方向发展，筑造和谐宜居美丽城市。

第五节　智慧生态城市推进策略

智慧生态城市的推进策略可以概括为"12345"：发展是硬道理，第一要务；工业化与信息化，两化深度融合；生产、生活与生态，三生协调平衡；新型工业化信息化城镇化与农业现代化，四化协同推进；经济政治社会文化与生态文明，五位融合发展。倡导大众创业万众创新，积极建设现代生态文明。

一、发展是硬道理

现阶段，我国社会的主要矛盾是人民日益增长的物质文化需要同落后的社会生产之间的矛盾。所以，发展是第一要务。必须抓紧时机，加快发展，充分发挥科学技术是第一生产力的作用。坚持以经济建设为中心，坚持发展是硬道理的战略思想，变中求新、新中求进、进中突破，推动发展不断迈上新台阶。

着力实施创新驱动发展战略，抓住创新就抓住了牵动经济社会发展全局的"牛鼻子"。抓创新就是抓发展，谋创新就是谋未来。把发展基点放在创新上，通过创新培育发展新动力、塑造更多发挥先发优势的引领型发展，做到人有我有、人有我强、人强我优。

着力增强发展的整体性协调性，协调发展是制胜要诀。协调既是发展手段又是发展目标，还是评价发展的标准和尺度，是发展两点论和重点论的统一，是发展平衡和不平衡的统一，是发展短板和潜力的统一。学会运用辩证法，善于"弹钢琴"，处理好局部和全局、当前和长远、重点和非重点的关系，着力推动区域协调发展、城乡协调发展、物质文明和精神文明协调发展。

着力推进人与自然和谐共生。生态环境没有替代品，用之不觉，失之难存。树立大局观、长远观、整体观，像保护眼睛一样保护生态环境，像对待生命一样对待生态环境，推动形成绿色发展方式和生活方式。

着力形成对外开放新体制。主动顺应经济全球化潮流，坚持对外开放，充分运用人类社会创造的先进科学技术成果和有益管理经验，不断探索实践，提高把握国内国际两个大局的自觉性和能力，提高对外开放质量和水平。

着力践行以人民为中心的发展思想，体现在经济社会发展各个环节，由于我国将长期处于社会主义初级阶段，根据现有条件把能做的事情尽量做起来，积小胜为大胜，不断朝着全体人民共同富裕的目标前进。

二、大众创业万众创新

传统的高投入、高消耗、粗放式发展方式难以为继，经济发展进入新常态，需要从要素驱动、投资驱动转向创新驱动。推进大众创业、万众创新，通过结构性改革、体制机制创新，消除不利于创业创新发展的各种制度束缚和桎梏，支持各类市场主体不断开办新企业、开发新产品、开拓新市场，培育新兴产业，形成小企业"铺天盖地"、大企业"顶天立地"的发展格局，实现创新驱动发展，打造新引擎、形成新动力。

我国就业总量压力较大，结构性矛盾凸显。推进大众创业、万众创新，是扩大就业、实现富民之道的根本举措，人力资源转化为人力资本的潜力巨大。通过转变政府职能、建设服务型政府，营造公平竞争的创业环境，使有梦想、有意愿、有能力的科技人员、高校毕业生、农民工、退役军人、失业人员等各类市场创业主体"如鱼得水"。通过创业增加收入，让更多的人富起来，促进收入分配结构调整，实现创新支持创业、创业带动就业的良性互动发展。

目前创业创新理念还没有深入人心，创业教育培训体系还不健全，善于创造、勇于创业的能力不足，鼓励创新、宽容失败的良好环境尚未形成。通过加强全社会以创新为核心的创业教育，弘扬"敢为人先、追求创新、百折不挠"的创业精神，厚植创新文化，不断增强创业创新意识，使创业创新成为全社会共同的价值追求和行为习惯。

充分发挥市场在资源配置中的决定性作用和更好发挥政府作用，加大简政放权力度，放宽政策、放开市场、放活主体，形成有利于创业创新的良好氛围，让千千万万创业者活跃起来，汇聚成经济社会发展的巨大动能。不断完善体制机制、健全普惠性政策措施，加强统筹协调，构建有利于大众创业、万众创新蓬勃发展的政策环境、制度环境和公共服务体系，以创业带动就业、创新促进发展。

三、建设现代生态文明

树立和落实正确的理念，统一思想，引领行动。树立发展和保护相统一的理念，自然价值和自然资本的理念，空间均衡的理念，山水林田湖是一个生命共同体的理念。推进生态文明体制改革坚持正确方向，坚持自然资源资产的公有性质，坚持城乡环境治理体系统一，坚持激励和约束并举，坚持主动作为和国际合作相结合，坚持鼓励试点先行和整体协调推进相结合。

从改革发展全局高度，深刻认识生态文明体制改革的重大意义，增强责任感、紧迫感、使命感，扎实推进生态文明体制改革，全面提高我国生态文明建设水平。

中华民族以非凡的智慧和创造力，为人类文明进步作出了不可磨灭的贡献，培育了历久弥新的优秀文化。面临当前的发展机遇和前所未有的风险挑战，不能走某些国家的老路，跟在后面犯错误，而要立足国情，努力探索中国特色的文明发展道路。

总体规划是建设智慧生态城市的关键。

第一节　智慧生态城市总体规划架构

　　智慧生态城市是人们心目中的理想城市，人为核心、经济繁荣、多元交融、人文关怀、科技教育、城乡互动、安全宜居，生态为本、多样循环、美丽幸福；涉及广泛领域：土、水、气、生物、能源、建筑、交通、社会、文化，数字化、智能化，低碳生态、行为模式、遗产保护等。智慧生态城市空间紧凑、资源节约、环境良好、社会和谐、平衡协调，是追求的梦想。

　　智慧生态城市的总体架构有五个层次：生态环境保护与修复、基础设施融入生态系统、生态文明贯五大领域融合发展、信息化带动四化协同推进、智能生态城市，涵盖政府、企业、社会、社区/村和家庭，生产、生活和生态（图5-1）。让整个城市，首先是城市基础设施融入生态系统。

生态环境保护修复	智慧生态能源	智慧生态交通	智慧生态建筑	精准清洁生产	智慧生态生活	智慧生态农业	智慧生态工业	智慧生态服务业	智慧生态医疗健康	智慧生态水务水利	智慧生态食品供应	智慧生态灾害应急	智慧生态政府
													智慧生态企业
													智慧生态社会
													智慧生态社区/村
													智慧生态家庭

标准规范 政策法规	智能生态城市	系统安全 社会安全 经济安全
	信息化带动四化协同推进 （新型工业化、信息化、城镇化、农业现代化）	
	生态文明贯五大领域融合发展 （经济建设、政治建设、文化建设、社会建设、生态文明建设）	
	基础设施融入生态系统 （生态廊道、水、路，管网：电、气、热、信息）	
	生态环境保护与修复 水 土 气 生 地（地势 地形 地貌 地质）光	

图5-1　智慧生态城市总体规划

因势而谋，应势而动，顺势而为，首先规划和设计城市生态基础设施，完善城市生态基础设施建设的景观安全格局。将环境容量和城市综合承载能力作为确定城市定位和规模的基本依据。城市交通、能源、供排水、供热、污水、垃圾处理等基础设施，按照绿色循环低碳的理念进行规划建设。

强化尊重自然、传承历史等理念，促进融合发展，推动企业加快技术创新、提升精准管理水平，完善设备折旧等政策，增强产业竞争力。健全城乡发展一体化体制机制，坚持走以人为本、四化同步、优化布局、生态文明、传承文化的新型城镇化道路，遵循发展规律，积极稳妥推进，着力提升质量。

第二节　生态环境保护与修复

经济社会的快速发展对自然生态系统形成了巨大压力，人口、经济、资源环境协调发展面临严峻挑战。加强生态环境保护与修复，提高生态承载力，是加快转变经济发展方式，实现科学发展的基础支撑。

一、十分紧迫

生态环境是由生物群落及其相关的无机环境共同组成的功能系统，称为生态系统。在特定的生态系统演变过程中，当发展到一定稳定阶段时，各种对立因素通过食物链的相互制约作用，使物质循环和能量交换达到一个相对稳定的平衡状态，从而保持了生态环境的稳定和平衡。如果环境负载超过了生态系统所能承受的极限，就可能导致生态系统的弱化或衰竭。

人是生态系统中最积极、最活跃的因素。在人类社会的各个发展阶段，人类活动都会对生态环境产生影响。特别是近半个世纪以来，由于人口的迅猛增长和科学技术的飞速发展，人类既有空前强大的建设和创造能力，也有巨大的破坏和毁灭力量。人类活动增大了向自然索取资源的速度和规模，加剧了自然生态失衡，带来了一系列灾害。另一方面，人类本身也因自然规律的反馈而遭到"报复"。无论在发达国家还是在发展中国家，生态环境问题都已经成为制约经济和社会发展的重大问题。

1998年国务院印发《全国生态环境建设规划》，2000年，印发《全国生态环境保护纲要》。以实施可持续发展战略和促进经济增长方式转变为中心，以改善生态环境质量和维护国家生态环境安全为目标，紧紧围绕重点地区、重点生态环境问题，统一规划，分类指导，分区推进，加强法治，严格监管，坚决打击人为破坏生态环境行为，动员和组织全社会力量，保护和改善自然恢复能力，巩固生态建设成果，努力遏制生态环境恶化的趋势，为实现祖国秀美山川的宏伟目标打下坚实基础。

二、基本原则

坚持生态环境保护与生态环境建设并举是生态环境保护的基本原则。在加大生态环境建设力度的同时，坚持保护优先、预防为主、防治结合，彻底扭转一些地区边建设边破坏的被动局面。

坚持污染防治与生态环境保护并重。充分考虑区域和流域环境污染与生态环境破坏的相互影响和作用，坚持污染防治与生态环境保护统一规划，同步实施，把城乡污染防治与生态环境保护有机结合起来，努力实现城乡环境保护一体化。

坚持统筹兼顾，综合决策，合理开发。正确处理资源开发与环境保护的关系，坚持在保护中开发，在开发中保护。经济发展必须遵循自然规律与承载能力，绝不允许以牺牲生态环境为代价换取眼前和局部的经济利益。

坚持谁开发谁保护，谁破坏谁恢复，谁使用谁付费制度。明确生态环境保护的权、责、利，充分运用法律、经济、行政和技术手段保护生态环境。

三、划定生态红线

生态保护红线是依法在重点生态功能区、生态环境敏感区和脆弱区等区域划定的严格管控边界，是区域生态安全的底线。生态保护红线所包围的区域为生态保护红线区，对于维护生态安全格局、保障生态系统功能、支撑经济社会可持续发展具有重要作用。

生态保护红线依据生态服务功能类型和管理严格程度实施分类分区管理，做到"一线一策"。生态保护红线一旦划定，实行以下管控要求：

（1）性质不转换：生态保护红线区内的自然生态用地不可转换为非生态用地，

生态保护的主体对象保持相对稳定。

（2）功能不降低：生态保护红线区内的自然生态系统功能能够持续稳定发挥，退化生态系统功能得到不断改善。

（3）面积不减少：生态保护红线区边界保持相对固定，区域面积规模不可随意减少。

（4）责任不改变：生态保护红线区的林地、草地、湿地、荒漠等自然生态系统按照现行行政管理体制实行分类管理，各级地方政府和相关主管部门对红线区共同履行监管职责。

重要生态功能区首先是水源涵养区。城市发展需要安全健康的水源，其保护红线是一条生态安全的底线。生态脆弱区或敏感区保护红线是重大生态屏障红线，为城市提供生态屏障，可以减轻外界对城市生态的影响和风险。生物多样性保育区红线是生物多样性保护的红线，为保护的物种提供最小生存面积。红线就是底线，如果再开发就会危及种群安全，必须坚守。

四、开展生态修复

对那些在自然突变和人类活动影响下受到破坏的自然生态系统开展恢复与重建，恢复生态系统原本的功能。首先对生态系统停止人为干扰，减轻负荷压力，依靠生态系统的自我调节能力与自组织能力使其向有序的方向演化，或者利用生态系统的这种自我恢复能力，辅以人工措施，让遭到破坏的生态系统逐步恢复，向良性循环方向发展。

生态修复主体是政府、大型矿、水、油类企业，作为国内刚刚起步的朝阳行业，具有投资门槛较低、见效快、行业成本与收入波动性小、行业集中率低、持续盈利能力较强等特点，尤其适合我国水土流失面积广大、资金投入有限的实际，其工程毛利一般高于园林绿化行业。

生态修复作为生态学的一个分支进行系统研究，是1980年Cairns主编的《受损生态系统的恢复过程》一书出版开始的。在生态修复的研究和实践中，涉及的相关概念有生态恢复（*Ecological Restoration*）、生态修复（*Ecological Rehabilitation*）、生态重建（*Ecological Reconstruction*）、生态改建（*Ecological Renewal*）、生态改良（*Ecological Reclaim*）等。生态恢复的称谓主要应用在欧美国家，在我国也有应用；生态修复的叫法主要应用在我国和日本。

城市中心的绿地越来越少，影响自然生态平衡。近年来，国内外有许多城市新建绿道网，为居民休闲、慢行提供良好的场所。在绿道网的建设中，采用透水沥青、透水砖等新的技术工艺产品，使雨水被植被充分吸收过滤后，自然渗透进土壤、河道。大规模的绿道网，调节局域气候，改善动植物生长环境，起到生态修复的作用。

城市的生态建设是城市化进程必须解决的难题，在建设用地日趋紧张的前提下，不可能建设大型的城市生态公园，而通过改善现有绿地的质量，提升生态效果来解决这个问题。

五、维护生态平衡

生态环境中的生态平衡是动态平衡，一旦受到自然和人为因素的干扰，超过了生态系统自我调节能力而不能恢复到原来比较稳定的状态时，生态系统的结构和功能遭到破坏，物质和能量输出输入不能平衡，造成系统成分缺损（如生物多样性减少等）、结构变化（如动物种群的突增或突减、食物链的改变等）、能量流动受阻、物质循环中断，一般称为生态失调，严重的就是生态灾难。

生态的自我修复能力在大自然中是一种普遍存在的现象，但往往被人们忽视。注意发挥生态系统的自我修复能力是搞好生态建设的重要指导原则。不断恶化的生态环境，不仅对人类造成影响和危害，同样对整个生物界造成影响和危害，减弱生态系统的自我修复能力。

第三节　基础设施融入生态系统

发扬中国优秀传统文化精髓，规划建设智慧生态工程，首先是生态基础工程（包括生态廊道），确保智慧生态城市保护生态环境，遏制生态破坏、环境污染，减轻自然灾害危害；促进资源的合理、科学利用，实现生态系统良性循环、生态安全。

一、发扬中华优秀传统文化精髓

我国传统城市选址特别注意"负阴抱阳，背山面水，山水交汇，动静相称，象天法地，以南为上"。因为在北半球，要更多的利用阳光，太阳是世界上推动事物发展的原动力，这是我国中国优秀传统文化的精髓。

我国优秀传统文化精髓还强调因地制宜。《管子·乘马》当中有一段话，"凡立国都，非于大山之下，必于广川之上，高无近旱而水用足，下无近水而沟防省，因天时，就地利"。人在自然之中，不是在自然之外，更不是在自然之上，自然为本，天人合一。

天人合一中的"天"指环境。我国古代的理想城市非常强调与自然的结合，特别强调社会的和谐，强调城乡统筹与建设秩序的治理，强调人居环境的营造、文化的综合集成，山水城乡融合，形成整体的、系统的概念。

二、规划建设生态廊道基础实施

廊道指不同于周围景观机制的线状或带状景观元素（Forman，1986），是生态基础设施的重要结构要素。生态廊道主要由植被、水体等生态性结构要素构成。绿道、遗产廊道等概念的出现为廊道设计注入了新的活力。景观生态学中关于廊道的原理包括廊道的连续性、数目、构成、宽度与景观过程的关系等（俞孔坚、李迪华，1998）。这些都对廊道的规划与设计具有重要的指导意义。

廊道的宽度和构成是规划和保证其有效性的关键。宽度和构成的设定应该从功能入手，如生物保护、防洪、防止农业营养物质流失以及文化遗产保护和游憩等。鉴于廊道的功能日益趋向综合，上述的绿道和遗产廊道会发生交叉。不同气候带对廊道宽度和构成的要求也不同。

三、创新理念建设智慧生态工程

智慧生态城市建设生态基础设施和智慧生态工程，按照智慧生态模式规划建设城市交通、能源、供排水、供热、污水、垃圾处理等基础设施，让城市融入生态系统。生态基础设施是维护城市安全和健康的关键，是城市和居民获得持续的自然服务（生态服务）的基本保障。实施网络强国战略，加快构建高速、移动、安全、泛在的新一代信息基础设施；加快完善水利、铁路、公路、水运、民航、通用航空、管道、邮政等基础设施网络；完善能源安全储备制度；加强城市公共交通、防洪防涝等设施建设；实施城市地下管网改造工程。

（一）道路交通智慧生态工程

树立行人优先理念，改善居民出行条件，保障出行安全，倡导绿色出行。建设城市步行、自行车"绿道"，加强行人过街设施、自行车停车设施、道路林荫绿化、照明等设施建设，切实转变过度依赖小汽车出行的交通发展模式。

按照"量力而行、有序发展"原则，推进地铁、轻轨等城市轨道交通系统建设，发挥其作为公共交通骨干的作用，带动城市公共交通和相关产业发展。积极发展大容量地面公共交通，加快调度中心、停车场、保养场、首末站以及停靠站的建设；推进换乘枢纽及充电桩、充电站、公共停车场等配套服务设施建设，纳入城市旧城改造和新城建设规划同步实施。

加快完善城市道路网络系统，提升道路网络密度，提高城市道路网络连通性和可达性。加强城市桥梁安全检测和加固改造，限期整改安全隐患。加快推进城市桥梁信息系统建设，严格落实桥梁安全管理制度，保障城市路桥的运行安全。

（二）城市管网智慧生态工程

地下基础设施是用好地下资源的重要载体，也是巨大内需的潜力所在。围绕提高新型城镇化质量，像地上工程一样，严格标准，精心建设地下设施。创新机制，吸引社会资金投入，在"补短板"中带动扩大有效投资，促进城市管网建设。

加强城市供水、污水、雨水、燃气、供热、通信等各类地下管网的建设、改造和检查，优先改造材质落后、漏损严重、影响安全的老旧管网。建设城市地下综合管廊，在全国大中城市启动地下综合管廊试点工程；中小城市因地制宜建设一批综合管廊项目。新建道路、城市新区和各类园区地下管网按照综合管廊模式开发建设。

加快城镇供水设施改造与建设，积极推进城乡统筹区域供水，实现全国城市公共供水普及率和水质达标双目标；加强饮用水水源建设与保护，合理利用水资源，限期关闭城市公共供水管网覆盖范围内的自备水井，切实保障城市供水安全。在全面普查、摸清现状基础上，编制城市排水防涝设施规划。加快雨污分流管网改造与排水防涝设施建设，解决城市积水内涝问题。积极推行低影响开发建设模式，将建筑、小区雨水收集利用、可渗透面积、蓝线划定与保护等要求作为城市规划许可和项目建设的前置条件，因地制宜配套建设雨水滞渗、收集利用等削峰调蓄设施。加强城市河湖水系保护和管理，强化城市蓝线保护，坚决制止因城市建设非法侵占河湖水系的行为，维护其生态、排水防涝和防洪功能。完善城市防洪设施，健全预报预警、指挥调度、应急抢险等措施，全面提高城市排水防涝、防洪减灾能力，建成较完善的城市排水防涝、防洪工程体系。

将配电网发展纳入城乡整体规划，进一步加强城市配电网建设，实现各电压等级协调发展。中心城市基本形成500（或330）千伏环网网架，大部分城市建成220（或110）千伏环网网架。推进城市电网智能化，满足新能源电力、分布式发电系统并网需求，优化需求侧管理，逐步实现电力系统与用户双向互动，加快城市智能配电网发展。

（三）污水处理智慧生态工程

以设施建设和运行保障为主线，加快形成"厂网并举、泥水并重、再生利用"的建设格局。优先升级改造落后设施，确保城市污水处理厂出水达到国家新的环保排放要求或地表水Ⅳ类标准。36个重点城市城区实现污水"全收集、全处理"，全国所有设市城市实现污水集中处理；按照"无害化、资源化"要求，加强污泥处理处置设施建设；加快推进节水城市建设，在水资源紧缺和水环境质量差的地区，加快推动建筑中水和污水再生利用设施建设。保障城市水安全、修复城市水生态，消除劣Ⅴ类水体，改善城市水环境。

（四）生活垃圾智慧生态工程

以大中城市为重点，建设生活垃圾分类示范城市（区）和生活垃圾存量治理示范项目。加大处理设施建设力度，提升生活垃圾处理能力。提高城市生活垃圾处理减量化、资源化和无害化水平；到2017年，设市城市生活垃圾得到有效处理，确保垃圾处理设施规范运行，防止二次污染，摆脱"垃圾围城"困境。

（五）生态园林智慧生态工程

结合城乡环境整治、城中村改造、弃置地生态修复等，加大社区公园、街头游园、郊野公园、绿道绿廊等规划建设力度，推动生态园林城市建设。确保老城区人均公园绿地面积不低于5平方米，加强运营管理，强化公园公共服务属性，严格绿线管制。

设市城市至少建成一个具有一定规模，水、气、电等设施齐备，功能完善的防灾避险公园。结合城市污水管网、排水防涝设施改造建设，通过透水性铺装，选用耐水湿、吸附净化能力强的植物等，建设下沉式绿地及城市湿地公园，提升城市绿地汇聚雨水、蓄洪排涝、补充地下水、净化生态等功能。

第四节　生态文明贯智慧生态城市建设

把生态文明建设放在突出地位，融入经济建设、政治建设、文化建设、社会建设各方面和全过程。经济建设是基础，政治建设是保证，文化建设是先导，社会建设是归宿，生态文明建设是前提。

一、生态文明建设

生态文明是工业文明发展到一定阶段的产物，是超越工业文明的新型文明境界，是在对工业文明带来严重生态问题进行深刻反思基础上逐步形成和积极推动的一种文明形态，是人与自然和谐的社会形态。

工业革命以来，人类创造了历史上从未有过的经济奇迹，积累了巨大的物质财富，但也饱尝了高增长带来的苦果：能源紧张、资源短缺、生态退化、环境恶化、气候变化、灾害频发。正如恩格斯所指出的那样，"我们不要过分陶醉于我们人类对自然界的胜利。对于每一次这样的胜利，自然界都对我们进行报复"。面对生态领域的这些挑战，人们重新认识到，人类与自然是平等的，人类不是自然的奴隶，也不是自然的上帝。在开发自然、利用自然中，人类不能凌驾于自然之上，人类的行为方式应该符合自然规律。因此，我们必须摒弃人定胜天的思维方式和做法，充分认识自然规律及人与自然关系，按照人与自然和谐发展的要求，在生产力布局、城镇化发展、重大项目建设中充分考虑自然条件和资源环境承载能力，把生态文明建设融入经济社会发展全过程。推进生态文明建设，是涉及生产方式和生活方式根本性变革的战略任务。

二、生态文明融入经济建设

按照生态文明的理念和原则优化产业结构和布局，促进城乡区域协调发展，逐步实现空间意义上的产业合理布局。制定和完善产业发展规划，制定落后产业淘汰时间表和新型产业发展计划，逐步实现时间意义上的产业合理布局。以节能减排为抓手，推进产业升级，把一些高污染、高能耗、高排放的产业逐渐淘汰，提升一些附加值高、科技含量高的产业，逐步实现经济发展方式的转变。节能减排在当前经济建设的战略调整中起着提纲挈领的关键作用，是推进生态文明在经济建设领域发挥作用的根本所在。

按照市场经济规律的要求，运用价格、税收、财政、信贷、收费、保险等经济手段，调节或影响市场主体的行为，实现经济建设与环境保护协调发展。对各类市场主体进行基于资源环境利益的调整，建立可持续利用资源和保护环境的激励和约束机制。与传统行政手段的"外部约束"相比，环境经济政策是一种"内在约束"力量，具有促进环保技术创新、增强市场竞争力、降低环境治理与行政监控成本等优点。环境经济政策包括环境税、排污权交易、水权交易、温室气体排放权交易、生态补偿机制和环境金融政策方面等政策的建立和完善。

三、生态文明融入政治建设

生态文明的创建并非工业文明顺势前行的自发过程，在很大程度上是需要人类自觉逆转的艰难过程。这一过程不像从原始文明到农业文明再到工业文明那样，是发展次序的必然结果，而是人类必须深刻反思，摒弃工业文明发展过程中形成的许多反自然恶习；是一个反向校正的过程，这一过程是反惯性的。所以，必须有强有力的保障作为支撑，生态文明建设融入政治建设要突出政策推动。

政治文明具有决策性强、政策性强、调控性强、专政性强、督导性强、执行力强、影响面宽的特点，是生态文明建设的有力保障。在政治文明建设中，如何正确评价与考核领导干部工作实绩，以何种标准评价和选拔任用干部，是非常重要的一个方面。把生态文明建设的绩效纳入各级党委、政府及领导干部的政绩考核体系，建立健全监督制约机制。站在建设生态文明的高度，强化各级各部门党政主要领导改善生态环境的责任，实现生态与政治的有效融合。

　　社会主义民主法治建设作为政治文明建设的重要组成部分，也需要通过不断完善民主制度、强化环境立法融入生态文明的理念与制度设计。生态文明建设与广大人民群众的生产生活息息相关，是群众最为关心的热点。同时，群众的信息摄取最为直观与显性。在这样一个社会生活领域推进民主建设，可以说是继村民自治、党内民主之后的一个最佳选择。在法制建设中，加大生态保护的立法力度，加大环境违法行为的处罚力度，让《环保法》成为真正的"硬法"。

四、生态文明融入文化建设

　　文化是民族的血脉和灵魂，是人民的精神家园。继承和发扬中华文化，建设中华民族的共同精神家园，是海内外中华儿女的共同心愿。

　　生态文化是建设生态文明的原生力量。生态文明理念的确立是社会主义精神文明和文化建设的主要标志、重要内容，是社会主义文化建设的重要载体和途径。倡导生态文化，把生态文明的理念融入文化建设，用生态文明理念指导文化创作的思想、方法、组织、规划。

　　生态文化是人与自然和谐发展的文化。新世纪新阶段，人类逐渐认识到长期对自然进行掠夺性索取、破坏必将遭受惩罚，一个从征服自然、破坏自然到回归自然、珍爱自然的新理念正在形成。重视发掘和发挥我国传统文化中的优秀思想，用于生态文化价值观的教育，增强人们对自然生态环境行为的自律。创造更加丰富的生态文化形式，使之成为社会主义文化产业的有机组成部分。

　　处理好价值观念、思想境界、道德情操、精神信仰、行为规范、生活方式、风俗习惯、学术思想、文学艺术、科学技术等领域，人和自然，人和人，以及局部和整体的认知文明和生态文明问题，引导生态文化的传承与创新，人与自然关系的功利、道德、信仰和天地境界的健康发展。

　　节约能源资源、保护生态环境是科普工作基本的永恒主题。通过生态环保知识的普及，提升公民的环保素质，使公众从中了解、掌握相关知识。环境教育要强化相关机制和约束性指标，保障环境教育全面有序深入开展。

　　营造崇尚创新的文化环境，加快科学精神和创新价值的传播塑造，动员全社会更好理解和投身科技创新。营造鼓励探索、宽容失败和尊重人才、尊重创造的氛围，加强科研诚信、科研道德、科研伦理建设和社会监督，培育尊重知识、崇尚创造、追求卓越的创新文化。

坚持"两手抓、两手都要硬",坚持社会主义先进文化前进方向,坚持以人民为中心的工作导向,坚持把社会效益放在首位、社会效益和经济效益相统一,坚定文化自信,增强文化自觉,加快文化改革发展,加强社会主义精神文明建设,建设社会主义文化强市。

五、生态文明融入社会建设

社会建设的核心是改善民生,促进和谐。保障群众的环境权益,从以人为本的角度促进社会公平,充分发挥民间力量的作用,培养生态环保的消费方式。

喝上干净的水、呼吸清洁的空气、吃上放心的食物,是最基本的民生问题,是政府执政为民的基本要求。发展经济是为了让群众生活富裕起来,环境保护则是让群众能够更好地享受发展成果。所以,坚持以人为本、环保为民,着力解决影响群众健康的突出问题,为人民群众营造良好的生活环境,其本身就是改善民生的基本内容,保障群众的环境权益。

让公众的环境权益得到公平对待,实现城乡之间的环境公正,尊重公众环境权益。完善信息公开相关立法,保障公民知情权。在信息公开的渠道、内容、方式、责任等各种问题进一步厘清,进一步完善,从以人为本的角度促进社会公平。

培育社会中间层主体,以民间环保组织为代表的社会中间层,是政府与民众之间沟通的重要桥梁,是社会矛盾的缓冲地带,对构建和谐社会意义重大;对环保民间组织予以引导鼓励,引导环保民间组织迈入自律的良性循环中,充分发挥民间力量的作用。

逐步形成有利于人类可持续发展的适度消费、绿色消费的生活方式,大力提倡节约型消费,改变"一次性消费"。反对自私的享乐观,鼓励从点点滴滴做起,减少或杜绝生态破坏、环境污染和资源浪费,培养生态环保的消费方式。

促进资源节约型、环境友好型社会建设,发展低碳社会,倡导文明和谐,邻里和睦,社会稳定;言谈文明、行为文明,不说粗话,禁止大声喧哗,不准随地吐痰。改变居住理念、出行方式;改变陋习:实施公共场所禁烟限酒控车。

坚持有质量有效益的发展,保持宏观经济稳定,为人民群众生活改善打下更为雄厚的基础;弘扬勤劳致富精神,激励人们通过劳动创造美好生活;完善收入分配制度,坚持按劳分配为主体、多种分配方式并存的制度,把按劳分配和按生产要素分配结合起来，处理好政府、企业、居民三者分配关系；强化人力资本，加大人力资本投入力度，着力把教育质量搞上去，建设现代职业教育体系；发挥好企业家作用，帮助企业解决困难、化解困惑，保障各种要素投入获得回报；加强产权保护，健全现代产权制度，加强对国有资产所有权、经营权、企业法人财产权保护，加强对非公有制经济产权保护，增强人民群众财产安全感。

第五节 信息化带动四化协同发展

工业化、信息化、城镇化和农业现代化同步发展，相辅相成。工业化处于主导地位，是发展的动力；农业现代化是重要基础，是发展的根基；信息化具有后发优势，为发展注入新的活力；城镇化是载体和平台，承载工业化和信息化发展空间，带动农业现代化加快发展，发挥着不可替代的融合作用。中央成立"网络安全和信息化领导小组"，信息化成为真正的一把手工程！为城市发展带来新的机遇。

一、发展信息化推进现代化

没有信息化就没有现代化。实施"宽带中国"战略，积极发展信息资源市场，发展物联网，强化信息获取与智能处理；深化电子政务建设，全面支撑政务部门履行职责，满足公共服务、社会管理、市场监管和宏观调控各项目标的需求，推进行政体制改革和服务型政府建设。广泛应用信息技术，建设信息安全保障体系，促进资金流、人流、物流、信息流的高效配置和安全运转。合理使用信息资源，促进节能降耗减排，提升管理服务水平，推进智慧化、遵循生态规律地发展，建设美丽城镇。

我国信息化行业先行，城市信息化建设和运行纵强横弱，信息孤岛多，数据交换难，信息共享程度低。以基础数据库为基础，建设数据规范、互惠互利、共用共享的公共信息平台，实现数据交换与信息共享；对城市各类公共信息进行统一管理，满足城市各类业务和行业发展对公共信息交换与服务的需求。

整合各部门、各单位的信息资源，按照"一数一源"原则，确保基础信息的准确性和完整性，为政府和社会提供准确可靠的基础信息服务。在生产、生活和生态活动中积极促进信息消费，信息惠民；启动新的产业革命，促进生产领域的信息消费。

开展城市计算智能、城市系统模型、群体协同服务等基础理论研究，突破城市多尺度立体感知、跨领域数据汇聚与管控、时空数据融合的智能决策、城市数据活化服务、城市系统安全保障等共性关键技术，研发城市公共服务一体化运营平台，开展新型智慧生态城市群的集中应用。

二、信息化带动四化协同发展

（一）信息化带动工业化

加快实施《中国制造2025》，推动工业互联网创新发展。以智能制造为突破口，加快信息技术与制造技术、产品、装备融合创新，推广智能工厂和智能制造模式，全面提升企业研发、生产、管理和服务的智能化水平。普及信息化和工业化融合管理体系标准，深化互联网在制造领域的应用，积极培育众创设计、网络众包、个性化定制、服务型制造等新模式，完善产业链，打造新型制造体系。

充分应用信息技术，促进产业转型升级。信息技术的充分应用将颠覆时空界限，打破生产要素约束，增强实体经济的张力和弹性。推进企业信息化，普及应用系统软件：OA、ERP、CRM、SCM、CAD、CAM、CAPP、PLM（产品生命周期管理）等，普及融合物联网、云计算、移动互联网、大数据等新一代信息技术，实现生产的数字化、网络化、智能化、多维化、精益化。大幅度提升服务比重，使生产与消费契合，需求与供应平衡，远离过剩之痛，实现循环经济。创新发展不仅是某项技术的创新，而是处处创新、时时创新、人人创新。实施IT改造，需要大量信息化人才，大力推行CIO制度，不仅传统产业，IT企业也要有CIO，实现传统与IT思维的无缝对接。

采用信息技术改造传统产业，提升设备效率，优化、创新管理模式；促进清洁生产技术应用，降低工业发展对环境的冲击；推动高新技术产品开发，提高产品科技含量附加值。信息化支撑科技创新，不断提升产业的核心竞争力，超前部署支撑新兴产业发展的核心关键技术和前沿技术研究。以电子商务促进城镇产业结构的优化，建立健全电子商务制度，形成安全可信、规范有序的网络商务环境，全面支持传统产业的改造和产业结构的优化。

（二）信息化带动城镇化

转变城镇化发展方式，破解制约城乡发展的信息障碍，促进城镇化和新农村建设协调推进。加强顶层设计，提高城市基础设施、运行管理、公共服务和产业发展的信息化水平，分级分类推进新型城市建设。实施以信息化推动京津冀协同发展，信息化带动长江经济带发展行动计划，支持港澳地区发展信息经济。

全球的城镇化浪潮经过四个波浪，第一是19世纪初以英国人为代表的城镇化，在20世纪50年代进入成熟期；第二波浪潮是从19世纪中叶开始，以美国为代表，经历了一百年的历史；第三波浪潮是"二战"之后，拉美国家东北亚开始进入快速的城镇化。现在我们进入第四波浪潮，以中国和印度为代表的快速城镇化。所以，21世纪影响全球的两件大事儿，一件是以美国为代表的高科技，一件是以中国为代表的城镇化。城镇化过程有规律，跟工业化相辅相成。中国的城镇化对世界影响巨大，如果按一年一个百分点计算，1500万人口从农村转移到城市，中国的快速城镇化应该还有20年时间。中国的城镇化中也出现了一些很奇特的现象，比如不完全城镇化，农民工问题，候鸟式城镇化。汲取对拉美过度城镇化的反思，党中央在十八大提出搞新型城镇化、城乡统筹、城乡一体、产城互动、集约节约、生态宜居、和谐发展，绿色、低碳、生态、智慧、宜居、安全、健康。

围绕服务居民生活，推进公共服务信息系统建设。充分利用信息技术变革机遇，加强信息技术创新研究；鼓励企业勇于创新，倡导高校、科研院所和企业协同创新，突破重大关键技术。信息资源共享的效率依赖于信息系统的技术发展和传输技术的提高，建立共享的基础数据库及信息应用平台，促进信息资源共享，合理进行资源配置，节约社会成本。

（三）信息化带动农业现代化

把信息化作为农业现代化的制高点，推动信息技术和智能装备在农业生产经营中的应用，培育互联网农业，建立健全智能化、网络化农业生产经营体系，加快农业产业化进程。加强耕地、水、草原等重要资源和主要农业投入品联网监测，健全农业信息监测预警和服务体系，提高农业生产全过程信息管理服务能力，确保国家粮食安全和农产品质量安全。

研发农林动植物生命信息获取与解析、表型特征识别与可视化表达、主要作业过程精准实施等关键技术和产品，构建大田和果园精准生产、设施农业智能化生产及规模化畜禽水产养殖信息化作业等现代化生产技术系统，建立面向农业生产、农民生活、农村管理以及乡村新兴产业发展的信息服务体系。建设信息化主导、生物技术引领、智能化生产、可持续发展的现代农业技术体系，支撑农业走出产出高效、产品安全、资源节约、环境友好的现代化道路。

三、培育信息经济，促进转型发展

大力发展信息经济是信息化工作的重中之重。围绕推进供给侧结构性改革，发挥信息化对全要素生产率的提升作用，培育发展新动力，塑造更多发挥先发优势的引领型发展，支撑我国经济向形态更高级、分工更优化、结构更合理的阶段演进。推进信息化和工业化深度融合，加快推进农业现代化，促进区域协调发展。

推进服务业网络化转型。支持运用互联网开展服务模式创新，加快传统服务业现代化进程，提高生活性服务业信息化水平。积极培育设计、咨询、金融、交通、物流、商贸等生产性服务业，推动现代服务业网络化发展。大力发展跨境电子商务，构建繁荣健康的电子商务生态系统。引导和规范互联网金融发展，有效防范和化解金融风险。发展分享经济，建立网络化协同创新体系。

夯实发展新基础。推进物联网设施建设，优化数据中心布局，加强大数据、云计算、宽带网络协同发展，增强应用基础设施服务能力。加快电力、民航、铁路、公路、水路、水利等公共基础设施的网络化和智能化改造。发挥信息化支撑作用，推动安全支付、信用体系、现代物流等新型商业基础设施建设，形成大市场、大流通、大服务格局，奠定经济发展新基石。

四、深化电子政务，推进现代治理

适应现代化发展需要，更好利用信息化手段感知社会态势、畅通沟通渠道、辅助科学决策。持续深化电子政务应用，着力解决信息碎片化、应用条块化、服务割裂化等问题，以信息化推进城市治理体系和治理能力现代化。

（一）服务党的执政能力建设

推进党委信息化工作，提升党委决策指挥的信息化保障能力。充分运用信息技术提高党员、干部、人才管理和服务的科学化水平。加强信息公开，畅通民主监督渠道，全面提高廉政风险防控和巡视工作信息化水平，增强权力运行的信息化监督能力。加强党内法规制度建设信息化保障，重视发挥互联网在党内法规制定和宣传中的作用。推进信息资源共享，提升各级党的部门工作信息化水平。

（二）提高政府的信息化水平

完善部门信息共享机制，建立城市治理大数据中心。加强经济运行数据交换共享、处理分析和监测预警，增强宏观调控和决策支持能力。深化财政、税务信息化应用，支撑财政关系调整，促进税收制度改革。推进人口、企业基础信息共享，有效支撑户籍制度改革和商事制度改革。推进政务公开信息化，加强互联网政务信息数据服务平台和便民服务平台建设，提供更加优质高效的网上政务服务。

（三）发展民主法治社会治理

建立健全网络信息平台，密切人大代表同人民群众的联系。加快政协信息化建设，推进协商民主广泛多层制度化发展。实施"科技强检"，推进检察工作现代化。建设"智慧法院"，提高案件受理、审判、执行、监督等各环节信息化水平，推动执法司法信息公开，促进司法公平正义。

加快创新立体化社会治安防控体系，提高公共安全智能化水平，全面推进平安中国建设。构建基层综合服务管理平台，推动政府职能下移，支持社区自治。依托网络平台，加强政民互动，保障公民知情权、参与权、表达权、监督权。推行网上受理信访，完善群众利益协调、权益保障机制。

（四）健全市场服务和监管体系

实施"多证合一"、"一照一码"制度，在海关、税务、工商、质检等领域推进便利化服务，加强事中事后监管与服务，实现服务前移、监管后移。以公民身份号码、法人和其他组织统一社会信用代码为基础，建立全国统一信用信息网络平台，构建诚信营商环境。建设食品药品、特种设备等重要产品信息化追溯体系，完善产品售后服务质量监测。加强在线即时监督监测和非现场监管执法，提高监管透明度。

（五）完善一体化公共服务体系

制定在线公共服务指南，支持各级政府整合服务资源，面向企业和公众提供一体化在线公共服务，促进公共行政从独立办事向协同治理转变。各部门根据基层服务需求，开放业务系统和数据接口，推动电子政务服务向基层延伸。

（六）创新电子政务运行管理体制

建立强有力的电子政务统筹协调机制，建立涵盖规划、建设、应用、管理、评价的全流程闭环管理机制。大力推进政府采购服务，试点推广政府和社会资本合作模式，鼓励社会力量参与电子政务建设。鼓励应用云计算技术，整合改造已建应用系统。

五、繁荣网络文化，增强城市软实力

互联网是传播人类优秀文化、弘扬正能量的重要载体。坚持社会主义先进文化前进方向，坚持正确舆论导向，遵循网络传播规律，弘扬主旋律，激发正能量，大力培育和践行社会主义核心价值观，发展积极向上的网络文化，把中国故事讲得愈来愈精彩，让中国声音愈来愈洪亮。

（一）提升网络文化供给能力

实施网络内容建设工程，加快文化资源数字化建设，提高网络文化生产的规模化、专业化水平。整合公共文化资源，构建公共文化服务体系，提升信息服务水平。引导社会力量积极开发适合网络传播特点、满足人们多样化需求的网络文化产品。

（二）提高网络文化传播能力

完善网络文化传播机制，构建现代文化传播体系。推动传统媒体和新兴媒体融合发展，有效整合各种媒介资源和生产要素。实施中华优秀文化网上传播工程，加强港澳地区网络传播能力建设，完善全球信息采集传播网络，逐步形成与我国国际地位相适应的网络国际传播能力。

（三）加强网络文化阵地建设

做大做强中央主要新闻网站和地方重点新闻网站，规范引导商业网站健康有序发展。推进重点新闻网站体制机制创新。加快党报党刊、通讯社、电台电视台数字化改造和技术升级。推动文化金融服务模式创新，建立多元网络文化产业投融资体系。鼓励优秀互联网企业和文化企业强强联合，培育一批具有国际影响力的新型文化集团、媒体集团。

（四）规范网络文化传播秩序

综合利用法律、行政、经济和行业自律等手段，规范网络信息传播秩序。坚决遏制违法有害信息网上传播，巩固壮大健康向上的主流舆论。完善网络文化服务市场准入和退出机制，加大网络文化管理执法力度，打击网络侵权盗版行为。

六、创新公共服务，保障和改善民生

围绕人民群众最关心最直接最现实的利益问题，大力推进社会事业信息化，优化公共服务资源配置，降低应用成本，为老百姓提供用得上、用得起、用得好的信息服务，促进基本公共服务均等化。

（一）推进教育信息化

完善教育信息基础设施和公共服务平台，推进优质数字教育资源共建共享和均衡配置，建立适应教育模式变革的网络学习空间，缩小区域、城乡、校际差距。建立网络环境下开放学习模式，鼓励更多学校应用在线开放课程，探索建立跨校课程共享与学分认定制度。完善准入机制，吸纳社会力量参与大型开放式网络课程建设，支撑全民学习、终身教育。

（二）加快科研信息化

加强科研信息化管理，构建公开透明的国家科研资源管理和项目评价机制。建设覆盖全国、资源共享的科研信息化基础设施，提升科研信息服务水平。加快科研手段数字化进程，构建网络协同的科研模式，推动科研资源共享与跨地区合作，促进科技创新方式转变。

（三）推进科普信息化

推进信息技术与科技教育、科普活动融合发展，推动实现科普理念和科普内容、传播方式、运行和运营机制等服务模式的不断创新。以科普的内容信息、服务云、传播网络、应用端为核心，构建科普信息化服务体系。加大传统媒体的科技传播力度，发挥新兴媒体的优势，提高科普创作水平，创新科普传播形式，推动报刊、电视等传统媒体与新兴媒体在科普内容、渠道、平台、经营和管理上的深度融合，实现包括纸质出版、网络传播、移动终端传播在内的多渠道全媒体传播。推动科普信息应用，提升大众传媒的科学传播质量，满足公众科普信息需求。适应现代科普发展需求，壮大专兼职科普人才队伍，加强科普志愿者队伍建设，推动科普人才知识更新和能力培养。

（四）推进健康医疗服务信息化

完善人口健康信息服务体系，推进全国电子健康档案和电子病历数据整合共享，实施健康医疗信息惠民行动，促进和规范健康医疗大数据应用发展。探索建立市场化远程医疗服务模式、运营机制和管理机制，促进优质医疗资源纵向流动。加强区域公共卫生服务资源整合，探索医疗联合体等新型服务模式。运用新一代信息技术，满足多元服务需求，推动医疗救治向健康服务转变。

（五）就业和社会保障信息化

推进就业和养老、医疗、工伤、失业、生育、保险等信息全国联网。建立就业创业信息服务体系，引导劳动力资源有序跨地区流动，促进充分就业。加快社会保障"一卡通"推广和升级，实行跨地区应用接入，实现社会保险关系跨地区转移接续和异地就医联网结算。加快政府网站信息无障碍建设，鼓励社会力量为残疾人提供个性化信息服务。

（六）实施网络扶贫行动计划

构建网络扶贫信息服务体系，加快贫困地区互联网建设步伐，扩大光纤网、宽带网有效覆盖。开展网络公益扶贫宣传，鼓励网信企业与贫困地区结对帮扶，开发适合民族边远地区特点和需求的移动应用，建立扶贫跟踪监测和评估信息系统。

第六节　全面建设智慧生态城市

信息化与工业化、城镇化和农业现代化融合发展，并融合社会、文化、历史、经济、产业等因素；有自己的特性、风格和传统，发扬中华优良传统，天人合一，融合协调，集成创新，总体规划，顶层设计，建设智慧生态城市。

一、坚持全面发展

坚持全面建成小康社会、全面深化改革、全面依法治国、全面从严治党的战略布局，坚持发展是第一要务，以提高发展质量和效益为中心，以供给侧结构性改革为主线，扩大有效供给，满足有效需求，加快形成引领经济发展新常态的体制机制和发展方式；保持战略定力，坚持稳中求进，统筹推进经济建设、政治建设、文化建设、社会建设、生态文明建设和党的建设。

二、全面深化改革

当前经济发展中结构性问题最突出，矛盾的主要方面在供给侧。提高供给质量满足需要，使供给能力更好地满足人民日益增长的物质文化需要；主攻方向是减少无效供给，扩大有效供给，提高供给结构对需求结构的适应性，当前重点是推进"三去一降一补"五大任务；本质属性是深化改革，推进国有企业改革，加快政府职能转变，深化价格、财税、金融、社保等领域基础性改革。发挥好市场和政府作用，遵循市场规律，善于用市场机制解决问题。

政府勇于承担责任，各部门各级地方政府勇于担当，干好自己该干的事。突破重点难点，坚持重点论，集中攻关，以点带面。把工作做细做实，有针对性地制定政策、解疑释惑；具体工作要从实际出发，盯住看，有人管，马上干。平衡好各方面关系，把握好节奏和力度，减少风险隐患。

立足当前、着眼长远，围绕提高产业技术水平和竞争力，以企业为主体、以市场为导向、以工程为依托，强化政府引导，完善政策机制，培育规范市场，着力加强技术创新，大力提高技术装备、产品、服务水平，促进节能环保产业快速发展，释放市场潜在需求，形成新的增长点。

三、建设生态文明

牢固树立生态文明理念，节能降耗减排。通过城市通风廊道、建筑节能设施、增加屋顶绿化，与绿色空间相结合等降低城市热岛效应。通过对建筑分布、朝向、结构、体量、外立面的设计，减少使用空调和取暖设备的天数，降低取暖制冷的能源需求；设计适当的照明水平，选用低能耗装置、节能电器，减少用电需求；保证自然通风，最小化内部的热增量；安装辅助电加热的分户独立式真空管太阳能集热器，利用可再生清洁能源，提高资源使用效率，减低二氧化碳排放。节约水资源，完善雨水收集利用系统，提高再生水利用比例。

积极有序地开展地下综合管廊建设。划定基础设施黄线保护范围，加强对各类设施用地的规划控制和预留。建设海绵城市，最大限度地减少城市开发建设对生态环境的影响。高度重视城市防灾减灾工作，加强灾害监测预警系统和重点防灾设施的建设，建立健全消防、人防、防洪（潮）、防震和防地质灾害等的城市综合防灾体系。

21世纪，我国建设"数字城市"、"生态城市"、"低碳城市"、"绿色城市"、"智慧城市"、"人文城市"、"科技城市"、"健康城市"、"平安城市"等，明目多，范围广，试点示范成百上千，远超国外的规模和热度。十分明显，这些顶层设计仅是城市发展的中层设计，急需综合研究，"多规合一"，协同创新，融合发展，才能破解城市发展瓶颈，治愈"城市病"。

第一节　智慧生态城市顶层设计总体架构

　　城市是极其复杂的巨系统，城市工作是一个系统工程。必须树立系统思维，从构成城市诸多要素、结构、功能等方面入手，对事关城市发展的重大问题进行深入研究和周密部署，系统推进。智慧生态城市系统总体架构涵盖城乡的所有方面，感知他们，分析他们，顺应他们，调节他们，影响他们。

　　城乡信息流引领技术流、资金流、人才流，提升信息采集、处理、传播、利用、安全能力，更好地稳增长、调结构、促改革、惠民生、防风险、护生态（图6-1）。

智慧感知	智慧传输	智慧存储	智慧处理	大数据 云计算	智慧管理	智慧交换	智慧共享	支撑 智慧应用	智慧应用
	数据信息共享平台互联网+							保护 自然	
	信息化带动四化协同发展 （新型工业化、信息化、新型城镇化、农业现代化）								
	生态文明贯"五位一体"建设 （经济建设、政治建设、文化建设、社会建设、生态建设）							顺应 自然	
	基础设施　融入生态系统 （生态廊道、水、路、管网：电、气、热、信息通信）							尊重 自然	
	生态环境保护修复								

图6-1　智慧生态城市顶层设计

第二节　智慧生态城市智慧感知

智慧生态城市发展智慧感知，全面感知城市，认识、管理和发展城市，服务城市主体，既采用传统方法，也大量引用高新技术。

一、环境感知

环境感知指个体周围的环境在其头脑中形成的映象（Image），以及这种映象被修改的过程。旅游环境感知包括：旅游地的性质、旅游内容及组合状况、不同逗留时间的活动内容组合、旅游地的环境质量、旅游地的接待条件等。

人与自然环境关系中的各种可能性选择时不是任意的、随机的和毫无规律的，而是有一定的客观规律可循的，受一种思想意识的支配。人们通过研究人类的环境知觉和空间行为，透彻地了解和检验人—地之间的关系。用人类的行为感知过程把人类与环境关联起来，克服传统人地关系研究中只把人类活动加以理性化、概括化，只注重人类活动和环境后果的倾向。人们通过人与环境间的知觉、认知、激励及行为、行为方式、行为原动力、决策与反馈等方面的研究，融入心理因素，将行为人的思考推向深层次领域，从而为人—地之间的协调提供支撑体系。

人们采用行为透视与区域透视相结合的方法，把人文地理学与同源的社会科学各分支区别开来。这种透视使人地关系用一种新颖的方式来分析、解决人地问题。如人口移动的行为决策、环境对人类施加的压力、感受程度及其对人类行为决策的影响，企业、工业区位选择中的行为因素，景观、灾害、市场、宗教等环境知觉的人地感应研究，城市规划、环境行为、地方行为、国家行为在土地利用、区域规划、地缘关系、资源与环境保护等方面的应用。

面向真实世界的智能感知与交互计算是信息科学优先发展领域，主要研究方向有：真实物理世界的多通道高效表征、建模、感知与认知；人机物融合环境的情境理解与自然交互；网络环境下的虚实融合与互操作；多媒体深度挖掘与学习、复杂高维信息的合成与可视分析。

认知的心理过程和神经机制是生命科学的优先发展领域。主要研究方向有：感知觉信息处理与整合；注意和意识的心理过程和神经机制；高级认知过程（学习、记忆、决策、语言等）的心理和神经机制；认知异常的发生机理、早期识别与干预；人类个体认知与社会行为的发生发展过程。

加强关键信息基础设施核心技术装备威胁感知和持续防御能力建设。完善重要信息系统等级保护制度。健全重点行业、重点地区、重要信息系统条块融合的联动安全保障机制。积极发展信息安全产业。

二、发展物联网

推进物联网感知设施规划布局，发展物联网开环应用。推进信息物理系统关键技术研发和应用。建立"互联网+"标准体系，加快互联网及其融合应用的基础共性标准和关键技术标准研制推广，增强国际标准制定中的话语权。

当物联网与互联网、移动通讯网相连时，可随时随地全方位"感知"对方，人们的生活方式将从"感觉"跨入"感知"阶段。物联网是计算机、互联网之后的下一次信息技术变革浪潮和新经济引擎，给人以巨大的想象空间，推进人们的未来生活智能化。

智慧生态城市按照约定的协议，把人、物与网络连接起来，进行信息交换和通讯，实现智能识别、定位、跟踪、监控、处理、应用、管理、决策与实施，引领城市发展。

第三节　智慧生态城市智慧应用

智慧生态城市的智慧应用体系与城市发展及百姓生活息息相关，包括产业体系、民生体系、公共服务应用体系和公共管理应用体系等。在所有的智慧应用体系中交通、能源、医疗、家居、饮食、教育和公共服务等最为主要。

一、智慧生态交通

交通系统在城市的发展中具有举足轻重的作用，随着我国城市化进程的加快和居民生活水平的提高，城市人口数量迅速增长，机动车越来越多，交通阻塞、交通事故、能源消费和环境污染等问题日趋恶化，交通阻塞造成的经济损失巨大，已经成为国民经济发展的瓶颈问题。美国、日本等发达国家的长期实践说明，仅靠修建道路、扩大道路网络规模等传统方法来缓解日益增长的交通需求，很难适应我国社会经济快速发展的需求，最好的解决方法是建设城市的智慧生态交通，我国基本具备了建设相应系统的软硬件条件。

二、智慧生态能源

能源是能量的来源，包括煤、石油、天然气、水能、电能等常规能源及太阳能、风能、核能、生物质能等新能源。富煤、贫油、少气是我国能源资源的特点，效率低、污染重、效益差是我国煤炭资源开采利用过程中存在的现实难题。随着石油资源短缺和环境污染问题日益严重，寻找新的能源模式提上日程。

智慧生态能源是解决能源问题的有效途径，运用先进技术，开发新能源，不断扩大能量来源；智能调控，提高能源利用效率。探索提出的"七位一体"新型智慧生态能源系统主要由六大部分组成：太阳能集热系统、太阳能四联供（电、热、冷、暖）系统、沼气+CNG多元化利用系统、水资源分级循环利用系统、垃圾废物零排放处理系统、智慧化综合管理平台。这是一种循环经济与生态产业相结合的新型能源系统模式，以一次能源——太阳能和生物质能源为主能源，以电网和CNG为辅助纽带，多元化互补，形成自身供需平衡和生态平衡，形成有机农业、绿色工业和生态服务业的"三产"联动的全生态产业链循环经济能源模式。

巴黎气候变化大会通过的《巴黎协定》提出把全球平均气温较工业化前水平升高控制在2摄氏度之内，并为把温升控制在1.5摄氏度之内而努力。习近平主席在联合国发展峰会上发表重要讲话倡议探讨构建全球能源互联网，推动以清洁和绿色方式满足全球电力需求，为实现《巴黎协定》的目标提供了根本出路；加快清洁能源利用，形成以电为中心、清洁能源占主导的能源新格局，构建创新、活力、联动、包容的世界能源经济体系。

三、智慧生态医疗

健康是人们共同的追求，但疾病也一路伴随人生。每人都有生老病死，医疗与人生相伴。智慧生态医疗符合生态规律，涵盖疾病治疗和保健。

（一）生态医学

世界卫生组织倡导21世纪人类健康应以稳态医学、生态医学、健康医学为基础，带来一次全新的革命。生态医学将现存的：治（中医、西医）、疗（养生营养）侧重点，转变为：提高食品、药品的转化率与吸收率的问题上去，将"仿生健康"首次引入到转化与吸收机制的提高上。从而突破传统健康思维——单纯性的提高药、食品自身品量，片面诉求提升免疫力而忽视了最关键所在：食品、药品人体受用后的转化与吸收的大问题上。

生态医学是一门赋予人体以生态系统理念而研究健康状态与人体内外环境关系的新兴医学科学，其目标是人与自然和谐发展。生态医学从人类健康生存态势出发，在生态环境下优秀抗病灾基因细胞，通过高科技集成嫁接技术、设备，完成体外转化过程，来达到促进康复、滋养的目的。这项新的生态医学从健康供给制转换成健康供给以及消化吸收双轨制，生态医学必将形成一个新的健康产业链，在促进人们健康的同时，还会给社会创造巨大的经济价值!

（二）智慧医疗

智慧医疗指基于互联网、物联网、生物工程、基因科学、环境科学、信息技术以及纳米等新技术，按照医疗标准，整合医疗信息，优化医疗资源，从而实现医疗信息数字化、医疗过程远程化、医疗流程科学化及医疗物资管理的可视化，是一项系统工程，主要包括电子病历系统、医疗收费和药品管理系统、临床应用系统、远程医疗系统、临床支持决策系统和公共健康卫生系统等组成部分。

"互联网+医疗"就是互联网医疗，把传统医疗的生命信息采集、监测、诊断治疗和咨询，通过可穿戴智能医疗设备、大数据分析与移动互联网相连：所有与疾病相关的信息不再被限定在医院里和纸面上，而是可以自由流动、上传、分享，使跨国家跨城市之间的医生会诊轻松实现，患者就诊，不再要求必须与医生面对面。

（三）智慧生态医疗

智慧生态城市倡导智慧生态医疗，智慧医疗与生态医学融合发展，中西结合，养生治病互补，建设健康城市。《全国医疗卫生服务体系规划纲要（2015—2020年）》

要求，开展健康中国云服务计划，积极应用移动互联网+、物联网、云计算、可穿戴设备等新技术，推动惠及全民的健康信息服务和智慧医疗服务，推动健康大数据的应用，逐步转变服务模式，提高服务能力和管理水平。

智慧生态医疗"治未病"。采取相应措施，防止疾病的发生发展，未病先防，既病防变。未病先防重在养生：法于自然之道，调理精神情志，保持阴平阳秘。既病防变，对已经发生的病及时治疗，预测疾病可能的发展方向，防止疾病的进一步进展。疾病的发展都有顺逆传变的规律，正确地预测到疾病的发展能够及时阻断疾病的加重或转变。

目前，我国一些技术比较先进的医院在医疗信息的远程交换与应用方面已经走到世界的前列，可以通过互联网实现病历信息的实时记录、传输与处理，实时共享病人的相关信息，为实现智慧生态医疗起到很好的支撑作用。在人口老龄化不断加剧的今天，能有效节约社会资源，更高效地服务，提升整个城市的医疗和健康服务水平。

四、智慧生态家居

家居指地理位置、家庭装修、家具配置、电器摆放等一系列和居室有关的设施与布局。家居的主体是人，让人舒适，首先要符合生态原则。

（一）生态家居

生态家居指在环保、人性化、个性化的基础之上，量身定制的为客户提供家居、家具、配饰的设计与生产，达到人居合一的理想生活境界。环保和健康是生态家居的两大关键。人与自然和谐共处的"居家生态系统"建立在以人为本的基础上，利用自然条件和人工手段创造有利于居住的，舒适、健康的生活环境，同时又控制自然资源的使用，多使用人造、复合、可循环利用的材料，有利于整个大生态环境，实现向自然索取与得到自然回报之间的平衡。

人的肌体需要不断地吐故纳新才能保持旺盛的活力，通风在"居家生态系统"中起到呼吸的作用，不当的格局设计会使通风产生不利于健康的反效果。中国有句俗话叫"病床"，就是人在睡眠时身体的一种慢性损伤，因格局不当而造成的通风问题可能是原因之一。如果浴室离床很近，空气的湿度太大或被污染，通风反而使室内的空气质量更差，陷入"有风不净"的困境。同样，居室里的家具、音响、气灶，以及作为居室内外媒体的墙、门窗都能形成居室小气候。居室里存在的温差可以促使室内的空气流动，这股流动的空气既可带来外界清新氧气，也可以将室内残存的有害气体弥散开来。装着脏鞋子的鞋柜，通风不畅的衣柜等，这些家具摆放的位置是否合理，都会影响处在这个空间的人身体的健康。为了保证居室里有较好的空气，居室里的植物、灯光、家具等摆设都必须讲究科学性，使各个物体有一定的空间，创造一个有利于健康的"家居生态"环境。

（二）智能家居

智能家居（Smart Home）用家庭智能网络将家庭中各种各样的家电通过家庭总线技术连接在一起，构成了功能强大、高度智能化的现代智能家居系统。智能家居以住宅为平台，兼备建筑、网络通信、信息家电、设备自动化，集系统、结构、服务、管理为一体，构建高效、舒适、安全、便利、环保的居住环境。我国的智能家居行业，兴起于20世纪90年代末期，发展迅速。

网络化的智能家居系统可以通过手机、电脑提供家电控制、照明控制、窗帘控制、电话远程控制、室内外遥控、防盗报警，以及可编程定时控制等多种功能和手段，使生活更加舒适、便利和安全。

智能家居包括智能卫浴和智能厨具，更能体现智能家居的发展方向。卫浴产品的智能化可以减少污染节约能源，使水和污物得到更好地利用和处理；智能马桶节省纸张且把排泄物自动处理，然后排放到城市的污水处理系统。智能厨房把人从繁琐的厨房劳动中解放出来，用微电脑控制的厨具可以根据人们的要求提供适当的火候，烹制出美味的菜肴，而科学化的饮食方案直接输入到智能厨房系统中，可以提醒想要减肥的人每顿饭的热量，为糖尿病人等提供食谱从而达到食疗的作用。

智能家居是一个过程或者一个系统。利用先进的计算机技术、网络通信技术、综合布线技术，将与家居生活有关的各种子系统有机地结合在一起，通过统筹管理，让家居生活更加舒适、安全、有效。与普通家居相比，智能家居不仅具有传统的居住功能，提供舒适安全、高品位且宜人的家庭生活空间，还由原来的被动静止结构转变为具有能动智慧的工具，提供全方位的信息交换功能，帮助家庭与外部保持信息交流畅通，优化人们的生活方式，帮助人们有效安排时间，增强家居生活的安全性，甚至为各种能源费用节约资金。

与智能家居的含义近似的还有家庭自动化（Home Automation）、电子家庭（Electronic Home、E-home）、数字家园（Digital family）、家庭网络（Home net/Networks for Home）、网络家居（Network Home），智能家庭/建筑（Intelligent home/building）、在香港、台湾等地区还有数码家庭、数码家居等称法。

五、智慧生态饮食

民以食为天，食以安为先。生态食品让人放心，科学饮食确保安全。

（一）生态食品

生态食品指粮食、蔬菜、果品、禽畜、水果和食油等食品的生产和加工中不使用人工合成的化肥、农药和添加剂，不使用转基因种子，并通过有关颁证组织认证，确为纯天然、无污染的安全营养食品。生态食品始于欧美，德国的"蓝天使"标志食品、意大利的"生态农业产品"、美国的"有机食品"、日本的"自然食品"等属于生态食品。生态食品的出现，旨在满足人们对食品的优质、安全、无污染、富营养的消费需求，保护人们身体健康，促进生态环境良性循环。生态食品基本是纯天然的，相生相克，健康长寿。遏制污染，全面了解食品和饲料污染的三个源头，竭力防范。

一是化学品。农药、重金属、添加剂、色素、香料、激素等，种类繁多。长期滞留不易降解或对机体有严重危害的要停产禁用；对食品色素应予抵制，选购无色素的"清白食品"；食品及动物饲料要用天然生物制品。

二是抗生素和抗菌药的不合理使用。药物不是营养品，更不是饲料，若把它添加到动物的常规饲料中使用，长期喂饲很容易产生抗药性。如果发生了耐药，不仅在动物因病需要治疗时使药物失效，而且抗药菌一旦感染人体，会给人类带来灾难。

三是故意污染。加工贩卖死畜病畜，死禽病禽及腐烂变质食品和饲料，污水灌溉，肮脏生产，掺假制假，明知故犯，均属于图财害命。关键是要加强法制、严格执法，打击地方本位主义坚决给予制止。

（二）生态饮食

人本来属于大自然，从大自然中来，到大自然中去；自然哺育着人们，自然的东西往往最真诚，经过几百年甚至上千年人们的积累与传承，逐渐形成一套适合的食谱及生活方式——生态饮食。用现代较发达的技术去探索，发现生态饮食非常符合营养学标准，是偶然中的必然。

（三）智慧生态饮食

　　将信息化引入生态饮食，形成智慧生态饮食，智慧地去吃，食物本身具有某些生态智慧。智慧生态饮食系统实现绿色生态和节能环保的需求，让饮食更便捷、更健康。智慧生态饮食系统首先是一个拥有尽可能全面的饮食信息共享大平台，满足人们不同的饮食需求，对所有人开放，不受地域和语言的限制。

　　信息时代的一大特征是高效，人们对速度和效率的追求更为强烈。因此，智慧生态饮食系统帮助人们快速获得饮食信息，快速做出选择。为此，智慧生态饮食系统的信息储量将会覆盖所有层次的需求，它的匹配系统强大到能帮助人快速确定合理的饮食选择，实现这一目标只有依托互联网共享平台、庞大的数据库以及基于信息科技的人工智能技术；推动生产、运输、销售、安全监管等各环节、政商企及行业组织信息化，将已有但相互独立的平台、数据库和终端整合成大信息共享平台，开发足够灵活、简单、智能的选择匹配引擎。

　　智慧生态饮食最基本最重要的特征是安全，具有建立在信息透明基础之上的可安全性跟踪功能。特别是在近年食品安全事件频繁发生的情况下，食品安全引起了社会各界的广泛关注。食品安全问题可以分为两方面，一是如何让食品本身更健康；二是如何保证健康的食品经历了流通过程后最终成为餐桌上一道放心菜。但不管是第一类还是第二类，对信息时代的智慧生态饮食的要求是，利用信息技术追踪、监督和公开食物、食品生产链条上每一个环节的安全信息。从农、林、畜、牧、渔，食品的生产，到食品和原料加工，中间的运输物流环节，食品的销售环节，再到市民的餐桌上，质量监督单位能够协同相关企业和工厂对于这一闭合圈全程监控，确保食品安全。

　　智慧生态饮食系统至少要包含食物产品信息、食物服务信息、食物产地生态环境信息、食物生产经营企业信息、食物供需信息、常识法规信息、科技动态信息、食物市场信息、食物营养保健常识指南、重大食物事故信息、政策纲要和行动计划、食物质量抽查信息、食品准入单位信息、食物消费提示、食物消费警示、专家咨询和负责食品安全问题的行政部门等，同时要具备两项基本的功能，即信息服务和监督处理功能。

六、智慧生态教育

我国目前的教育是典型的应试教育。而应试教育脱离社会发展的需要，违背人的发展规律。应试教育的教育模式与考核方法限制了学生的能力培养与发挥，大学毕业后难以适应工作和社会发展的需求。

实施智慧生态教育，树立新的教育标准、学生能力系列测试标准；全面运用以物联网、云计算、大数据等为代表的新兴信息技术、信息资源，因材施教；提高教学质量和效益，全面构建网络化、数字化、个性化、智能化、国际化的现代教育体系，推动教育改革与发展的历史进程。通过有效举措，倡导和鼓励市民终身学习，通过多种形式营造终身学习的良好氛围，树立良好的人文形象，增强城市的文化含量，把创优、创新精神与城市需求加以整合，实现全民的智慧生态教育。

七、智慧公共服务

建设面向公众的智慧公共服务系统，通过微信、微博、自动语音、电子邮件和人工服务等多种咨询服务方式，为市民开展生活、生产、政策法规、法律纠纷等多种服务。

建设面向企业及社区的公共服务系统，完善政府官方网站建设，推进网上行政审批及其他公共行政服务；为社区的居民提供工作、日常生活、旅游、医疗等信息的发布和查询。

（一）企业、个人信用信息系统

建设企业、个人信用数据库，建立市场秩序监管系统，实现工商、税务、海关、银行等经济监督管理部门监管信息的互联互通、信息共享，对经济实体的经济行为进行系统、连续地监控评估，规范其经济行为；全国企业信用信息公示系统、大学生个人信用信息系统、居民家庭收入核对、社会保险、产品质量、个人信贷等信息系统正相继建设，保障社会主义市场经济秩序。

（二）"五证合一、一照一码"

国务院办公厅印发《关于加快推进"五证合一、一照一码"登记制度改革的通知》，对在全面实施工商营业执照、组织机构代码证、税务登记证"三证合一"登记制度改革的基础上，再整合社会保险登记证和统计登记证，实现"五证合一、一照一码"作出部署。

要求从2016年10月1日起正式实施"五证合一、一照一码"，在更大范围、更深层次实现信息共享和业务协同，巩固和扩大"三证合一"登记制度改革成果，进一步为企业开办和成长提供便利化服务，降低创业准入的制度性成本，优化营商环境，激发企业活力，推进大众创业、万众创新，促进就业增加和经济社会持续健康发展。推进这项改革要遵循标准统一规范、信息共享互认、流程简化优化、服务便捷高效的指导原则。

明确五个方面的重点任务。一是完善一站式服务工作机制。全面实行"一套材料、一表登记、一窗受理"的工作模式，申请人办理企业注册登记时只需填写"一张表格"，向"一个窗口"提交"一套材料"。登记部门直接核发加载统一社会信用代码的营业执照，相关信息在全国企业信用信息公示系统公示。二是推进部门间信息共享互认。制定统一的信息标准和传输方案，改造升级各相关业务信息系统和共享平台，健全信息共享机制，确保数据信息落地到工作窗口，并在各相关部门业务系统有效融合使用。三是做好登记模式转换衔接工作。已按照"三证合一"登记模式领取加载统一社会信用代码营业执照的企业，不需要重新申请办理"五证合一"登记，由登记机关将相关登记信息发送至社会保险经办机构、统计机构等单位。取消社会保险登记证和统计登记证的定期验证和换证制度。没有发放和已经取消统计登记证的地方通过与统计机构信息共享的方式做好衔接。四是推动"五证合一、一照一码"营业执照广泛应用。改革后，原要求企业使用社会保险登记证和统计登记证办理相关业务的，一律改为使用营业执照办理，各级政府部门、企事业单位及中介机构等均要予以认可。五是加强办事窗口能力建设。加强业务培训，使办事窗口工作人员准确把握改革要求，熟练掌握业务流程和工作规范。进一步完善办事窗口服务功能，提高服务效率。

（三）不动产登记

不动产登记是《中华人民共和国物权法》确立的一项物权制度，指经权利人或利害关系人申请，由国家专职部门将有关不动产物权及其变动事项记载于不动产登记簿的事实。作为物权公示手段，不动产登记本质上为产生司法效果的事实行为而非登记机关的行政管理行为。

国务院总理李克强已签署国务院令：《不动产登记暂行条例》于2015年3月1日落地实施。2016年1月，国土资源部公布《不动产登记暂行条例实施细则》，对集体土地所有权登记、国有建设用地使用权及房屋所有权登记、宅基地使用权及房屋所有权登记等各种不动产权利的登记都做出了更为细致的规定。

建设地籍、房屋等产权产籍数据库和管理、运营信息系统。地籍管理信息系统包含城镇地籍、农村地籍、网络办公、土地登记、公开查询等子系统，实现土地资源动态监测，满足土地、房屋管理部门日常管理工作的实际需要，实现动态管理，为不动产的合理利用提供决策支持。

八、智慧探索

智慧生态城市是前沿理念和实践探索，是生态文明新时代的城市发展新模式。遵从生态规律，以网络组合为基础，以信息、知识为资源，将信息和自动控制技术用于各领域，通过广泛的信息获取、快速安全的信息传输、科学有效的信息处理，创新城市发展模式，提高城市运行效率、公共服务水平和综合竞争力，实现智慧生态运行管理，有效促进城市的发展和繁荣。

智慧生态城市产业发展涵盖农业、工业、服务业，构建智慧生态农业、智慧生态建筑（楼宇）、智慧生态交通、智慧生态工业等，满足人们衣食住行需求；拓展产业发展空间，支持节能环保、生物技术、信息技术、智能制造、高端装备、新能源等新兴产业发展，支持传统产业优化升级。推广新型孵化模式，鼓励发展众创、众包、众扶、众筹；发展天使、创业、产业投资，深化创业板、新三板改革。智慧生态经济涵盖数字经济、绿色经济、低碳经济、生态经济和循环经济等。

第一节　智慧生态产业

智慧生态城市以新理念发展智慧生态产业。

一、生态产业

生态产业（Eco-industry）简称ECO，指按生态经济原理和知识经济规律组织起来的基于生态系统承载能力，具有高效的生态过程及和谐的生态功能的集团型产业。不同于传统产业的是生态产业将生产、流通、消费、回收、环境保护及能力建设纵向结合，将不同行业的生产工艺横向耦合，将生产基地与周边环境纳入整个生态系统统一管理，谋求资源的高效利用和有害废弃物向系统外的零排放。以企业的社会服务功能而不是产品或利润为生产目标，谋求工艺流程和产品结构的多样化，增加而不是减少就业机会，有灵敏的内外信息网络和专家网络，适应市场及环境变化，随时改变生产工艺和产品结构。工人不再是机器的奴隶，而是一专多能的产业过程的自觉设计者和调控者。企业发展的多样性与优势度、开放度与自主度、力度与柔度、速度与稳度达到有机地结合，污染负效益变为资源正效益。

生态产业在社会生产活动中应用生态工程的方法，突出整体统筹、生态效率、环境战略、全生命周期等重要概念，模拟自然生态系统建立高效的产业体系。生态产业不同于"传统产业"及"现代产业"，又是"传统产业"及"现代产业"的继承和发展。通过自然生态系统形成物流和能量的转化，形成自然生态系统、人工生态系统、产业生态系统之间共生的网络。生态产业横跨初级生产部门、次级生产部门、服务部门，涵盖生态工业、生态农业和生态服务业。

生态产业的理论基础是产业生态学。产业生态学是一门"研究可持续发展能力的科学"，起源于20世纪80年代末，R.Frosch等模拟生物的新陈代谢过程和生态系统的循环再生过程所开展的"工业代谢研究"。工业代谢是模拟生物和自然生态系统代谢功能的一种系统分析方法。其实现代工业生产过程就是一个将原材料能源和劳动力转化为产品和废物的代谢过程。1991年，美国国家科学院与贝尔实验室共同组织了首次"产业生态学"论坛，对产业生态学的概念、内涵和方法以及应用前景进行了全面系统的总结。贝尔实验室的C.Kumar认为："产业生态学是对产业活动及其产品与环境之间相互关系的跨学科研究"，是继经济技术开发、高新技术产业开发发展的第三代产业。生态产业是包含工业、农业、居民区等的生态环境和生存状况的一个有机系统。

二、智慧产业

智慧产业是人的智慧在生产各要素中占主导地位的产业形态。人的智慧主要表现为创意，所以智慧产业也叫创意产业。智慧产业或创意产业表现为人的创意对资源整合与资源再生起主导作用，也表现为通过创意对传统产业的提升整合作用。

智慧产业作为城市战略性新兴产业的重要组成部分，以重大技术突破和重大发展需求为基础，是知识技术密集、物质资源消耗少、成长潜力大、综合效益好的产业，必将对城市加快产业转型升级，构建现代产业体系以及经济社会全局和长远发展等产生重大引领带动作用。

智慧产业建设以科学发展观为指导，从城市社会、环境、经济等各方面资源基础和优势出发，面向城市建设的巨大需求，把发展智慧产业放在推进城市转型提升的突出位置。积极探索智慧产业发展规律，发挥企业主体作用，加大政策扶持力度，深化体制机制改革，着力营造良好环境，推动智慧产业快速健康发展，为城市建设和城市经济社会可持续发展提供有力支撑。

智慧产业包含从研发设计、制造、传输到服务等各个环节，其主要内容包括智慧应用技术研发、智慧装备制造、光通信、移动通信、集成电路、新型显示、应用电子以及云计算产业等。

三、智慧生态产业

智慧生态产业是信息化的生态产业，包括智慧生态农业、智慧生态工业、智慧生态矿业和智慧生态服务业，涵盖智慧生态工程形成的产业。智慧生态产业发展需要在技术、体制和文化领域开展一场深刻的革命。

第二节　智慧生态农业

智慧生态城市发展智慧生态农业，按照生态学原理，运用现代科学技术发展现代农业，提供安全食物。智慧生态农业涵盖数字农业、智慧农业、精准农业、绿色农业、生态农业和有机农业等。

一、生态农业

生态农业遵照生态学和经济学原理，运用现代科学技术和管理手段、传统农业的有效经验发展现代化高效农业，获得较高的经济效益、生态效益和社会效益。它把发展粮食与多种经济作物生产，种植业与林、牧、副、渔业，农业与二、三产业结合起来，通过人工设计生态工程，协调发展与环境之间、资源利用与保护之间的矛盾，实现生态上与经济上良性循环，经济、生态和社会三大效益的统一。

生态农业是因地制宜地设计、组装、调整和管理农业生产和农村经济的系统工程体系，是世界农业发展史上的一次重大变革。纵观人类一万年的农业发展史，大体上经历了三个发展阶段：一是原始农业，约7000年；二是传统农业，约3000年；三是现代农业，至今约200年。

20世纪70年代以来，越来越多的人注意到，现代农业在给人们带来高效的劳动生产率和丰富的物质产品的同时，也造成了生态危机：土壤侵蚀、化肥和农药用量上升、能源危机加剧、环境污染。面对以上问题，各国开始探索农业发展的新途径和新模式。生态农业便是世界各国的选择，为农业发展指明了正确的方向。

我国生态农业继承中华传统农业精华，规避常规现代农业的弊病（单一连作，大量使用化肥、农药等化学品，大量使用化石能源等）；用系统学和生态学规律指导农业和农业生态系统结构的调整与优化（如推行立体种植，病虫害生物防治），改善其功能；推进农户庭院经济。

二、数字农业

数字农业是指将遥感、地理信息系统、全球定位系统、计算机技术、通讯和网络技术、自动化技术等高新技术与地理学、农学、生态学、植物生理学、土壤学等基础学科有机地结合起来，实现在农业生产过程中对农作物、土壤从宏观到微观的实时监测，以实现对农作物生长、发育状况、病虫害、水肥状况以及相应的环境进行定期信息获取，生成动态空间信息系统，对农业生产中的现象、过程进行模拟，达到合理利用农业资源，降低生产成本，改善生态环境，提升农作物产品和质量的目的。

数字农业是将信息作为农业生产要素，用现代信息技术对农业对象、环境和全过程进行可视化表达、数字化设计、信息化管理的现代农业。数字农业使信息技术与农业各个环节实现有效融合，对改造传统农业、转变农业生产方式具有重要意义。

三、智慧农业

智慧农业将物联网技术运用到传统农业中，运用传感器和软件通过移动平台、电脑平台对农业生产进行控制，使传统农业更具有"智慧"。除了精准感知、控制与决策管理外，从广泛意义上讲，智慧农业还包括农业电子商务、食品溯源防伪、农业休闲旅游、农业信息服务等方面的内容。

智慧农业实现最佳的资源利用，最少的成本投入和农业生产、运输、销售的智能化管理。我国加快推进农业信息化，推进新的农业科技革命，促进信息化与农业现代化的融合，加快推进农业发展方式转变，将为建设现代农业产业体系，提升我国食物安全和农产品可靠供给发挥重要作用。

四、气候智慧型农业

推动气候智慧型农业是发展智慧农业和生态农业的重要举措。联合国粮农组织把能够持续性地提高生产能力，抵御（适应）气候变化的影响，减少/消除温室气体排放，促进实现国家粮食安全和可持续发展目标的农业定义为"气候智慧型农业"。

气候智慧型农业的发展遵循一些基本的原则：按生态系统统一规划，以保证同一生态系统内各区域、各部门采取的措施相互协调，总体发展规模在自然资源的承载能力之内；加强对弱势群体，特别是发展中国家处于饥饿和营养不良状态的贫困人口的扶持；支持以国家为主导的行动与国家和地方有关气候变化的战略和行动计划，特别是《适应气候变化的国家行动计划》和《减缓气候变化的国家行动方案》保持一致；运用参与式的方法设计、实施适合当地具体情况的方案与行动，充分考虑性别平等；建立广泛的合作伙伴关系，增进各部门合作和各方面的参与；支持跨边界合作，有效解决跨边界的气候模拟监测、资源管理、病虫害防治和防灾减灾等问题。

联合国粮农组织专家建议目前气候智慧型农业发展的优先领域是：知识和信息的创建与共享，体制机制的创新，可持续的水土资源管理与生物多样性保护，技术开发与推广，防灾减灾等。

联合国粮农组织2010年出版的《气候智慧型农业》对相关政策、实践与投资作了详细介绍。重点介绍了农业领域适应气候变化、减缓气候变化及气候智慧型农业的主要措施，包括保护性耕作、综合海岸带管理、生态渔业和水产养殖业、可持续林业管理、改进的水稻耕作、农用林业、雨水积蓄利用、灌溉现代化以及加强草原管理等。

五、智慧生态农业

智慧生态农业是信息化支撑的，遵循生态规律的现代农业，是生态文明建设物化的有形而庞大的载体，具有综合性、多样性、高效性、持续性的特点；它使用现代信息技术，广泛运用信息资源。我国早就智慧发展生态农业，北魏时期，《齐民要术》中就提出"顺天时，量地力，则用力少而成功多"。

当前，全球农业进入新纪元，不仅继续发挥保障粮食安全和国民经济发展基础的传统功能，而且担负为缓解全球能源危机提供再生能源的能源功能和改善生态系统、应对气候变化、为人类生存提供优美环境的生态功能等新的历史使命。随着农业功能升级，对科技创新的依赖性也越来越强，必将掀起一场新的农业科技革命。

我国各地紧紧围绕发展现代农业和建设社会主义新农村的目标，三农信息化投资规模逐年增大，农业农村信息化呈现稳定、健康的发展态势，使农业发展具有了高效率、高产量、高收益、信息化、机械化、自动化、规模化等优势，拥有发展智慧生态农业的条件。

第三节　智慧生态建筑

智慧生态建筑（房屋）涵盖绿色建筑、被动式建筑、低碳建筑、生态建筑和智能建筑等。

一、生态建筑

生态建筑（Eco-build）将建筑看成一个生态系统，能将数量巨大的人口整合居住在一个超级建筑中，通过组织（设计）建筑内外空间中的各种物态因素，使物质、能源在建筑生态系统内部有秩循环转换，获得高效、低耗、无废、无污、平衡的建筑生态环境。案例有：北京门头沟的生态房、德国的"三升房"、奥尔良的"诺亚"等。

大自然是人类生存的环境，从最初的木结构棚屋，到当代的摩天大楼和航天飞机，自然界一直是人类获取各种资源和能量的补给所，也是人类知识的重要来源。建筑与自然的联系更有深远的历史。古典建筑中，除了建筑材料全都来源于自然，建筑中还设置大量从自然界中提取而来的装饰图案。事实上，当代计算机精密运算出来的多种复杂的比例关系，很多早已蕴含在自然界当中。人们仿照鱼的比例建成了流线型的抗阻建筑，仿照蜂巢的结构做出了供航天飞机使用的超轻高强度材料。许多科学技术上的进步都与人们对自然界不断深入地了解有关。

二、绿色建筑

绿色建筑是能够达到节能减排目的建筑物；在全寿命期内，最大限度地节约资源（节能、节地、节水、节材）、保护环境、减少污染，为人们提供健康、适用和高效的使用空间，与自然和谐共生。

三、被动式建筑

被动式建筑最基本的工作机理是"温室效应"。被动式太阳房的外围护结构具有较大的热阻，室内有足够的重质材料，如砖石、混凝土，以保持房屋有良好的蓄热性能。被动式建筑尽量采用自我产生的能源体系，减少电能等人工能源的使用，节能效果高于绿色建筑。

四、低碳建筑

低碳建筑在建筑材料与设备制造、施工建造和建筑物使用的整个生命周期内，减少化石能源的使用，提高能效，降低二氧化碳排放量，已逐渐成为国际建筑界的主流趋势。建筑在二氧化碳排放总量中，几乎占到了50％，这一比例远远高于运输和工业领域。所以，低碳建筑在应对气候变暖中有重要作用。

五、智能建筑

智能建筑将建筑物的结构、系统、服务和管理根据用户的需求进行最优化组合，从而为用户提供高效、舒适、便利的人性化环境。智能建筑是集现代科学技术之大成的产物，技术基础主要由现代建筑技术、现代信息技术、现代通信技术和现代控制技术等组成。

六、智慧生态建筑

智慧生态建筑是信息化的现代建筑，遵照"适用、经济、绿色、美观、智能"的建筑方针，让建筑融入生态环境，防止片面追求建筑外观形象。

每一个建筑的环境都不一样，需要智慧感知，具体分析，将水流、气流、土地、建筑风格和景观特征考虑周全，形成大数据，综合分析，更好地使用自然的能量，减少建筑成本。很多国家已经开始运用植物墙，将植物用到建筑立面，达到节能目的，增加美观性；利用坡度设计实现建筑自然采光，减少电梯、优化通风设计等实现能源循环利用。充分考虑当地具体情况，让建筑尽量少地依靠外部能量来实现自身生态循环，根据实际情况改进设计方案。

快速城镇化使地球上的绿地面积减少，设计师利用建筑垂直结构的特点使之与自然联系起来。新加坡、墨西哥等城市设计大量使用植被墙，每一层都有绿色融入，引入大量植物的同时使阳光更多地透射进来，以便更有效率地利用能源。并且尽可能地设计一些公共空间，让使用者进行互动。

让植被和楼宇达到有机共生，除了铺设植被之外，还要创造物种栖息地。在韩国首尔的一个项目中，用绿色的水系建造一个栖息地，让即将灭绝的物种成功地在大自然中繁衍生息。高楼顶部的气温相对较低，选择植物与动物时应侧重需要充足空气且足够耐寒的物种。

第四节　智慧生态交通

智慧生态交通运输包括保护自然建设城市慢行系统，优先发展以轨道交通为骨干的城市公共交通系统、公交衔接工程等，涵盖智能交通和绿色交通。

智能交通系统（Intelligent Transportation System，简称ITS）是将先进的信息技术、数据通信传输技术、电子传感技术、控制技术及计算机技术等有效地集成，运用于整个地面交通系统而建立的大范围、全方位、实时、准确、高效的综合交通运输管理系统，以信息的收集、处理、发布、交换、分析、利用为主线，为交通参与者提供多样性的服务。该系统中，车辆靠自己的智能在道路上自由行驶，公路靠自身的智能将交通流量调整至最佳状态，借助于这个系统，管理人员对道路、车辆的行踪掌握得一清二楚。

　　绿色交通（Green Transport）是采用低污染、适合都市环境的运输工具来完成社会经济活动的交通体系，节省建设维护费用，有利于城市环境多元化。

第五节　智慧生态工业

　　智慧生态工业是信息化的现代工业。加快发展新型制造业、智能制造，建设制造业创新中心，形成以创新中心为核心、以公共服务平台和工程数据中心为重要支撑的制造业创新网络。

　　智慧生态工业模拟生态系统功能，建立起相当于生态系统的"生产者、消费者、还原者"的工业生态链，建立互利共生的工业生态网，利用废物交换、循环利用和清洁生产等手段，实现物质闭路循环和能量多级利用，达到物质和能量的最大利用以及对外废物的零排放，以低消耗、低（或无）污染、工业发展与生态环境协调为目标。

　　智慧生态工业是物理设备、电脑网络、人脑智慧相互融合、三位一体的新型工业体系。将具有环境感知能力的各类终端、基于泛在技术的计算模式、移动通信等不断融入工业生产的各个环节，大幅提高制造效率，改善产品质量，降低产品成本和资源消耗，将传统工业提升到智能化的新阶段，归纳为：生产过程控制、生产环境监测、制造供应链跟踪、产品全生命周期监测，促进安全生产和节能减排。

　　通过法律、行政、经济等手段，把工业系统的结构规划成"资源生产"、"加工生产"、"还原生产"三大工业部分构成的工业生态链。其中，资源生产部门相当于生态系统的初级生产者，主要承担不可更新资源、可更新资源的生产和永续资源的开发利用，并以可更新的永续资源逐渐取代不可更新资源为目标，为工业生产提供初级原料和能源；加工生产部门相当于生态系统的消费者，以生产过程无浪费、无污染为目标，将资源生产部门提供的初级资源加工转换成满足人类生产生活需要的工业品；还原生产部门将各副产品再资源化，或无害化处理，或转化为新的工业品。

第六节 生产性服务业

"生产性服务业"是为保持工业生产过程的连续性、促进工业技术进步、产业升级和提高生产效率提供保障服务的服务行业。

一、生产性服务业重大部署

科学规划布局，放宽市场准入，完善行业标准，创造环境条件，加快生产性服务业创新发展，实现服务业与农业、工业等在更高水平上有机融合，推动产业结构优化调整，促进经济提质增效升级。

以产业转型升级需求为导向，进一步加快生产性服务业发展，引导企业进一步打破"大而全"、"小而全"的格局，分离和外包非核心业务，向价值链高端延伸，促进产业逐步由生产制造型向生产服务型转变。

二、生产性服务业主要任务

（一）研发设计

积极开展研发设计服务，加强新材料、新产品、新工艺的研发和推广应用。大力发展工业设计，培育企业品牌、丰富产品品种、提高附加值。促进工业设计向高端综合设计服务转变，支持研发体现文化要素的设计产品。整合现有资源，发挥企业创新主体作用，推进产学研用合作，加快创新成果产业化步伐。鼓励建立专业化、开放型的工业设计企业和工业设计服务中心，促进工业企业与工业设计企业合作。完善知识产权交易和中介服务体系，发展研发设计交易市场。开展面向生产性服务业企业的知识产权培训、专利运营、分析评议、专利代理和专利预警等服务。建立主要由市场评价创新成果的机制，加快研发设计创新转化为现实生产力。

（二）第三方物流

优化物流企业供应链管理服务，提高物流企业配送的信息化、智能化、精准化水平，推广企业零库存管理等现代企业管理模式。加强核心技术开发，发展连锁配送等现代经营方式，重点推进云计算、物联网、北斗导航及地理信息等技术在物流智能化管理方面的应用。引导企业剥离物流业务，积极发展专业化、社会化的大型物流企业。完善物流建设和服务标准，引导物流设施资源集聚集约发展，培育一批具有较强服务能力的生产服务型物流园区和配送中心。加强综合性、专业性物流公共信息平台和货物配载中心建设，衔接货物信息，匹配运载工具，提高物流企业运输工具利用效率，降低运输车辆空驶率。提高物流行业标准化设施、设备和器具应用水平以及托盘标准化水平。继续推进制造业与物流业联动发展示范工作和快递服务制造业工作，加强仓储、冷链物流服务。大力发展铁水联运、江海直达、滚装运输、道路货物甩挂运输等运输方式，推进货运汽车（挂车）、列车标准国际化。优化城市配送网络，鼓励统一配送和共同配送。推动城市配送车辆标准化、标识化，建立健全配送车辆运力调控机制，完善配送车辆便利通行措施。在关系民生的农产品、药品、快速消费品等重点领域开展标准化托盘循环共用示范试点。完善农村物流服务体系，加强产销衔接，扩大农超对接规模，加快农产品批发和零售市场改造升级，拓展农产品加工服务。

（三）融资租赁

建立完善融资租赁业运营服务和管理信息系统，丰富租赁方式，提升专业水平，形成融资渠道多样、集约发展、监管有效、法律体系健全的融资租赁服务体系。大力推广大型制造设备、施工设备、运输工具、生产线等融资租赁服务，鼓励融资租赁企业支持中小微企业发展。引导企业利用融资租赁方式，进行设备更新和技术改造。鼓励采用融资租赁方式开拓国际市场。紧密联系产业需求，积极开展租赁业务创新和制度创新，拓展厂商租赁的业务范围。引导租赁服务企业加强与商业银行、保险、信托等金融机构合作，充分利用境外资金，多渠道拓展融资空间，实现规模化经营。建设程序标准化、管理规范化、运转高效的租赁物与二手设备流通市场，建立和完善租赁物公示、查询系统和融资租赁资产退出机制。加快研究制定融资租赁行业的法律法规。充分发挥行业协会作用，加强信用体系建设和行业自律。建立系统性行业风险防范机制，以及融资租赁业统计制度和评价指标体系。

（四）信息技术服务

发展涉及网络新应用的信息技术服务，积极运用云计算、大数据、物联网等信息技术，推动制造业的智能化、柔性化和服务化，促进定制生产等模式创新发展。加快面向工业重点行业的知识库建设，创新面向专业领域的信息服务方式，提升服务能力。加强相关软件研发，提高信息技术咨询设计、集成实施、运行维护、测试评估和信息安全服务水平，面向工业行业应用提供系统解决方案，促进工业生产业务流程再造和优化。推动工业企业与软件提供商、信息服务提供商联合提升企业生产经营管理全过程的数字化水平。支持工业企业所属信息服务机构面向行业和社会提供专业化服务。加快农村互联网基础设施建设，推进信息进村入户。

（五）节能环保服务

健全节能环保法规和标准体系，增强节能环保指标的刚性约束，严格落实奖惩措施。大力发展节能减排投融资、能源审计、清洁生产审核、工程咨询、节能环保产品认证、节能评估等第三方节能环保服务体系。规范引导建材、冶金、能源企业协同开展城市及产业废弃物的资源化处理，建立交易市场。鼓励结合改善环境质量和治理污染的需要，开展环保服务活动。发展系统设计、成套设备、工程施工、调试运行和维护管理等环保服务总承包。鼓励大型重点用能单位依托自身技术优势和管理经验，开展专业化节能环保服务。推广合同能源管理，建设"一站式"合同能源管理综合服务平台，积极探索节能量市场化交易。建设再生资源回收体系和废弃物逆向物流交易平台。积极发展再制造专业技术服务，建立再制造旧件回收、产品营销、溯源等信息化管理系统。推行环境污染第三方治理。

（六）检验检测认证

加快发展第三方检验检测认证服务，鼓励不同所有制检验检测认证机构平等参与市场竞争，不断增强权威性和公信力，为提高产品质量提供有力的支持保障服务。加强计量、检测技术、检测装备研发等基础能力建设，发展面向设计开发、生产制造、售后服务全过程的分析、测试、计量、检验等服务。建设产业计量测试中心，构建产业计量测试服务体系。加强先进重大装备、新材料、新能源汽车等领域的第三方检验检测服务，加快发展药品检验检测、医疗器械检验、进出口检验检疫、农产品质量安全检验检测、食品安全检验检测等服务，发展在线检测，完善检验检测认证服务体系。开拓电子商务等服务认证领域。优化资源配置，引导检验检测认证机构集聚发展，推进整合业务相同或相近的检验检测认证机构。积极参与制定检验检测标准，开展检验检测认证结果和技术能力互认。培育一批技术能力强、服务水平高、规模效益好、具有一定影响力的检验检测认证集团。加大生产性服务业标准的推广应用力度，深化服务业标准化试点。

（七）电子商务

深化大中型企业电子商务应用，促进大宗原材料网上交易、工业产品网上定制、上下游关联企业业务协同发展，创新组织结构和经营模式。引导小微企业依托第三方电子商务服务平台开展业务。深化电子商务服务集成创新。加快并规范集交易、电子认证、在线支付、物流、信用评估等服务于一体的第三方电子商务综合服务平台发展。加快推进适应电子合同、电子发票和电子签名发展的制度建设。建设开放式电子商务快递配送信息平台和社会化仓储设施网络，加快布局、规范建设快件处理中心和航空、陆运集散中心。鼓励对现有商业设施、邮政便民服务设施等的整合利用，加强共同配送末端网点建设，推动社区商业电子商务发展。深入推进国家电子商务示范城市、示范基地和示范企业建设，发展电子商务可信交易保障、交易纠纷处理等服务。建立健全促进电子商务发展的工作保障机制。加强网络基础设施建设和电子商务信用体系、统计监测体系建设，不断完善电子商务标准体系和快递服务质量评价体系。推进农村电子商务发展，积极培育农产品电子商务，鼓励网上购销对接等多种交易方式。支持面向跨境贸易的多语种电子商务平台建设、服务创新和应用推广。积极发展移动电子商务，推动移动电子商务应用向工业生产经营和生产性服务业领域延伸。推进电子商务与物流快递协同发展，及时总结协同发展试点成果，形成可复制、可推广的制度、做法和经验，着力解决快递运营车辆规范通行、末端配送、电子商务快递从业人员基本技能培训等难题，补齐电子商务物流发展短板。规范有序发展电子商务平台，严厉打击电子商务领域违法违规经营行为，构建诚信经营的网络市场环境。规范产品广告和相关信息发布行为，严厉打击虚假违法广告和不实报道。

（八）商务咨询

提升商务咨询服务专业化、规模化、网络化水平。引导商务咨询企业以促进产业转型升级为重点，大力发展战略规划、营销策划、市场调查、管理咨询等提升产业发展素质的咨询服务，积极发展资产评估、会计、审计、税务、勘察设计、工程咨询等专业咨询服务。发展信息技术咨询服务，开展咨询设计、集成实施、运行维护、测试评估、应用系统解决方案和信息安全服务。加强知识产权咨询服务，发展检索、分析、数据加工等基础服务，培育知识产权转化、投融资等市场化服务。重视培育品牌和商誉，发展无形资产、信用等评估服务。依法健全商务咨询服务的职业评价制度和信用管理体系，加强执业培训和行业自律。开展多种形式的国际合作，推动商务咨询服务国际化发展。

（九）服务外包

把握全球服务外包发展新趋势，积极承接国际离岸服务外包业务，大力培育在岸服务外包市场。抓紧研究制定在岸与离岸服务外包协调发展政策。适应生产性服务业社会化、专业化发展要求，鼓励服务外包，促进企业突出核心业务、优化生产流程、创新组织结构、提高质量和效率。引导社会资本积极发展信息技术外包、业务流程外包和知识流程外包服务业务，为产业转型升级提供支撑。鼓励政府机构和事业单位购买专业化服务，加强管理创新。支持企业购买专业化服务，构建数字化服务平台，实现包括产品设计、工艺流程、生产规划、生产制造和售后服务在内的全过程管理。

（十）售后服务

鼓励企业将售后服务作为开拓市场、提高竞争力的重要途径，增强服务功能，健全服务网络，提升服务质量，完善服务体系。完善产品"三包"制度，推动发展产品配送、安装调试、以旧换新等售后服务，积极运用互联网、物联网、大数据等信息技术，发展远程检测诊断、运营维护、技术支持等售后服务新业态。大力发展专业维护维修服务，加快技术研发与应用，促进维护维修服务业务和服务模式创新，鼓励开展设备监理、维护、修理和运行等全生命周期服务。积极发展专业化、社会化的第三方维护维修服务，支持具备条件的工业企业内设机构向专业维护维修公司转变。完善售后服务标准，加强售后服务专业队伍建设，健全售后服务认证制度和质量监测体系，不断提高用户满意度。

（十一）人力资源服务和品牌建设

以产业引导、政策扶持和环境营造为重点，推进人力资源服务创新，大力开发能满足不同层次、不同群体需求的各类人力资源服务产品。提高人力资源服务水平，促进人力资源服务供求对接，引导各类企业通过专业化的人力资源服务提升人力资源管理开发和使用水平，提升劳动者素质和人力资源配置效率。加快形成一批具有国际竞争力的综合型、专业型人力资源服务机构。统筹利用高等院校、科研院所、职业院校、社会培训机构和企业等各种培训资源，强化生产性服务业所需的创新型、应用型、复合型、技术技能型人才开发培训。加快推广中关村科技园区股权激励试点经验，调动科研人员创新进取的积极性。营造尊重人才、有利于优秀人才脱颖而出和充分发挥作用的社会环境。鼓励具有自主知识产权的知识创新、技术创新和模式创新，积极创建知名品牌，增强独特文化特质，以品牌引领消费，带动生产制造，推动形成具有特色的品牌价值评价机制。

智慧生态城市服务涵盖规划、设计、物流、维修，医疗、教育、养老、城市服务、应急服务等。智慧生态城市大力发展服务业，全面服务城市的规划、建设和运营维护，市民、企业和政府，生活、生产和生态。近年来，我国服务业发展取得显著成效，成为国民经济和吸纳就业的第一大产业，稳增长、促改革、调结构、惠民生作用持续增强。

第一节　智慧生态城市生产服务业

　　1966年，美国经济学家H.Greenfield在研究服务业及其分类时，最早提出了生产性服务业（Producer Services）的概念。1975年，Browning和Singelman在对服务业进行功能性分类时，也提出了生产性服务业（Producer Services）概念，并认为生产性服务业包括金融、保险、法律工商服务、经纪等具有知识密集和为客户提供专门性服务的行业。Hubbard和Nutter（1982）、Daniels（1985）等人，认为服务业可分为生产性服务业和消费性服务业，认为生产性服务业的专业领域是消费性服务业以外的服务领域，并将货物储存与分配、办公清洁和安全服务也包括在内。Howells和Green（1986）认为生产性服务业包括保险、银行、金融和其他商业服务业，如广告和市场研究，以及职业和科学服务，如会计、法律服务、研究与开发等为其他公司提供的服务。香港贸易发展局认为生产性服务包括专业服务、信息和中介服务、金融保险服务以及与贸易相关的服务。

　　当代生产性服务业是与制造业直接相关的配套服务业，是从制造业内部生产服务部门独立发展起来的新兴产业，它的主要功能是为生产过程的不同阶段提供服务产品，它贯穿于企业生产的上游、中游和下游诸环节中，包括物流、研发、信息、中介、金融保险以及贸易相关服务等。

现阶段，生产性服务业重点发展研发设计、第三方物流、融资租赁、信息技术服务、节能环保服务、检验检测认证、电子商务、商务咨询、服务外包、售后服务、人力资源服务和品牌建设等。

第二节　智慧生态城市生活服务业

总体看，我国生活性服务业发展仍然相对滞后，有效供给不足、质量水平不高、消费环境有待改善等问题突出，迫切需要加快发展。与此同时，国民收入水平提升扩大了生活性服务消费新需求，信息网络技术不断突破拓展了生活性服务消费新渠道，新型城镇化等国家重大战略实施扩展了生活性服务消费新空间，人民群众对生活性服务的需要日益增长、对服务品质的要求不断提高，生活性服务消费蕴含巨大潜力。

一、部署

以增进人民福祉、满足人民群众日益增长的生活性服务需要为主线，大力倡导崇尚绿色环保、讲求质量品质、注重文化内涵的生活消费理念，创新政策支持，积极培育生活性服务新业态新模式，全面提升生活性服务业质量和效益，为经济发展新常态下扩大消费需求、拉动经济增长、转变发展方式、促进社会和谐提供有力支撑和持续动力。

坚持消费引领，强化市场主导。努力适应居民消费升级的新形势新要求，充分发挥市场配置资源的决定性作用，更好发挥政府规划、政策引导和市场监管的作用，挖掘消费潜力，增添市场活力。

坚持突出重点，带动全面发展。加强生活性服务业分类指导，聚焦重点领域和薄弱环节，综合施策，形成合力，实现重点突破，增强示范带动效应。

坚持创新供给，推动新型消费。抢抓产业跨界融合发展新机遇，运用互联网、大数据、云计算等推动业态创新、管理创新和服务创新，开发适合高中低不同收入群体的多样化、个性化潜在服务需求。

坚持质量为本，提升品质水平。进一步健全生活性服务业质量管理体系、质量监督体系和质量标准体系，推动职业化发展，丰富文化内涵，打造服务品牌。

坚持绿色发展，转变消费方式。加强生态文明建设，促进服务过程和消费方式绿色化，推动生活性服务业高水平发展，加快生活方式转变和消费结构升级。

二、发展导向

围绕人民群众对生活性服务的普遍关注和迫切期待，着力解决供给、需求、质量方面存在的突出矛盾和问题，推动生活性服务业便利化、精细化、品质化发展。

健全公共服务设施。坚持共享发展理念，使人民群众在共建共享中有更多获得感。合理确定公共服务设施建设标准，加强社区服务场所建设，形成以社区级设施为基础，市、区级设施衔接配套的公共服务设施网络体系。配套建设中小学、幼儿园、超市、菜市场，以及社区养老、医疗卫生、文化服务等设施，大力推进无障碍设施建设，打造方便快捷生活圈。继续推动公共图书馆、美术馆、文化馆（站）、博物馆、科技馆免费向全社会开放。推动社区内公共设施向居民开放。合理规划建设广场、公园、步行道等公共活动空间，方便居民文体活动，促进居民交流。强化绿地服务居民日常活动的功能，使市民在居家附近能够见到绿地、亲近绿地。城市公园原则上要免费向居民开放。限期清理腾退违规占用的公共空间。顺应新型城镇化的要求，稳步推进城镇基本公共服务常住人口全覆盖，稳定就业和生活的农业转移人口在住房、教育、文化、医疗卫生、计划生育和证照办理服务等方面，与城镇居民有同等权利和义务。

经过一个时期的努力，力争实现生活性服务业总体规模持续扩大，新业态、新模式不断培育成长；生活性服务基础设施进一步完善，公共服务平台功能逐步增强；以城带乡和城乡互动发展机制日益完善，区域结构更加均衡，消费升级取得重大进展；消费环境明显改善，质量治理体系进一步健全，职业化进程显著加快，服务质量和服务品牌双提升，国内顾客和国外顾客双满意。

三、主要任务

今后一个时期，重点发展贴近服务人民群众生活、需求潜力大、带动作用强的生活性服务领域，推动生活消费方式由生存型、传统型、物质型向发展型、现代型、服务型转变，促进和带动其他生活性服务业领域发展。

（一）居民和家庭服务

健全城乡居民家庭服务体系，推动家庭服务市场多层次、多形式发展，在供给规模和服务质量方面基本满足居民生活性服务需求。引导家庭服务企业多渠道、多业态提供专业化的生活性服务，推进规模经营和网络化发展，创建一批知名家庭服务品牌。整合、充实、升级家庭服务业公共平台，健全服务网络，实现一网多能、跨区域服务，发挥平台对城乡生活性服务业的引导和支撑作用。完善社区服务网点，多方式提供婴幼儿看护、护理、美容美发、洗染、家用电器及其他日用品修理等生活性服务，推动房地产中介、房屋租赁经营、物业管理、搬家保洁、家用车辆保养维修等生活性服务规范化、标准化发展。鼓励在乡村建立综合性服务网点，提高农村居民生活便利化水平。

（二）健康服务

围绕提升全民健康素质和水平，逐步建立覆盖全生命周期、业态丰富、结构合理的健康服务体系。鼓励发展健康体检、健康咨询、健康文化、健康旅游、体育健身等多样化健康服务。积极提升医疗服务品质，优化医疗资源配置，取消对社会办医的不合理限制，加快形成多元化办医格局。推动发展专业、规范的护理服务。全面发展中医药健康服务，推广科学规范的中医养生保健知识及产品，提升中医药健康服务能力，创新中医药健康服务技术手段，丰富中医药健康服务产品种类。推进医疗机构与养老机构加强合作，发展社区健康养老。支持医疗服务评价、健康管理服务评价、健康市场调查等第三方健康服务调查评价机构发展，培育健康服务产业集群。积极发展健康保险，丰富商业健康保险产品，发展多样化健康保险服务。

（三）养老服务

以满足日益增长的养老服务需求为重点，完善服务设施，加强服务规范，提升养老服务体系建设水平。鼓励养老服务与相关产业融合创新发展，推动基本生活照料、康复护理、精神慰藉、文化服务、紧急救援、临终关怀等领域养老服务的发展。积极运用网络信息技术，发展紧急呼叫、健康咨询、物品代购等适合老年人的服务项目，创新居家养老服务模式，完善居家养老服务体系。加快推进养老护理员队伍建设，加强职业教育和从业人员培训。大力发展老年教育，支持各类老年大学等教育机构发展，扩大老年教育资源供给，促进养教结合。鼓励专业养老机构发挥自身优势，培训和指导社区养老服务组织和人员。引导社会力量举办养老机构，通过公建民营等方式鼓励社会资本进入养老服务业，鼓励境外资本投资养老服务业。鼓励探索创新，积极开发切合农村实际需求的养老服务方式。

（四）旅游服务

以游客需求为导向，丰富旅游产品，改善市场环境，推动旅游服务向观光、休闲、度假并重转变，提升旅游文化内涵和附加值。大力发展红色旅游，加强革命传统教育，弘扬民族精神。突出乡村特色，充分发挥农业的多功能性，开发一批形式多样、特色鲜明的乡村旅游产品。进一步推动集观光、度假、休闲、娱乐、海上运动于一体的滨海旅游和海岛旅游。丰富老年旅游服务供给，积极开发多层次、多样化的老年人休闲养生度假产品。引导健康的旅游消费方式，积极发展休闲度假旅游、研学旅行、工业旅游，推动体育运动、竞赛表演、健身休闲与旅游活动融合发展。适应房车、自驾车、邮轮、游艇等新兴旅游业态发展需要，合理规划配套设施建设和基地布局。开发线上线下有机结合的旅游服务产品，推动旅游定制服务，满足个性化需求，深化旅游体验。开发特色旅游路线，加强国际市场营销，积极发展入境旅游。加强旅游纪念品在体现民俗、历史、区位等文化内涵方面的创意设计，推动中国旅游商品品牌建设。

（五）体育服务

大力推动群众体育与竞技体育协同发展，促进体育市场繁荣有序，加速形成门类齐全、结构合理的体育服务体系。重点培育健身休闲、竞赛表演、场馆服务、中介培训等体育服务业，促进康体结合，推动体育旅游、体育传媒、体育会展等相关业态融合发展。以足球、篮球、排球三大球为切入点，加快发展普及性广、关注度高、市场空间大的运动项目。以举办2022年冬奥会为契机，全面提升冰雪运动的普及度和产业发展水平。大力普及健身跑、自行车、登山等运动项目，带动大众化体育运动发展。完善健身教练、体育经纪人等职业标准和管理规范，加强行业自律。推动专业赛事发展，丰富业余赛事，探索完善赛事市场开发和运作模式，实施品牌战略，打造一批国际性、区域性品牌赛事。有条件的地方可利用自然人文特色资源，举办汽车拉力赛、越野赛等体育竞赛活动。推动体育产业联系点工作，培育一批符合市场规律、具有竞争力的体育产业基地。鼓励体育优势企业、优势品牌和优势项目"走出去"。

（六）文化服务

着力提升文化服务内涵和品质，推进文化创意和设计服务等新型服务业发展，大力推进与相关产业融合发展，不断满足人民群众日益增长的文化服务需求。积极发展具有民族特色和地方特色的传统文化艺术，鼓励创造兼具思想性艺术性观赏性、人民群众喜闻乐见的优秀文化服务产品。加快数字内容产业发展，推动文化服务产品制作、传播、消费的数字化、网络化进程，推进动漫游戏等产业优化升级。深入推进新闻出版精品工程，鼓励民族原创网络出版产品、优秀原创网络文学作品等创作生产，优化新闻出版产业基地布局。积极发展移动多媒体广播电视、网络广播电视等新媒体、新业态。推动传统媒体与新兴媒体融合发展，提升先进文化的互联网传播吸引力。完善文化产业国际交流交易平台，提升文化产业国际化水平和市场竞争力。

（七）法律服务

加强民生领域法律服务，推进覆盖城乡居民的公共法律服务体系建设。大力发展律师、公证、司法鉴定等法律服务业，推进法律服务的专业化和职业化。提升面向基层和普通百姓的法律服务能力，加强对弱势群体的法律服务，加大对老年人、妇女和儿童等法律援助和服务的支持力度。支持中小型法律服务机构发展和法律服务方式创新。统筹城乡、区域法律服务资源，建立激励法律服务人才跨区域流动机制。加快发展公职律师、公司律师队伍，构建社会律师、公职律师、公司律师等优势互补、结构合理的律师队伍。规范法律服务秩序和服务行为，完善职业评价体系、诚信执业制度以及违法违规执业惩戒制度。强化涉外法律服务，着力培养一批通晓国际法律规则、善于处理涉外法律事务的律师人才，建设一批具有国际竞争力和影响力的律师事务所。完善法律服务执业权利保障机制，优化法律服务发展环境。

（八）批发零售服务

优化城市流通网络，畅通农村商贸渠道，加强现代批发零售服务体系建设。合理规划城乡流通基础设施布局，鼓励发展商贸综合服务中心、农产品批发市场、集贸市场以及重要商品储备设施、大型物流（仓储）配送中心、农村邮政物流设施、快件集散中心、农产品冷链物流设施。推动各类批发市场等传统商贸流通企业转变经营模式，利用互联网等先进信息技术进行升级改造。发挥实体店的服务、体验优势，与线上企业开展深度合作。鼓励发展绿色商场，提高绿色商品供给水平。大力发展社区商业，引导便利店等业态进社区，规范和拓展代收费、代收货等便民服务。积极发展冷链物流、仓储配送一体化等物流服务新模式，推广使用智能包裹柜、智能快件箱。依照相关法律、行政法规规定，加强对关系国计民生、人民群众生命安全等商品的流通准入管理，健全覆盖准入、监管、退出的全程管理机制。

（九）住宿餐饮服务

强化服务民生的基本功能，形成以大众化市场为主体、适应多层次多样化消费需求的住宿餐饮业发展新格局。积极发展绿色饭店、主题饭店、客栈民宿、短租公寓、长租公寓、有机餐饮、快餐团餐、特色餐饮、农家乐等满足广大人民群众消费需求的细分业态。大力推进住宿餐饮业连锁化、品牌化发展，提高住宿餐饮服务的文化品位和绿色安全保障水平。推动住宿餐饮企业开展电子商务，实现线上线下互动发展，促进营销模式和服务方式创新。鼓励发展预订平台、中央厨房、餐饮配送、食品安全等支持传统产业升级的配套设施和服务体系。

（十）教育培训服务

以提升生活性服务质量为核心，发展形式多样的教育培训服务，推动职业培训集约发展、内涵发展、融合发展、特色发展。广泛开展城乡社区教育，整合社区各类教育培训资源，引入行业组织等参与开展社区教育项目，为社区居民提供人文艺术、科学技术、幼儿教育、养老保健、生活休闲、职业技能等方面的教育服务，规范发展秩序。大力加强各类人才培养，创新人才培养模式，坚持产教融合、校企合作、工学结合，强化专业人才培养。加快推进教育培训信息化建设，发展远程教育和培训，促进数字资源共建共享。鼓励发展股份制、混合所有制职业院校，允许以资本、知识、技术、管理等要素参与办学。建立家庭、养老、健康、社区教育、老年教育等生活性服务示范性培训基地或体验基地，带动提升行业整体服务水平。逐步形成政府引导、以职业院校和各类培训机构为主体、企业全面参与的现代职业教育体系和终身职业培训体系。

在推动上述重点领域加快发展的同时，还要加强对生活性服务业其他领域的引导和支持，鼓励探索创新，营造包容氛围，推动生活性服务业在融合中发展、在发展中规范，增加服务供给，丰富服务种类，提高发展水平。

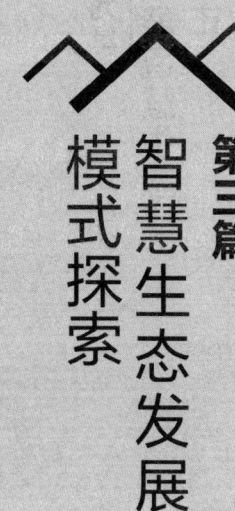

第三篇

智慧生态发展
模式探索

智慧生态发展模式涵盖城市智慧生态建设和发展智慧生态工程。城市的形成是人类文明史上的飞跃。城市化进程的发展，带动人类社会文化和经济政治的进步。在信息经济、知识经济时代，城市的空间分布和功能组织发生重大调整，城市群、城市带、城市圈和都市区不断涌现，呈现十分强劲的加速发展势头，需要适应发展形势，切实改善城市规划，建设智慧生态工程，发展智慧生态城市。

智慧生态城市不是简单的智慧城市加生态城市，它融合智慧城市、生态城市、绿色城市、低碳城市、数字城市、田园城市和园林森林城市等，成为新型城市发展模式、新型城镇化模式、城乡可持续发展模式，回应生态文明新时代的呼唤。

第一节　城市规划演进完善

城市规划以发展眼光，科学论证、专家决策为前提，对城市经济结构、空间结构、社会结构发展进行规划，具有指导和规范城市建设的重要作用。早期城市规划的产生，反映了人类对于自身居住场所的一种美好追求。城市的复杂系统特性决定了城市规划是随城市发展与运行状况长期调整，不断修订，持续改进和完善的复杂的连续决策过程。城市规划的理论也随着城市的发展而演化。

一、《雅典宪章》（1933年）

1920年代末，现代建筑运动走向高潮，在国际现代建筑会议（CIAM）第一次会议的宣言中，提出了现代建筑和建筑运动的基本思想和准则。认为城市化的实质是一种功能秩序，对土地使用和土地分配的政策要求有根本性的变革。1933年召开的第四次会议的主题是"功能城市"，会议发表了《雅典宪章》。《雅典宪章》依据理性主义的思想方法对城市中普遍存在的问题进行了全面分析，提出了城市规划应当处理好居住、工作、游憩和交通的功能关系，并把该宪章称为现代城市规划的大纲。

　　《雅典宪章》最为突出的内容是提出了城市的功能分区,对以后的城市规划发展影响深远。它认为,城市活动可以划分为居住、工作、游憩和交通四大活动,提出城市规划研究和分析的"最基本分类",并提出"城市规划的四个主要功能要求各自都有其最适宜发展的条件,以便给生活、工作和文化分类并秩序化。"。

　　功能分区在当时有着重要的现实意义和历史意义,它主要针对当时大多数城市无计划、无秩序发展过程中出现的问题,尤其是工业和居住混杂导致的严重的卫生问题、交通问题和居住环境问题等,而功能分区方法的使用确实可以起到缓解和改善这些问题的作用。另一方面,从城市规划学科的发展过程来看,《雅典宪章》所提出的功能分区也是一种革命。它依据城市活动对城市土地使用进行划分,对传统的城市规划思想和方法进行了重大改革,突破了过去城市规划追求图面效果和空间气氛的局限,引导了城市规划向科学的方向发展。

二、《马丘比丘宪章》(1977年)

　　国际建协鉴于当时世界城市化趋势和城市规划过程中出现的新内容,于1977年在秘鲁的利马召开国际性学术会议。与会的建筑师、规划师和有关官员以《雅典宪章》为出发点,总结近半个世纪以来尤其是第二次大战后的城市发展和城市规划思想、理论和方法的演变,展望了城市规划进一步发展的方向,在古文化遗址马丘比丘山上签署了《马丘比丘宪章》。该宪章申明:《雅典宪章》仍然是这个时代的一项基本文件,它提出的一些原理今天仍然有效,但随着时代的进步,城市发展面临着新的环境,而且人类认识对城市规划也提出了新的要求,《雅典宪章》的一些指导思想已不能适应当前形势的发展变化,需要进行修正。

　　《马丘比丘宪章》首先强调了人与人之间的相互关系对于城市和城市规划的重要性,并将理解和贯彻这一关系视为城市规划的基本任务。《马丘比丘宪章》摒弃了《雅典宪章》的机械主义和物质空间决定论的思想基石,宣扬社会文化论的基本思想。社会文化论认为,物质空间只是影响城市生活的一项变量,而且这一变量并不能起决定性的作用,而起决定性作用的应该是城市中各人类群体的文化、社会交往模式和政治结构。在考察了当时城市化快速发展和遍布全球的状况之后,《马丘比丘宪章》要求将城市规划的专业和技术应用到各级人类居住点上,即邻里、乡镇、城市、都市地区、区域、国家和洲,并以此来指导建设。而这些规划都"必须对人类的各种需求作出解释和反应"，并"应该按照可能的经济条件和文化意义提供与人民要求相适应的城市服务设施和城市形态"。从人的需要和人之间的相互作用关系出发，《马丘比丘宪章》针对《雅典宪章》和当时城市发展的实际情况，提出了一系列的具有指导意义的观点。

《马丘比丘宪章》在对40多年的城市规划理论探索和实践进行总结的基础上，提出《雅典宪章》所崇尚的功能分区"没有考虑城市居民的人与人之间关系，结果使城市患了贫血症，在那些城市里建筑物成了孤立的单元，否认了人类的活动要求流动的、连续的空间这一事实"。确实，《雅典宪章》以后的城市规划基本上都是依据功能分区的思想而展开的，尤其在第二次大战后的城市重建和快速发展阶段中按规划建设的许多新城和一系列的城市改建中，由于对纯粹功能分区的强调而导致了许多问题，人们发现经过改建的城市社区竟然不如改建前或一些未改选的地区充满活力，新建的城市相当的冷漠、单调，缺乏生气。对于功能分区的批评，认为功能分区并不是一种组织良好城市的方法，从20世纪50年代后期就已经开始，而最早的批评来自于CIAM的内部，他们认为柯布西埃的理想城市"是一种时尚的、文雅的、诗意的、有纪律的、机械环境的机械社会，或者说，是具有严格等级的技术社会的优美城市"。他们提出的以人为核心的人际结合思想以及流动、生长、变化的思想为城市规划的新发展提供了新的起点。提出："在今天不应当把城市当作一系列的组成部分拼在一起考虑而必须努力去创造一个综合的、多功能的环境"，并且强调："在1933年，主导思想是把城市和城市的建筑分成若干组成部分，在1977年，目标应当是把已经失掉了它们的相互依赖性和相互关联性，并已经失去其活力和含义的组成部分重新统一起来"。

《马丘比丘宪章》认为城市是一个动态系统，要求"城市规划师和政策制定人必须把城市看作为在连续发展与变化过程中的一个结构体系"。20世纪60年代以后，系统思想和系统方法在城市规划中得到了广泛的运用，直接改变了过去将城市规划视作对终极状态进行描述的观点，而更强调城市规划的过程性和动态性。在二次大战期间逐渐形成、发展的系统思想和系统方法在50年代末被引入到规划领域而形成了系统方法论。在对物质空间规划进行革命的过程中，社会文化论主要从认识论的角度进行批判，而系统方法论则从实践的角度进行建设，尽管两者在根本思想上并不一致，但对城市规划的思想体系转换都起了积极的作用。最早运用系统思想和方法的规划研究当推开始于美国1950年末的运输—土地使用规划。这些研究突破了物质空间规划对建筑空间形态的过分关注，而将重点转移至发展的过程和不同要素间的关系，以及要素的调整与整体发展的相互作用之上。自20世纪60年代中期后，在运输—土地使用规划研究中发展起来的思想和方法，经麦克劳林、恰得威克等人在理论上的努力和广大规划师在实践中的自觉运用形成了城市规划运用系统方法论的高潮。《马丘比丘宪章》在对这一系列理论探讨进行总结的基础上作了进一步的发展，提出"区域和城市规划是个动态过程，不仅要包括规划的制定而且也要包括规划的实施。这一过程应当能适应城市这个有机体的物质和文化的不断变化"。在这样的意义上，城市规划就是一个不断模拟、实践、反馈、重新模拟……的循环过程，只有通过这样不间断的连续过程才能更有效地与城市系统相协调。

三、《华沙宣言》（1981年）

1981年，国际建筑师联合会第十四届世界会议通过的《华沙宣言》确立了"建筑—人—环境"作为一个整体的概念，并以此来使人们关注人、建筑和环境之间密切的相互关系，把建设和发展与社会整体统一起来进行考虑。

《华沙宣言》强调一切的发展和建设都应当考虑人的发展，"经济计划、城市规划、城市设计和建筑设计的共同目标，应当是探索并满足人们的各种需求"，而这种需求是包括了生理的、智能的、精神的、社会的和经济的各种需求，这些需求即是同等重要的，又是必须同时得到满足的。从这样的前提条件出发，无论对于怎样范围和性质的规划和设计，"改进所有人的生活质量应当是每个聚居地建设纲要的目标"。将生活质量作为评判规划的最终标准，建立了一个整体的综合原则，从而改变了《雅典宪章》以来的以要素质量进行评价的缺陷和《马丘比丘宪章》对整体评价的忽视，并以此赋予了规划在具体处理城市问题过程中，针对城市的具体要求和实际状况运用不同方法的灵活性。"人类聚居地的各项政策和建设纲要，必须为可以接受的生活质量规定一个最低标准并力争实施"，建筑师和规划师的基本职责就是要在创造人类生活环境的过程中，为满足这样的要求而负担起他们应当承担的责任。

四、《奥尔堡宪章》（1994年）

1994年年底，在丹麦奥尔堡举行第一次欧洲永续城市和乡镇运动会议，通过了奥尔堡宪章（Aalborg Charter）——面向可持续发展的欧洲城镇宪章，强调让市民与政府一起，成为城市问题的主要治理者。

城镇是社会和国家的基本元素，是产业、工艺、贸易、教育和行政的中心。现在世界上的人类在不破坏自然资本的前提下，无法达到工业化国家目前的资源消费水平；而没有可持续的地方社区，地球上可持续的人类生活是不可能实现的。因此，地方政府所在地的城镇是转变生活方式、生产方式、消费方式和空间模式进程中的关键性因素。

可持续发展理念有助于将我们的生活标准建立在自然承载力的基础之上。社会公正必须建立在经济可持续和公平的基础上，而经济可持续则依赖于环境的可持续。环境可持续意味着维持自然资本。要求我们消费可再生材料、水和能源的速度不能超过自然系统补充它们的速度，消费不可再生资源的速度不能超过可持续的再生资源更新的速度；污染物排放速度不能超过空气、水、土壤吸收和处理它们的能力。环境可持续需要保护生物多样性和人类健康，以及空气、水和土壤质量，要使它们达到足以永远维持人类与动植物生存和健康的标准。

城镇既是最初产生许多损害现代世界的建筑、社会、经济、政治、自然资源与环境平衡的最大地理单元，也是能够在一个整合的、整体的以及可持续的方式中，针对性地解决这些不平衡问题的最小地理单元。由于每个城镇都是不同的，所以，我们必须寻求适合每个城镇的个性化的可持续发展途径。将我们的可持续发展理念融入各项政策中，整合城镇各个方面的力量，制订适合地方特征的发展战略。

从《雅典宪章》（1933）到《奥尔堡宪章》（1994），60年的欧洲发展，城市在功能区分与设计治理方面获得蜕变性发展。在城市区域中心化的发展趋势中，更讲求城市功能的混合性。城市不再是按世外桃源理想构筑的共享空间，发展过程中必须关注各种挑战细节，包括科学技术、社会人伦等跨学科的研究。在工业化时代，城市问题被划分成一小块一小块进行处理，现在则不然。高速全球化下，社会群体的相互作用显得尤其重要，因此，我们现在开启的是让下一代憧憬城市所需理想生活空间的思考与实践。可持续化是人类有秉承、有计划、有责任的协作与共识。

五、《北京宪章》（1999年）

国际建筑师协会第20届世界建筑师大会1999年6月在北京举行，通过《北京宪章》。

20世纪既是人类从未经历过的伟大而进步的时代，又是史无前例的患难与迷惘的时代。无可否认的是，许多建筑环境难尽人意；人类对自然，以及对文化遗产的破坏已经危及其自身的生存；始未料及的"建设性破坏"屡见不鲜；"许多明天的城市正由今天的贫民所建造"。现代交通和通信手段致使多样的文化传统紧密相连，综合乃至整合作为新世纪的主题正在悄然兴起。我们需要激情、力量和勇气，直面现实，自觉思考21世纪建筑学的角色。

《北京宪章》主要内容为：

（1）对于各种繁杂的问题进行了归纳：工业革命带来的环境祸患、混乱的城市化，技术发展的双刃剑……而最严重的莫过于"建筑魂的失落"。

（2）传统建筑作为传统文化的一部分，具有丰富的内涵，它反映了中国人的世界观、价值观、审美观和处理问题的思想方法，也具有值得并且能够继续发扬光大的精华。

（3）我们需要重新审视"发展"的问题，将把一个怎样的城市交给下一代？

（4）技术的进步、社会的发展自然无法抗拒，木结构体系已基本失去继续发展的必要性和可能性。

（5）《北京宪章》提出了全新的概念"广义建筑学"，提倡建筑师加强修养，具备广义的综合的观念。在承认矛盾的前提下，辩证地加以处理。随时扩充知识，加强合作，寻找新的结合点，解决问题，发展理论。

六、反思城市规划

城市规划前瞻性、严肃性和公开性不够，有的城市建筑贪大、媚洋、求怪，特色缺失；城市建设盲目追求规模扩张，节约集约程度不高；依法治理城市力度不够，违法建设、大拆大建问题突出，公共产品和服务供给不足，环境污染、交通拥堵等"城市病"蔓延。

有些中小城市，近年推行城市规划，也开始交通拥堵；一些中小城镇，自行车通达效果很好，近年的小汽车热潮开始交通拥堵，碳排放增加，类似情况国外以前也出现过。

当前，我国的城市规划过分重视城市的功能分区，建设工作区、居住区——睡城；一百多个城市建设国际城市，四百多个城市建设新城。必须遵循城镇化和城乡发展的客观规律，以资源环境承载力为基础，科学编制城市总体规划，做好与土地利用总体规划的衔接，统筹安排城市基础设施建设。突出民生为本，节约集约利用土地，严格禁止不切实际的"政绩工程"、"形象工程"和滋生腐败的"豆腐渣工程"。强化城市总体规划对空间布局的统筹协调。严格按照规划进行建设，防止各类开发活动无序蔓延。开展地下空间资源调查与评估，制定城市地下空间开发利用规划，统筹地下各类设施、管线布局，实现合理开发利用。

七、转变发展模式

中国城市规划学会理事长仇保兴分析过低碳生态城（镇）的主要特点与类型，介绍了我国低碳生态城市的现状及存在的问题，倡导遵循渐进性、系统性、多样性原则制订低碳生态城市的发展战略。发展低碳生态城市必须在紧凑混合用地模式、资源节约和循环利用、绿色建筑规模化、保持生物多样性、构建绿色交通体系、拒绝高耗能高排放的工业项目等重点领域有所突破。

淡化城市功能分区减少出行需求，混合功能建设楼段；改善城乡规划，强调土地的混合利用，综合开发；城镇化走集约、节能、生态的新路径。

八、创新探索

人类尚未揭开地球生态系统的谜底，生态危机却到了千钧一发的关头。用历史的眼光看，我们并不拥有自身所居住的世界，仅仅是从子孙处借得，暂为保管罢了。人类逐步认识到"只有一个地球"，1989年5月，明确提出"可持续发展"的思想，如今这一思想正逐渐成为人类社会的共同追求，可持续发展含义广泛，涉及政治、经济、社会、技术、文化、美学等各个方面的内容。建筑学的发展是综合利用多种要素以满足人类住区需要的完整现象，走可持续发展之路，以新的观念对待21世纪建筑学的发展，将带来又一个新的建筑运动，包括建筑科学技术的进步和艺术的创造等。

我国城市规划建设成就显著，发挥了重要作用。同时务必清醒地看到，城市规划建设管理中还存在一些突出问题。城市规划在科学性、连续性、周期性、层际约束、内部融合及外部协调五方面存在问题。为应对和解决这些问题，所做的努力还有很多，其中一个最重要的努力就是借助于城市规划的信息化、计算机和数学的运用，提高科学性、协调性等。实施规划转型是现实的强烈需求，也是不可避免的趋势。而转型不是以计算机取代规划师，而是辅助规划师，且需要规划的掌控，但这个掌控不再是周期性的修编，而可能是一个延续性的领航。

　　未来由现在开始缔造，现在从历史中走来，总结昨天的经验与教训，剖析今天的问题与机遇，以期能够更为自觉地把我们的星球——人类的家园——营建得更加美好、宜人。

　　21世纪的特点和我们的行动纲领是：变化的时代，纷繁的世界，共同的议题，协调的行动。

第二节　智慧生态城市规划

　　智慧生态城市规划是信息化支持的现代城市规划；遵循生态规律，运用现代信息技术，广泛采用信息资源、大数据，开展多规合一的城市规划，涵盖土地利用规划、城乡建设规划、经济社会发展规划、环境规划等。指导和规范城市建设协同发展，实现有序建设、适度开发、高效运行，努力打造和谐宜居、富有活力、各具特色的现代化城市。

一、强化城市规划设计塑造城市特色风貌

　　城市总体规划由本级政府编制，社会公众参与，同级人大常委会审议，上级政府审批。

（一）创新规划理念方法

　　创新规划理念，改进规划方法。坚持协调发展理念，从区域、城乡整体协调的高度确定城市定位、谋划城市发展。加强空间开发管制，划定城市开发边界，根据资源禀赋和环境承载能力，引导调控城市规模，优化城市空间布局和形态功能，确定城市建设约束性指标。按照严控增量、盘活存量、优化结构的思路，逐步调整城市用地结

构，把保护基本农田放在优先地位，保证生态用地，合理安排建设用地，推动城市集约发展。改革完善城市规划管理体制，探索城市规划管理和国土资源管理部门合一。

（二）开展城市设计工作

鼓励开展城市设计工作，通过城市设计，从整体平面和立体空间上统筹城市建筑布局，协调城市景观风貌，体现城市地域特征、民族特色和时代风貌。单体建筑设计方案必须在形体、色彩、体量、高度等方面符合城市设计要求。通过维护加固老建筑、改造利用旧厂房、完善基础设施等措施，恢复老城区功能和活力。加强文化遗产保护传承和合理利用，保护古遗址、古建筑、近现代历史建筑，更好地延续历史文脉，展现城市风貌。

（三）创造优良人居环境

把创造优良人居环境作为中心目标，大力开展生态建设，加强污染防治和环境保护，努力把城市建设成为人与自然和谐相处的美好家园。精心策划设计中轴线、天际线和城市建设风格色彩，切实加强城市设计和建筑管理，划定保护范围和建设控制带，更好地延续历史文脉，塑造各具特色的城市风貌。扎实推进城市地下综合管廊和海绵城市建设，加快城镇棚户区和危房改造，全面增强城市综合承载能力。推进城市管理体制改革，创新城市治理方式，落实好户籍制度改革方案和居住证制度，提高市民文明素质，提升城市治理现代化水平。科学制定规划后要立法，严禁随意改变。切实把安全工作落实到城市工作和城市发展各个环节各个领域，提高城市应急管理能力，形成全天候、系统性、现代化的城市安全保障体系。

二、积极引导混合用地，规划综合功能社区

建设智慧生态城市首先要积极引导混合用地，综合开发，顺应自然规律，防止违反规律的人为造城。

规划建设综合功能社区把工作和居住、购物等活动场所有机地组合在比较紧凑的地区，减少出行需求。重新规划城市交通体系，协调运用步行、自行车、公共交通和小汽车等交通工具；通过道路、轨道交通和通信电缆与电磁波的"流动空间"构建城市体系，形成多中心、"紧凑型城市"空间结构。

把综合功能理念延伸到大厦的楼段，在特高楼大厦划分几层一组的楼段，在楼段内灵活部署多种功能，实现大部分人员就近工作、居住、餐饮、购物、休闲、社交、锻炼、健身和医疗等。楼段内可以步行通达，上下楼梯，绿化美化，尽量阳光照明、自然通风，智能调控，通风透光，形成良好的生态系统；不但最大限度地减少出行需求，解决交通拥塞，而且节能、节地，宜居，便于节水、循环利用资源，改善环境质量。

三、"多规合一"融合发展

中共中央办公厅、国务院办公厅印发《关于设立统一规范的国家生态文明试验区的意见》及《国家生态文明试验区（福建）实施方案》，并发出通知，要求各地区各部门结合实际认真贯彻落实。国家发展改革委、国土资源部、环境保护部和住房城乡建设部印发《关于开展市县"多规合一"试点工作的通知》。中央和部里的新部署指引开启新的探索，"规划智慧生态城乡积极建设生态文明"。

50多年来，观测研究生态环境系统；30多年来，从事信息化建设。近年对曲阜、寿光、遂宁、南京、长沙、深圳坪山新区、盐城、大同、北京、淮南、梧州、湛江、玉林等城市开展调研咨询，倡导"智慧生态城乡"，建设生态文明。

"多规合一"智慧生态融合发展必须统一标准、程序，建立权威的协调机构；核心问题是多规协调、两规合一，加强城市总体规划和土地利用总体规划的衔接。海南开展省域"多规合一"改革试点一年来，结合实际，积极推进改革探索，梳理化解规划矛盾，统筹主体功能区、生态保护红线、城镇体系、土地利用、林地保护利用、海洋功能区规划，在推动形成全省统一空间规划体系上迈出了步子、探索了经验。

第三节　发展市民服务系统

以人为本，为民服务是执政兴邦的核心理念，建设市民服务体系，系统集成政府服务和社会服务（企业服务、志愿服务和邻里服务），是实现公共服务，完善社会管理，建设和谐社会的战略举措。

一、转变发展理念

（一）强调以人为本

第二次世界大战结束以来的几十年间，国际上的发展理念经历了从"经济增长至上"到注重"人的发展"的演变过程。第二次世界大战结束后，发展理念仍然是传统的发展理念，即以"物"为中心，强调一个国家或地区经济总量的增长。按照这种发展理念，所谓发展就是经济增长，即把国民生产总值及人均国民收入的增长作为评判发展的主要指标，把发展归结为物质财富的积累。

但是，战后一些国家GDP的增长，并没有带来经济结构、社会状况、政治经济体制等方面的变革与进步，反而出现了严重的分配不公、社会腐败、政治动荡。面对现实，"发展＝经济增长"的发展理念受到普遍质疑，被称为"有增长而无发展"或"无发展的增长"。人们逐步认识到，发展是在经济增长基础上的广泛社会变革，把发展看作是包括社会结构变革以及保持经济增长、减少不平等和根除绝对贫困等多方面的变化过程。

20世纪80年代开始，人们在经济社会实践中开始把观察发展的视角从"物"转向"人"，认为人的发展重于物的发展，从而更加注重满足人的需求和促进人的发展。诺贝尔经济学奖获得者阿马蒂亚·森提出的人类发展能力理论认为，发展的本质在于扩展人的可行能力（Capability）——即人们过自己认为有价值的生活、做自己想要做的事情以及实现自己想要达到的状态的能力。以人的能力扩展和生活质量提高为核心的发展理论，对发展理念形成具有重大而深远的影响。

现代发展理念的核心是以"人"为中心，认为经济增长只是手段，而人的发展才是目的。发展的本质是要为全体社会成员创造一个能够充分发挥自身潜力，使他们过上符合自身需要和利益的生活，并且形成有作为、有创造性的环境，使他们对于自己认为有价值的生活方式有更多的选择空间。人类发展的核心是人，人是真正的财富。

坚持基层群众自治制度，充分保障群众的知情权、参与权、表达权、监督权，促进群众依法自我管理、自我服务、自我教育、自我监督；形成协商主体广泛、内容丰富、形式多样、程序科学、制度健全、成效显著的城乡社区协商新局面。

树立执政为民理念，政府工作人员时刻牢记全心全意为人民服务的根本宗旨，以强烈的事业心和责任感，多为人民群众做实事、办好事；始终保持奋发向上的精神状态，勤勤恳恳、兢兢业业，艰苦奋斗、无私奉献。

（二）实现以人为本

实现以人为本，必须实行基本公共服务。这是建立在一定社会共识基础上，根据经济社会发展阶段和总体水平，为维持经济社会稳定、基本社会正义和凝聚力，保护个人最基本的生存权和发展权，实现人的全面发展所需要的基本社会条件。基本公共服务包括三点，一是保障人的基本生存权（或生存的基本需要），为了实现这个目标，需要政府及社会为每个人都提供基本就业保障、基本养老保障、基本生活保障等；二是满足基本尊严（或体面）和基本能力的需要，需要政府及社会为每个人都提供基本的教育和文化服务；三是满足基本健康的需要，政府及社会为每个人提供基本的健康保障。随着经济的发展和人民生活水平的提高，社会基本公共服务的范围会逐步扩展，水平也会逐步提高。

义务教育、公共卫生和基本医疗、基本社会保障、公共就业服务，是广大城乡居民最关心、最迫切的公共服务，是实现以人为本，建立社会安全、保障全体社会成员基本生存权和发展权必须提供的公共服务，成为现阶段基本公共服务的主要内容。

生产发展带动了生产方式和生活方式的转变，出现了知识经济和全球化，面对激烈的竞争和不断加大的风险，人们对于公共服务的需求越来越多、越来越高，各国政府开始了一轮又一轮的改革，出现"服务型政府"的改革路径。其基本理念是"市民有权分享平等的公共服务"，政府根据公众的需要而不是根据公众的能力来分配社会利益，大力解决人民群众最关心、最直接、最现实的利益问题，不断提高人民生活水平，掀起"民生热潮"，解决民生问题成为各地政府的工作重点。关注百姓疾苦，倾听百姓心声，改善百姓生活，成为执政的新思路。

（三）强化公共服务

政府按照加快职能转变的要求，结合实际，突出管理和服务职能。中央政府加强经济社会事务的宏观管理，进一步减少和下放具体管理事项，把更多的精力转到制定战略规划、政策法规和标准规范上来，维护国家法制统一、政令统一和市场统一。地方政府确保中央方针政策和国家法律法规的有效实施，加强对本地区经济社会事务的统筹协调，强化执行和执法监管职责，做好面向基层和群众的服务与管理，维护市场秩序和社会安定，促进经济和社会事业发展。按照财力与事权匹配的原则，科学配置各级政府的财力，增强地方特别是基层政府提供公共服务的能力。

政府公务员树立高尚的职业道德和精神追求，做到廉洁奉公。以反腐倡廉、勤政为民的成效提升政府公信力，为改革发展添动力。基层政府及其工作人员是为群众和社会服务的基础力量，注意支持基层、加强基层，为基层干部的工作和生活提供切实保障。

推进简政放权放管结合优化服务。深化"放管服"改革是一场深刻变革，降低制度性交易成本，与"双创"和发展新经济紧密结合，形成经济发展持续内生动力。各级政府要树立大局意识，相忍为国、让利于民，计利当计天下利，以政府减权限权换来市场活力和社会创造力的发挥；以壮士断腕的决心和工匠精神，抓好改革实施，推动国家发展，增进人民福祉。

二、为民服务系统化

在现有行政服务中心的基础上，在街道、乡镇和社区、村建设市民服务中心，强化为民服务，构建和谐社会。

（一）市民服务系统理念

市民服务（Citizen service）指由地方政府主导和提供，各类社会组织参与，根据居民需求，提供必要服务和相关信息的地方公共服务制度。市民服务系统是和谐社会的重要支撑系统，建设"以市民为中心"的公共服务体系是政府职责。市政府视市民为客户，建设和推动地方公共服务制度和公共服务市场，建立满足供需双方需求的地方公共服务机制，组织并激励社会力量：企业、社团、志愿者、邻里家庭和个人，参与市民服务。市民服务系统是一个网络，网络的节点是市民服务中心。

（1）系统服务对象：辖区内全体市民（居民和农民）。

（2）系统服务主体：政府主导、企业、社团、邻里、个人参与。

（3）系统层次：中央、省、市、县（区）、乡镇（街道）、社区（村），政府服务县级为核心，全面服务社区为重心。

（4）服务形式：人工服务、电话服务、网络服务，移动服务、日常服务、应急服务。

（5）服务类别：信息服务、审批服务、社保服务、家政服务、健康服务、医疗服务、养老服务、产品服务、代理服务、中介服务等。

（二）市民服务系统机制

市民服务系统中，中央政府的主要职责是提供全国性公共服务，如公共卫生、社会保障和教育、就业等公共服务；地方政府的主要职责是组织地方性公共服务。现代公共服务是垂直派送和平行接收相结合的体系，即中央组织和派送的公共服务与地方接收、递送与延伸的公共服务相结合。

在中央提供的全国性公共服务领域，地方政府的责任是接收、递送和延伸全国性公共服务。地方政府建立接收公共服务的行政服务中心和对接中央公共服务的区域网络，再通过窗口服务、网络服务、电话服务和社区派出机构和人员服务等方式，递送全国性公共服务。中央和地方共同提供跨区域的公共服务，如社会保障关系的异地转移和携带、传染病和流行病的控制等。这种工作的重心为县级。

地方组织的公共服务具体针对市民需求，由地方政府主导，组织各类社会组织参与，满足市民需求。这种工作的重心在社区。

三、为民服务信息化

人类正在进入信息时代，市民服务系统需要信息化。市民服务信息系统总体框架可以概括为五大平台、五个中心、数据库、政策、法规、标准、规范体系和安全、组织、资金、人才保障体系等（图9-1）。

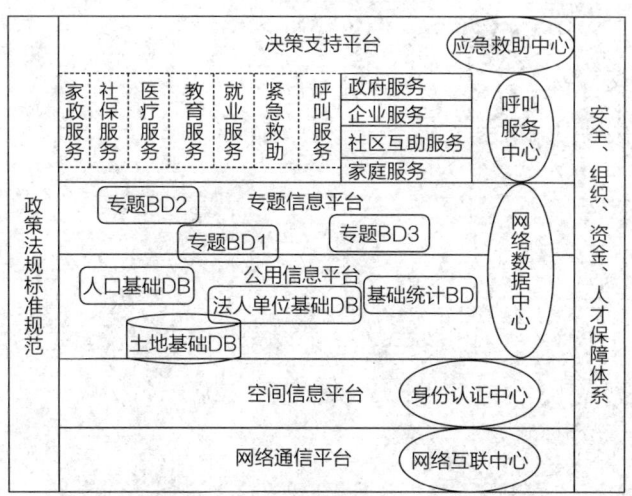

图9-1　市民服务信息系统总体框架

（一）平台

五大平台有网络通信平台、空间信息平台、公用信息平台、专题信息平台和决策支持平台。

（二）中心

中心是市民服务系统的中枢，涉及网络互联、身份认证、网络数据、呼叫服务和应急救助等。网络数据中心实现信息资源的采集、管理、共享、交换和整合；集中调度重要信息资源，支持服务组织与实施，建设容灾数据备份中心。应急救助中心能够调动资源，派遣人员，下达指令，提供应急援助。

智慧生态城市建设智慧生态工程，支撑可持续发展。以步行、自行车、公交等智慧生态交通为交通主体；坚持最严格的耕地保护制度，实行最严格的水资源管理制度。以节能降耗减排为重点，健全激励与约束机制，加快构建资源节约、环境友好的生产方式和消费模式。

第一节　智慧生态工程概述

智慧生态工程涵盖生态保护与修复工程、水循环改善工程、气流调节工程、污染防治工程、节能降耗减碳工程、智慧生态能源工程、智慧生态建筑工程、智慧生态交通工程和智慧生态健康工程等。

一、智慧生态工程内涵

"智慧生态工程"是信息化支撑的、遵循生态规律的现代工程；改善水循环、气成分、土组成，涵盖智慧生态大气工程（含城市、社区、楼宇气流导引工程、大气污染防治工程）、智慧生态水工程（含"海绵城市"建设工程、雨水渗灌地下工程、水循环恢复工程）、智慧生态土地工程、智慧生态能源工程（含清洁能源发展、可再生能源利用、节能减排工程、能源管理工程、电网智能调控工程）、植被修复工程、资源循环利用工程和市民健康工程等，涉及众多产业和方面；可分为顺应自然的智慧生态工程和师法自然的智慧生态工程。

（一）顺应自然的智慧生态工程

顺应自然的智慧生态工程包括：

（1）智慧生态规划：涵盖土地利用规划、城乡建设规划、经济社会发展规划和环境保护规划等。

（2）智慧生态建筑（房屋）：涵盖绿色建筑、被动式建筑、低碳建筑、生态建筑、智能建筑等。

（3）智慧生态交通：涵盖步行、自行车、电动车、轨道交通、公共交通、立交、架空交通、地下交通、智能交通和公共交通衔接工程等。

（4）智慧生态能源：涵盖智能电网、可再生能源、新能源开发利用（太阳能、风能、地热能、水能、核能）、能源智能调控工程等。

（二）师法自然的智慧生态工程

师法自然的智慧生态工程包括：

（1）清洁能源工程。

（2）水循环改善工程（"海绵城市"建设工程、雨水渗灌地下工程）。

（3）气流改善工程。

（4）绿化工程。

（5）土地整理工程。

（6）农田土壤结构与土壤肥力修复工程等。

实行区域联防联控，深入实施大气污染防治行动计划，推动能源生产和消费方式变革；加强水污染、土壤污染治理；继续实施退耕还林还草，退牧还草、天然林保护、防沙治沙、水土保持、石漠化治理、湿地恢复等重大工程。落实主体功能区制度，探索建立跨区域、跨流域生态补偿机制等。

二、保护和修复自然生态系统工程

加快生态安全屏障建设，形成保护生态安全战略格局。实施重大生态修复工程，扩大森林、湖泊、湿地面积，提高沙区、草原植被覆盖率，有序实现休养生息。

（一）恢复城市自然生态工程

制定并实施生态修复工作方案，有计划有步骤地修复被破坏的山体、河流、湿地、植被，积极推进采矿废弃地修复和再利用，治理污染土地，恢复城市自然生态。

对重要生态系统和物种资源实施强制性保护，切实保护珍稀濒危野生动植物、古树名木及自然生境。实行分级、统一管理，保护自然生态和自然文化遗产原真性、完整性。

优化城市绿地布局，构建绿道系统，实现城市内外绿地连接贯通，将生态要素引入市区。建设城市森林，推行生态绿化方式，保护古树名木资源，广植当地树种，减少人工干预，让乔灌草合理搭配、自然生长；鼓励发展屋顶绿化、立体绿化。进一步提高城市人均公园绿地面积和城市建成区绿地率；改变城市建设中过分追求高强度开发、高密度建设、大面积硬化的状况，让城市更自然、更生态、更有特色。

强化农田生态保护，实施耕地质量保护与提升行动，加大退化、污染、损毁农田改良和修复力度，加强耕地质量调查监测与评价。实施地下水保护和超采漏斗区综合治理，逐步实现地下水采补平衡。加快灾害调查评价、监测预警、防治和应急等防灾减灾体系建设。

（二）建设生态通风廊道工程

古代城市建设在聚气的地方，江河沿岸，土地肥沃，如北京、南京等地。但聚气地方不利于污染物散去，需要规划建设"通风生态廊道"；南京、武汉、沈阳、北京等城市都在应顺自然建设"生态通风廊道"；探索城市、小区、楼宇气流导引工程。

城市楼房越建越高，污染物随风飘荡，常遇楼房阻挡，不得不回流，或缓慢地往楼房周围飘移，扩散污染。利用山体河谷等自然条件，规划预留生态通风走廊，就像城市的一个个大"出气孔"，让市区污染物随风吹走，郊外的凉爽空气吹进来，把主城的热气置换出去。

德国的慕尼黑，每年有焚风（一种干热的地方性风），人们规划建设了五条城市通风走廊，让焚风从城市中穿过，并把城市中既有的脏空气带出去，效果好。北京也将打通"城市通风廊道"，长辛店生态城规划考虑了主导风向，建设通风廊道。

（三）恢复自然生态系统工程

加强森林保护，大力开展植树造林和森林经营，稳定和扩大退耕还林范围，加快重点防护林体系建设；完善国有林场和国有林区经营管理体制，深化集体林权制度改革。严格落实禁牧休牧和草畜平衡制度，加快推进基本草原划定和保护工作；加大退牧还草力度，继续实行草原生态保护补助奖励政策，稳定和完善草原承包经营制度。

继续推进风沙源治理、黄土高原地区综合治理、石漠化综合治理，开展沙化土地封禁保护试点。加强水土保持，因地制宜推进小流域综合治理。启动湿地生态效益补偿和退耕还湿，加强水生生物保护，开展重要水域增殖放流活动。

实施生物多样性保护重大工程，建立监测评估与预警体系，健全国门生物安全查验机制，有效防范物种资源丧失和外来物种入侵。加强自然保护区建设与管理，研究建立江河湖泊生态水量保障机制。

三、污染防治工程

污染防治工程以人为本、防治结合、标本兼治、综合施策。实施污染治理重点工程，落实企业污染治理主体责任，加强大气污染治理，开展多污染物协同防治。建立以保障人体健康为核心、以改善环境质量为目标、以防控环境风险为基线的环境管理体系。

（一）完善环境管理体系

健全跨区域污染防治协调机制，加快解决人民群众反映强烈的大气、水、土壤污染等突出环境问题。继续落实大气污染防治行动计划，逐渐消除重污染天气，切实改善大气环境质量。实施水污染防治行动计划，严格饮用水源保护，全面推进涵养区、源头区等水源地环境整治，加强供水全过程管理，确保饮用水安全；加强重点流域、区域、近岸海域水污染防治和良好湖泊生态环境保护，控制和规范淡水养殖，严格入河（湖、海）排污管理；推进地下水污染防治。制定实施土壤污染防治行动计划，垃圾分类收集、综合循环利用。加大城乡环境综合整治力度。

（二）城市污水治理工程

强化城市污水治理，加快城市污水处理设施建设与改造，全面加强配套管网建设，提高城市污水收集处理能力。整治城市黑臭水体，强化城中村、老旧城区和城乡结合部污水截流、收集，抓紧治理城区污水横流、河湖水系污染严重的现象。地级以上城市建成区力争实现污水全收集、全处理，大力推进缺水城市再生水利用。

以地方政府和企业投入为主，中央财政适当支持，加快污水处理设施和配套管网地下工程建设，推进建筑中水利用和城镇污水再生利用，所有设市城市和县城具备污水集中处理能力。

（三）空气污染治理工程

加大城市工业源、面源、移动源污染综合治理力度，着力减少污染物排放。加快调整城市能源结构，增加清洁能源供应。督促推动重点行业企业加大投入，积极采用先进环保工艺、技术和装备，加快脱硫脱硝除尘改造，炼油行业加快工艺技术改造，提高油品标准，限期淘汰黄标车、老旧汽车。

深化京津冀、长三角、珠三角等区域大气污染联防联控，健全重污染天气监测预警体系。提高环境监管能力，加大执法力度，严厉打击各类环境违法行为。倡导文明、节约、绿色的消费方式和生活习惯，动员全社会参与改善环境质量，全面推进大气污染防治工作。

（四）防治城乡土壤污染

强化工业污染场地治理，开展土壤污染治理与修复。加强农业面源污染防治，加大种养业特别是规模化畜禽养殖污染防治力度，科学施用化肥、农药，推广节能环保型炉灶，净化农产品产地和农村居民生活环境。

（五）城市垃圾治理工程

树立垃圾是重要资源和矿产的观念，建立政府、社区、企业和居民协调机制，通过分类投放收集、综合循环利用，促进垃圾减量化、资源化、无害化。到2020年，力争将垃圾回收利用率提高到35％以上。强化城市保洁工作，加强垃圾处理设施建设，统筹城乡垃圾处理处置，大力解决垃圾围城问题。推进垃圾收运处理企业化、市场化，促进垃圾清运体系与再生资源回收体系对接。通过限制过度包装，减少一次性制品使用，推行净菜入城等措施，从源头上减少垃圾产生。利用新技术、新设备，推广厨余垃圾家庭粉碎处理。完善激励机制和政策，力争用5年左右时间，基本建立餐厨废弃物和建筑垃圾回收和再生利用体系。探索城市垃圾处理新出路，实施协同资源化处理城市废弃物示范工程。

第二节　智慧生态涉水工程

　　智慧生态涉水工程是信息化支撑的促进水永续保障的现代工程；遵循生态规律，发挥水体自流、自净、自洁功能；使用现代信息技术，运用涉水大数据，保护水资源，保障水生态环境安全；促进水的有效利用，防治水污染和水患危害，建设"海绵城市"、防洪涝工程；加快完善水利基础设施网络，推进水资源科学开发、合理调配、节约使用、高效利用，全面提升水安全保障能力。

一、总体要求

　　综合采取"渗、滞、蓄、净、用、排"等措施，最大限度地减少城市开发建设对水生态环境的影响，大力将降雨就地消纳和利用，严格控制超采地下水。以改善水生态环境质量为核心，按照"节水优先、空间均衡、系统治理、两手发力"原则，贯彻"安全、清洁、健康"方针，强化源头控制，水陆统筹、河湖海兼顾，对江河湖海实施科学治理，消除城市建成区黑臭水体，保证城市集中式饮用水水源水质，系统推进水污染防治、水生态保护和水资源管理。

（一）建设途径

　　启动实施安全饮水、地表水保护、地下水保护、海洋保护等清洁水行动，加快重点流域、清水廊道、规模化畜禽养殖场等重点水污染防治工程建设，推动重点高耗水行业节水改造。

　　充分利用自然山体、河湖湿地、耕地、林地、草地等生态空间，提升水源涵养能力，缓解雨洪内涝压力，促进水资源循环利用。鼓励单位、社区和居民家庭安装雨水收集装置。大幅度减少城市硬覆盖地面，推广透水建材铺装，大力建设雨水花园、储水池塘、湿地公园、下沉式绿地等雨水滞留设施，让雨水自然积存、自然渗透、自然净化，不断提高城市雨水就地蓄积、渗透比例。

　　坚持政府市场协同，注重改革创新；坚持全面依法推进，实行最严格环保制度，坚持落实各方责任，严格考核问责；坚持全民参与，推动节水洁水人人有责，形成"政府统领、企业施治、市场驱动、公众参与"的水污染防治机制，实现环境效益、经济效益与社会效益多赢。

（二）基本原则

生态为本、自然循环。充分发挥山水林田湖等原始地形地貌对降雨的积存作用，充分发挥植被、土壤等自然下垫面对雨水的渗透作用，充分发挥湿地、水体等对水质的自然净化作用，努力实现城市水体的自然循环。

规划引领、统筹推进。因地制宜确定建设目标和具体指标，科学编制和严格实施相关规划，完善技术标准规范。统筹发挥自然生态功能和人工干预功能，实施源头减排、过程控制、系统治理，切实提高城市排水、防涝、防洪和防灾减灾能力。

政府引导、社会参与。发挥市场配置资源的决定性作用和政府的调控引导作用，加大政策支持力度，营造良好发展环境。积极推广政府和社会资本合作（PPP）、特许经营等模式，吸引社会资本广泛参与建设。

二、节约保护水资源

加强水功能区监督管理，控制用水总量，提高用水效率。

（一）控制用水总量

实施最严格水资源管理，健全取用水总量控制指标体系，建立重点监控用水单位名录。加强相关规划和项目建设布局水资源论证工作，国民经济和社会发展规划以及城市总体规划的编制、重大建设项目的布局，充分考虑当地水资源条件和防洪要求。对取用水总量已达到或超过控制指标的地区，暂停审批其建设项目新增取水许可。对纳入取水许可管理的单位和其他用水大户实行计划用水管理。新建、改建、扩建项目用水要达到行业先进水平，节水设施应与主体工程同时设计、同时施工、同时投运。

严控地下水超采。严格控制开采深层承压水，地热水，矿泉水开发严格实行取水许可和采矿许可。依法规范机井建设管理，排查登记已建机井，未经批准的和公共供水管网覆盖范围内的自备水井一律予以关闭。编制地面沉降区、海水入侵区等区域地下水压采方案。开展华北地下水超采区综合治理，超采区内禁止工农业生产及服务业新增取用地下水。完成地下水禁采区、限采区和地面沉降控制区范围划定工作。

（二）提高用水效率

遵守万元国内生产总值水耗指标，把节水目标任务完成情况纳入考核。将再生水、雨水和微咸水等非常规水源纳入水资源统一配置。抓好工业节水。开展节水诊断、水平衡测试、用水效率评估，严格用水定额管理。电力、钢铁、纺织、造纸、石油石化、化工、食品发酵等高耗水行业达到先进定额标准。

加强城镇节水。禁止生产、销售不符合节水标准的产品、设备。公共建筑必须采用节水器具，限期淘汰公共建筑中不符合节水标准的水嘴、便器水箱等生活用水器具。鼓励居民家庭选用节水器具。对使用超过50年和材质落后的供水管网进行更新改造。

发展农业节水。推广渠道防渗、管道输水、喷灌、微灌等节水灌溉技术，完善灌溉用水计量设施。在东北、西北、黄淮海等区域，推进规模化高效节水灌溉，推广农作物节水抗旱技术。

（三）科学保护水资源

加强水功能区监督管理，完善水资源保护考核评价体系，从严核定水域纳污能力。加强江河湖库水量调度管理，科学确定生态流量，完善水量调度方案，采取闸坝联合调度、生态补水等措施，合理安排闸坝下泄水量和泄流时段，维持河湖基本生态用水需求，重点保障枯水期生态基流。加大水利工程建设力度，发挥好控制性水利工程在改善水质中的作用。

（四）推进水循环利用

加强工业水循环利用，推进矿井水综合利用。煤炭矿区的补充用水、周边地区生产和生态用水应优先使用矿井水，加强洗煤废水循环利用。鼓励钢铁、纺织印染、造纸、石油石化、化工、制革等高耗水企业废水深度处理回用。

促进再生水利用。以缺水及水污染严重地区城市为重点，完善再生水利用设施，工业生产、城市绿化、道路清扫、车辆冲洗、建筑施工以及生态景观等用水，优先使用再生水。推进高速公路服务区污水处理和利用。具备使用再生水条件但未充分利用的钢铁、火电、化工、制浆造纸、印染等项目，不得批准其新增取水许可。

以中水洁厕为突破口，不断提高污水利用率。新建住房和单体建筑面积超过一定规模的新建公共建筑安装中水设施，老旧住房也应当逐步实施中水利用改造。培育以经营中水业务为主的水务公司，合理形成中水回用价格，鼓励按市场化方式经营中水。

推动海水利用。在沿海地区电力、化工、石化等行业，推行直接利用海水作为循环冷却等工业用水。在有条件的城市，加快推进淡化海水作为生活用水补充水源。

（五）优化经济结构

合理确定发展布局、结构和规模。充分考虑水资源、水环境承载能力，以水定城、以水定地、以水定人、以水定产。重大项目原则上布局在优化开发区和重点开发区，并符合城乡规划和土地利用总体规划。鼓励发展节水高效现代农业、低耗水高新技术产业以及生态保护型旅游业。

（六）保护生态空间

严格城市规划蓝线管理，城市规划区范围内保留一定比例的水域面积。新建项目一律不得违规占用水域。严格水域岸线用途管制，土地开发利用应按照有关法律法规和技术标准要求，留足河道、湖泊和滨海地带的管理和保护范围，非法挤占的应限期退出。

三、保障水生境安全

推进江河流域系统整治，维持基本生态用水需求，增强保水储水能力。研究建立水生态环境功能分区管理体系。

（一）保障饮用水水源安全

统筹加强中小型水利设施建设，加快构筑多水源互联互调、安全可靠的城乡区域用水保障网。因地制宜实施抗旱水源工程，加强城市应急和备用水源建设。科学开发利用地表水及各类非常规水源，严格控制地下水开采。

从水源到水龙头全过程监管饮用水安全。政府及供水单位定期监测、检测和评估本区域内饮用水水源、供水厂出水和用户水龙头水质等饮水安全状况，向社会公开。强化饮用水水源环境保护。开展饮用水水源规范化建设，依法清理饮用水水源保护区内违法建筑和排污口。加强农村饮用水水源保护和水质检测。

（二）深化重点水污染防治

加强良好水体保护。对江河源头及现状水质达到或优于Ⅲ类的江河湖库开展生态环境安全评估，制定实施生态环境保护方案。

推进生态健康养殖。在重点河湖及近岸海域划定限制养殖区。实施水产养殖池塘、近海养殖网箱标准化改造，鼓励有条件的渔业企业开展海洋离岸养殖和集约化养殖。积极推广人工配合饲料，逐步减少冰鲜杂鱼饲料使用。加强养殖投入品管理，依法规范、限制使用抗生素等化学药品，开展专项整治。

严格控制环境激素类化学品污染。完成环境激素类化学品生产使用情况调查，监控评估水源地、农产品种植区及水产品集中养殖区风险，实施环境激素类化学品淘汰、限制、替代等措施。

防治地下水污染。定期调查评估集中式地下水型饮用水水源补给区等区域环境状况。石化生产存贮销售企业和工业园区、矿山开采区、垃圾填埋场等区域应进行必要的防渗处理。加油站地下油罐更新为双层罐或完成防渗池设置。报废矿井、钻井、取水井应实施封井回填。公布环境风险大、严重影响公众健康的地下水污染场地清单，开展修复试点。

对化学需氧量、氨氮、总磷、重金属及其他影响人体健康的污染物采取针对性措施，加大整治力度，调水工程确保水质安全。环境容量较小、生态环境脆弱，环境风险高的地区，执行水污染物特别排放限值。采取控源截污、垃圾清理、清淤疏浚、生态修复等措施，加大黑臭水体治理力度，向社会公布治理情况。

（三）保护水湿地生态系统

加强河湖水生态保护，科学划定生态保护红线。禁止侵占自然湿地等水源涵养空间，已侵占的要限期予以恢复。强化水源涵养林建设与保护，开展湿地保护与修复，加大退耕还林、还草、还湿力度。加强滨河（湖）带生态建设，在河道两侧建设植被缓冲带和隔离带。加大水生野生动植物类自然保护区和水产种质资源保护区保护力度，开展珍稀濒危水生生物和重要水产种质资源的就地和迁地保护，提高水生生物多样性，制定实施水生生物多样性保护方案。

保护海洋生态，加大红树林、珊瑚礁、海草床等滨海湿地、河口和海湾典型生态系统，以及产卵场、索饵场、越冬场、洄游通道等重要渔业水域的保护力度，实施增殖放流，建设人工鱼礁。开展海洋生态补偿及赔偿等研究，实施海洋生态修复。认真执行围填海管制计划，严格围填海管理和监督，重点海湾、海洋自然保护区的核心区及缓冲区、海洋特别保护区的重点保护区及预留区、重点河口区域、重要滨海湿地区域、重要砂质岸线及沙源保护海域、特殊保护海岛及重要渔业海域禁止实施围填海，生态脆弱敏感区、自净能力差的海域严格限制围填海。严肃查处违法围填海行为，追究相关人员责任。将自然海岸线保护纳入沿海地方政府政绩考核。

四、防治水体污染

狠抓工业污染防治，强化城镇生活污染治理，推进农业农村污染防治；全面推行排污许可制；推进产业结构升级。

（一）全面控制污染物排放

深化污染物排放总量控制。完善污染物统计监测体系，将工业、城镇生活、农业、移动源等各类污染源纳入调查范围。选择对水环境质量有突出影响的总氮、总磷、重金属等污染物，研究纳入流域、区域污染物排放总量控制约束性指标体系。

严格环境风险控制，防范环境风险。定期评估沿江河湖库工业企业、工业集聚区环境和健康风险，落实防控措施。评估现有化学物质环境和健康风险，公布优先控制化学品名录，对高风险化学品生产、使用进行严格限制，并逐步淘汰替代。

稳妥处置突发水环境污染事件。地方各级政府制定和完善水污染事故处置应急预案，落实责任主体，明确预警预报与响应程序、应急处置及保障措施等内容，依法及时公布预警信息。

（二）全面推行排污许可制

依法核发排污许可证，完成国控重点污染源及排污权有偿使用和交易试点地区污染源排污许可证的核发工作。加强许可证管理，以改善水质、防范环境风险为目标，将污染物排放种类、浓度、总量、排放去向等纳入许可证管理范围。禁止无证排污或不按许可证规定排污。强化海上排污监管，研究建立海上污染排放许可证制度。完成全国排污许可证管理信息平台建设。

（三）推进产业结构升级

调整产业结构，依法淘汰落后产能。依据部分工业行业淘汰落后生产工艺装备和产品指导目录、产业结构调整指导目录及相关行业污染物排放标准，结合水质改善要求及产业发展情况，制定并实施分年度的落后产能淘汰方案，报部备案。未完成淘汰任务的地区，暂停审批和核准其相关行业新建项目。

根据流域水质目标和主体功能区规划要求，明确区域环境准入条件。细化功能分区，实施差别化环境准入政策。建立水资源、水环境承载能力监测评价体系，实行承载能力监测预警，已超过承载能力的地区要实施水污染物削减方案，加快调整发展规划和产业结构。组织完成市、县域水资源、水环境承载能力现状评价。

大力发展环保产业，规范环保产业市场。对涉及环保市场准入、经营行为规范的法规、规章和规定进行全面梳理，废止妨碍形成全国统一环保市场和公平竞争的规定和做法。健全环保工程设计、建设、运营等领域招投标管理办法和技术标准。推进先进适用的节水、治污、修复技术和装备产业化发展。

加快发展环保服务业，鼓励发展包括系统设计、设备成套、工程施工、调试运行、维护管理的环保服务总承包模式、政府和社会资本合作模式等。明确监管部门、排污企业和环保服务公司的责任和义务，完善风险分担、履约保障等机制。以污水、垃圾处理和工业园区为重点，推行环境污染第三方治理。

严格控制缺水地区、水污染严重地区和敏感区域的高耗水、高污染行业发展，新建、改建、扩建重点行业建设项目实行主要污染物排放减量置换。七大重点流域干流沿岸，要严格控制石油加工、化学原料和化学制品制造、医药制造、化学纤维制造、有色金属冶炼、纺织印染等项目环境风险，合理布局生产装置及危险化学品仓储等设施。

城市建成区内现有钢铁、有色金属、造纸、印染、原料药制造、化工等污染较重的企业有序搬迁改造或依法关闭，推动污染企业退出。

五、建设"海绵城市"

海绵城市指通过加强城市规划建设管理，充分发挥建筑、道路和绿地、水系等生态系统对雨水的吸纳、蓄渗和缓释作用，有效控制雨水径流，实现自然积存、自然渗透、自然净化的城市发展方式。海绵城市是一种形象的表述，国际通用术语为"低影响开发雨水系统构建"，指城市像海绵一样，遇到有降雨时能够就地或者就近"吸收、存蓄、渗透、净化"径流雨水，补充地下水、调节水循环；在干旱缺水时有条件将蓄存的水"释放"出来并加以利用，从而让水在城市中的迁移活动更加"自然"。

（一）加强规划引领

编制城市总体规划、控制性详细规划以及道路、绿地、水等相关专项规划时，将雨水年径流总量控制率作为其刚性控制指标。划定城市蓝线时，充分考虑自然生态空间格局。建立区域雨水排放管理制度，明确区域排放总量，不得违规超排。

将建筑与小区雨水收集利用、可渗透面积、蓝线划定与保护等海绵城市建设要求作为城市规划许可和项目建设的前置条件，保持雨水径流特征在城市开发建设前后大体一致。在建设工程施工图审查、施工许可等环节，将海绵城市相关工程措施作为重点审查内容；工程竣工验收报告中，应当写明海绵城市相关工程措施的落实情况，提交备案机关。

抓紧修订完善与海绵城市建设相关的标准规范，突出海绵城市建设的关键性内容和技术性要求。结合海绵城市建设的目标和要求编制相关工程建设标准图集和技术导则，指导海绵城市建设。

（二）统筹有序建设

统筹推进新老城区海绵城市建设。老城区结合城镇棚户区和城乡危房改造、老旧小区有机更新等，以解决城市内涝、雨水收集利用、黑臭水体治理为突破口，推进区域整体治理，逐步实现小雨不积水、大雨不内涝、水体不黑臭、热岛有缓解。城市新区、各类园区、成片开发区全面落实海绵城市建设要求。各地建立海绵城市建设工程项目储备制度，编制项目滚动规划和年度建设计划，避免大拆大建。

推进海绵型建筑和相关基础设施建设。推广海绵型建筑与小区，因地制宜采取屋顶绿化、雨水调蓄与收集利用、微地形等措施，提高建筑与小区的雨水积存和蓄滞能力。推进海绵型道路与广场建设，改变雨水快排、直排的传统做法，增强道路绿化带对雨水的消纳功能，在非机动车道、人行道、停车场、广场等扩大使用透水铺装，推行道路与广场雨水的收集、净化和利用，减轻对市政排水系统的压力。大力推进城市排水防涝设施的达标建设，加快改造和消除城市易涝点；实施雨污分流，控制初期雨水污染，排入自然水体的雨水经过岸线净化；加快建设和改造沿岸截流干管，控制渗漏和合流制污水溢流污染。结合雨水利用、排水防涝等要求，科学布局建设雨水调蓄设施。

推进公园绿地建设和自然生态修复。推广海绵型公园和绿地，通过建设雨水花园、下凹式绿地、人工湿地等措施，增强公园和绿地系统的城市海绵体功能，消纳自身雨水，并为蓄滞周边区域雨水提供空间。加强对城市坑塘、河湖、湿地等水体自然形态的保护和恢复，禁止填湖造地、截弯取直、河道硬化等破坏水生态环境的建设行为。恢复和保持河湖水系的自然连通，构建城市良性水循环系统，逐步改善水环境质量。加强河道系统整治，因势利导改造渠化河道，重塑健康自然的弯曲河岸线，恢复自然深潭浅滩和泛洪漫滩，实施生态修复，营造多样性生物生存环境。

海绵城市建设实现了城市建设理念的新突破，传统城市建设模式主要依靠管渠、泵站等"灰色"设施来组织排放径流雨水，以"快速排除"和"末端集中"控制为主要规划设计理念。海绵城市则强调优先利用植草沟、雨水花园、下沉式绿地等"绿色"措施来组织排放径流雨水，以"慢排缓释"和"源头分散式"控制为主要规划设计理念。

雨水本是宝贵资源，尤其在我国北方缺水城市。目前，城乡许多雨水没有渗入补充地下水反而在地表泛滥成灾，并在泛滥过程中被污染。治理城市雨洪泛滥的最佳方案显然不是只考虑建设更强的排水管网体系。海绵城市是"雨水渗灌地下工程"，设法把雨水收集和存储起来利用或渗补地下水（存储在地下备用），是合理的对策，是智慧生态工程。

六、完善城市防洪工程

智慧生态城市的防洪排涝，并非像工业社会那样单靠筑堤防洪、建泵抽水。当雨水尽快排出之后，又会干旱缺水与环境恶化。因此，必须通过法律、行政、经济、科技等综合手段来推动有利于整体与长远的工程措施。当务之急是明确职责、整合力量、认清城市水患的风险分布特性与演变趋向。对于城市新开发区，要彻底扭转"先地上，后地下"的开发模式；对于老城区，在提高排涝标准的同时，考虑如何恢复与增强必要的雨洪调蓄与渗透功能。同时基于风险的分析与评估来制定可行的应急预案。

加强城市防洪、排涝设施规划和建设，全面提高城市防洪排涝能力，必须科学规划，做到尊重自然、顺应自然，人水和谐、科学发展。沟塘、河道、湖泊、湿地等是城市蓄洪、排水的重要载体，不能随意填埋侵占。逐步改变城市地面过度硬化的做法，增加绿地、砂石地面、可渗透路面和自然地面对雨水的吸纳能力。加强城市地下管网建设，提高排水标准。根据不同城市的实际情况，制定切合实际的强制性排水标准。新建城区按照城市排水的国家标准进行规划和建设。现有城区加大地下排水管网建设和管网雨污分流改造力度，提升排涝能力。加强城市内涝应急管理，制定应急排水抢险预案，加强排涝巡护，切实减少城市内涝带来的损失。近年来，洪涝灾害伤亡人员绝大多数发生在小城镇和农村，要把保障小城镇和居民点的防洪安全放在更加突出位置。

加强江河湖泊治理骨干工程建设，继续推进大江大河大湖堤防加固、河道治理、控制性枢纽和蓄滞洪区建设。加快中小河流治理、山洪灾害防治、病险水库水闸除险加固，推进重点海堤达标建设。加强气象水文监测和雨情水情预报，强化洪水风险管理，提高防洪减灾水平。

第三节　智慧生态土壤工程

土壤是经济社会可持续发展的物质基础，关系人民群众身体健康，保护好土壤环境是推进生态文明建设和维护国家生态安全的重要内容。城市智慧生态土壤工程是信息化支撑的保障土壤永续利用的现代工程；遵循生态规律，发扬土壤自净、自洁功能；实施"土壤修复工程"、《土壤污染防治行动计划》，让土壤污染恶化趋势得到遏制，全国土壤环境状况稳中向好。智慧生态土壤工程涵盖土壤污染防治、土壤修复和农地土壤肥力保持、肥沃土壤培育等。

一、总体要求

以改善土壤环境质量为核心，以保障农产品质量和人居环境安全为出发点，坚持预防为主、保护优先、风险管控，突出重点区域、行业和污染物，实施分类别、分用途、分阶段治理，严控新增污染、逐步减少存量，形成政府主导、企业担责、公众参与、社会监督的土壤污染防治体系，促进土壤资源永续利用。

（一）工作目标

到2020年，全国土壤污染加重趋势得到初步遏制，土壤环境质量总体保持稳定，农用地和建设用地土壤环境安全得到基本保障，土壤环境风险得到基本管控。到2030年，全国土壤环境质量稳中向好，农用地和建设用地土壤环境安全得到有效保障，土壤环境风险得到全面管控。到21世纪中叶，土壤环境质量全面改善，生态系统实现良性循环。

（二）主要指标

到2020年，受污染耕地安全利用率达到90%左右，污染地块安全利用率达到90%以上。到2030年，受污染耕地安全利用率达到95%以上，污染地块安全利用率达到95%以上。

（三）当务之急

当前，我国土壤环境总体状况堪忧，部分地区污染较为严重，成为全面建成小康社会的突出短板之一，加快解决人民群众反映强烈的土壤污染是当务之急。制定实施土壤污染防治行动计划，实施"土壤修复工程"，优先保护耕地土壤环境，强化工业污染场地治理，开展土壤污染治理与修复试点。推进重金属污染治理，开展矿山地质环境恢复和综合治理，推进尾矿安全、环保存放，妥善处理处置矿渣等大宗固体废物。建立健全化学品、持久性有机污染物、危险废物等环境风险防范与应急管理工作机制。

加大重点行业清洁生产推行力度，支持企业采用源头减量、减毒、减排以及过程控制等先进成熟清洁生产技术，实施汞污染削减、铅污染削减、高毒农药替代工程。

抓紧对地下水漏斗区、重金属污染区和生态严重退化地区的治理修复，加强农田水利设施建设，提高耕地质量；加强耕地质量调查监测能力建设，定期监测评价耕地质量情况，开展技术指导与服务，把各项措施落到实处，拓展农业多种功能。

二、战略部署

坚守耕地保护红线，提升耕地质量，确保谷物基本自给、口粮绝对安全。建立耕地轮作休耕组织方式和政策体系，集成推广种地养地和综合治理相结合的生产技术模式，探索形成轮作休耕与调节粮食等主要农产品供求余缺的互动关系。对休耕地采取保护性措施，禁止弃耕、严禁废耕，不能减少或破坏耕地、不能改变耕地性质、不能削弱农业综合生产能力，确保急用之时能够复耕，粮食能产得出、供得上。巩固提升产能，保障粮食安全。

（一）实施农用地分类管理，保障农业生产环境安全

（1）划定农用地土壤环境质量类别。按污染程度将农用地划为三个类别，未污染和轻微污染的划为优先保护类，轻度和中度污染的划为安全利用类，重度污染的划为严格管控类；以耕地为重点，分别采取相应管理措施，保障农产品质量安全。以土壤污染状况详查结果为依据，开展耕地土壤和农产品协同监测与评价，在试点基础上有序推进耕地土壤环境质量类别划定，逐步建立分类清单。根据土地利用变更和土壤环境质量变化情况，定期对各类别耕地面积、分布等信息进行更新。逐步开展林地、草地、园地等其他农用地土壤环境质量类别划定等工作。

（2）切实加大保护力度。将符合条件的优先保护类耕地划为永久基本农田，实行严格保护，确保其面积不减少、土壤环境质量不下降，除法律规定的重点建设项目选址确实无法避让外，其他任何建设不得占用。产粮（油）大县制定土壤环境保护方案。高标准农田建设项目向优先保护类耕地集中的地区倾斜。推行秸秆还田、增施有机肥、少耕免耕、粮豆轮作、农膜减量与回收利用等措施。继续开展黑土地保护利用试点。农村土地流转的受让方要履行土壤保护的责任，避免因过度施肥、滥用农药等掠夺式农业生产方式造成土壤环境质量下降。对本行政区域内优先保护类耕地面积减少或土壤环境质量下降的，进行预警提醒并依法采取环评限批等限制性措施。

防控企业污染。严格控制在优先保护类耕地集中区域新建有色金属冶炼、石油加工、化工、焦化、电镀、制革等行业企业，现有相关行业企业要采用新技术、新工艺，加快提标升级改造步伐。

（3）着力推进安全利用。根据土壤污染状况和农产品超标情况，安全利用类耕地集中的县（市、区）结合当地主要作物品种和种植习惯，制定实施受污染耕地安全

利用方案，采取农艺调控、替代种植等措施，降低农产品超标风险。强化农产品质量检测。加强对农民、农民合作社的技术指导和培训。

（4）全面落实严格管控。加强对严格管控类耕地的用途管理，依法划定特定农产品禁止生产区域，严禁种植食用农产品；对威胁地下水、饮用水水源安全的，制定环境风险管控方案，落实有关措施。研究将严格管控类耕地纳入国家新一轮退耕还林还草实施范围，制定实施重度污染耕地种植结构调整或退耕还林还草计划。继续在湖南长株潭地区开展重金属污染耕地修复及农作物种植结构调整试点。实行耕地轮作休耕制度试点。

（5）加强林地草地园地土壤环境管理。严格控制林地、草地、园地的农药使用量，禁止使用高毒、高残留农药。完善生物农药、引诱剂管理制度，加大使用推广力度。优先将重度污染的牧草地集中区域纳入禁牧休牧实施范围。加强对重度污染林地、园地产出食用农（林）产品质量检测，发现超标的，采取种植结构调整等措施。

（二）实施建设用地准入管理，防范人居环境风险

（1）明确管理要求。建立调查评估制度。拟收回土地使用权的有色金属冶炼、石油加工、化工、焦化、电镀、制革等行业企业用地，以及用途拟变更为居住和商业、学校、医疗、养老机构等公共设施的上述企业用地，由土地使用权人负责开展土壤环境状况调查评估；已经收回的，由所在地市、县级人民政府负责开展调查评估。重度污染农用地转为城镇建设用地的，由所在地市、县级人民政府负责组织开展调查评估。调查评估结果向所在地环境保护、城乡规划、国土资源部门备案。

分用途明确管理措施。结合土壤污染状况详查情况，根据建设用地土壤环境调查评估结果，逐步建立污染地块名录及其开发利用的负面清单，合理确定土地用途。符合相应规划用地土壤环境质量要求的地块，可进入用地程序。暂不开发利用或现阶段不具备治理修复条件的污染地块，由所在地县级人民政府组织划定管控区域，设立标识，发布公告，开展土壤、地表水、地下水、空气环境监测；发现污染扩散的，有关责任主体要及时采取污染物隔离、阻断等环境风险管控措施。

（2）落实监管责任。地方各级城乡规划部门要结合土壤环境质量状况，加强城乡规划论证和审批管理。地方各级国土资源部门要依据土地利用总体规划、城乡规划和地块土壤环境质量状况，加强土地征收、收回、收购以及转让、改变用途等环节的监管。地方各级环境保护部门要加强对建设用地土壤环境状况调查、风险评估和污染

地块治理与修复活动的监管。建立城乡规划、国土资源、环境保护等部门间的信息沟通机制，实行联动监管。

（3）严格用地准入。将建设用地土壤环境管理要求纳入城市规划和供地管理，土地开发利用必须符合土壤环境质量要求。地方各级国土资源、城乡规划等部门在编制土地利用总体规划、城市总体规划、控制性详细规划等相关规划时，应充分考虑污染地块的环境风险，合理确定土地用途。

（三）强化未污染土壤保护，严控新增土壤污染

（1）加强未利用地环境管理。按照科学有序原则开发利用未利用地，防止造成土壤污染。拟开发为农用地的，政府组织开展土壤环境质量状况评估；不符合相应标准的，不得种植食用农产品。加强纳入耕地后备资源的未利用地保护，定期开展巡查。依法严查向沙漠、滩涂、盐碱地、沼泽地等非法排污、倾倒有毒有害物质的环境违法行为。加强对矿山、油田等矿产资源开采活动影响区域内未利用地的环境监管，发现土壤污染问题的，要及时督促有关企业采取防治措施。推动盐碱地土壤改良，开展利用燃煤电厂脱硫石膏改良盐碱地试点。

（2）防范建设用地新增污染。排放重点污染物的建设项目，在开展环境影响评价时，增加对土壤环境影响的评价内容，提出防范土壤污染的具体措施；需要建设的土壤污染防治设施，与主体工程同时设计、同时施工、同时投产使用；有关环境保护部门做好有关措施落实情况的监督管理工作。政府与重点行业企业签订土壤污染防治责任书，明确相关措施和责任，责任书向社会公开。

（3）强化空间布局管控。加强规划区划和建设项目布局论证，根据土壤等环境承载能力，合理确定区域功能定位、空间布局。鼓励工业企业集聚发展，提高土地节约集约利用水平，减少土壤污染。严格执行相关行业企业布局选址要求，禁止在居民区、学校、医疗和养老机构等周边新建有色金属冶炼、焦化等行业企业；结合推进新型城镇化、产业结构调整和化解过剩产能等，有序搬迁或依法关闭对土壤造成严重污染的现有企业。结合区域功能定位和土壤污染防治需要，科学布局生活垃圾处理、危险废物处置、废旧资源再生利用等设施和场所，合理确定畜禽养殖布局和规模。

（四）加强污染源监管，做好土壤污染预防工作

（1）严控工矿污染。加强日常环境监管。根据工矿企业分布和污染排放情况，

确定土壤环境重点监管企业名单，实行动态更新，向社会公布。列入名单的企业每年要自行对其用地进行土壤环境监测，结果向社会公开。有关环境保护部门定期对重点监管企业和工业园区周边开展监测，数据及时上传全国土壤环境信息化管理平台，结果作为环境执法和风险预警的重要依据。加强电器电子、汽车等工业产品中有害物质控制。有色金属冶炼、石油加工、化工、焦化、电镀、制革等行业企业拆除生产设施设备、构筑物和污染治理设施，事先制定残留污染物清理和安全处置方案，并报所在地县级环境保护、工业和信息化部门备案；严格按照有关规定实施安全处理处置，防范拆除活动污染土壤。

严防矿产资源开发污染土壤。矿产资源开发活动集中的区域，执行重点污染物特别排放限值。全面整治历史遗留尾矿库，完善覆膜、压土、排洪、堤坝加固等隐患治理和闭库措施。有重点监管尾矿库的企业开展环境风险评估，完善污染治理设施，储备应急物资。加强对矿产资源开发利用活动的辐射安全监管，有关企业每年对本矿区土壤进行辐射环境监测。

加强涉重金属行业污染防控。严格执行重金属污染物排放标准并落实相关总量控制指标，加大监督检查力度，对整改后仍不达标的企业，依法责令其停业、关闭，并将企业名单向社会公开。继续淘汰涉重金属重点行业落后产能，完善重金属相关行业准入条件，禁止新建落后产能或产能严重过剩行业的建设项目。按计划逐步淘汰普通照明白炽灯。提高铅酸蓄电池等行业落后产能淘汰标准，逐步退出落后产能。

加强工业废物处理处置。全面整治尾矿、煤矸石、工业副产石膏、粉煤灰、赤泥、冶炼渣、电石渣、铬渣、砷渣以及脱硫、脱硝、除尘产生固体废物的堆存场所，完善防扬散、防流失、防渗漏等设施，制定整治方案并有序实施。加强工业固体废物综合利用。对电子废物、废轮胎、废塑料等再生利用活动进行清理整顿，引导有关企业采用先进适用加工工艺、集聚发展，集中建设和运营污染治理设施，防止污染土壤和地下水。开展污水与污泥、废气与废渣协同治理。

（2）控制农业污染。合理使用化肥农药。鼓励农民增施有机肥，减少化肥使用量。科学施用农药，推行农作物病虫害专业化统防统治和绿色防控，推广高效低毒低残留农药和现代植保机械。加强农药包装废弃物回收处理。推行农业清洁生产，开展农业废弃物资源化利用试点，形成一批可复制、可推广的农业面源污染防治技术模式。严禁将城镇生活垃圾、污泥、工业废物直接用作肥料。主要农作物化肥、农药使用量实现零增长，利用率提高，测土配方施肥技术推广覆盖率提高。

加强废弃农膜回收利用。严厉打击违法生产和销售不合格农膜的行为。建立健全废弃农膜回收贮运和综合利用网络，开展废弃农膜回收利用。农膜使用量较高省份，力争实现废弃农膜全面回收利用。

强化畜禽养殖污染防治。严格规范兽药、饲料添加剂的生产和使用，防止过量使用，促进源头减量。加强畜禽粪便综合利用，开展种养业有机结合、循环发展试点。鼓励支持畜禽粪便处理利用设施建设。

加强灌溉水水质管理。开展灌溉水水质监测。灌溉用水应符合农田灌溉水水质标准。对因长期使用污水灌溉导致土壤污染严重、威胁农产品质量安全的，及时调整种植结构。

（3）减少生活污染。建立政府、社区、企业和居民协调机制，通过分类投放收集、综合循环利用，促进垃圾减量化、资源化、无害化。建立村庄保洁制度，推进农村生活垃圾治理，实施农村生活污水治理工程。整治非正规垃圾填埋场，深入实施"以奖促治"政策，扩大农村环境连片整治范围。推进水泥窑协同处置生活垃圾试点。鼓励将处理达标后的污泥用于园林绿化。开展利用建筑垃圾生产建材产品等资源化利用。强化废氧化汞电池、镍镉电池、铅酸蓄电池和含汞荧光灯管、温度计等含重金属废物的安全处置。减少过度包装，鼓励使用环境标志产品。

（4）推进污泥处理处置。对污水处理设施产生的污泥进行稳定化、无害化和资源化处理处置，禁止处理处置不达标的污泥进入耕地。非法污泥堆放点一律予以取缔。现有污泥处理处置设施完成达标改造。

（五）开展污染治理与修复，改善区域土壤环境质量

（1）明确治理与修复主体。按照"谁污染，谁治理"原则，造成土壤污染的单位或个人要承担治理与修复的主体责任。责任主体发生变更的，由变更后继承其债权、债务的单位或个人承担相关责任；土地使用权依法转让的，由土地使用权受让人或双方约定的责任人承担相关责任。责任主体灭失或责任主体不明确的，由所在地县级人民政府依法承担相关责任。

（2）制定治理与修复规划。以影响农产品质量和人居环境安全的突出土壤污染问题为重点，制定土壤污染治理与修复规划，明确重点任务、责任单位和分年度实施计划，建立项目库。

（3）有序开展治理与修复。确定治理与修复重点。结合城市环境质量提升和发

展布局调整，以拟开发建设居住、商业、学校、医疗和养老机构等项目的污染地块为重点，开展治理与修复。污染耕地集中区域优先组织开展治理与修复，确定治理与修复的重点区域。

强化治理与修复工程监管。治理与修复工程原则上在原址进行，并采取必要措施防止污染土壤挖掘、堆存等造成二次污染；需要转运污染土壤的，有关责任单位要将运输时间、方式、线路和污染土壤数量、去向、最终处置措施等，提前向所在地和接收地环境保护部门报告。工程施工期间，责任单位要设立公告牌，公开工程基本情况、环境影响及其防范措施；所在地环境保护部门要对各项环境保护措施落实情况进行检查。工程完工后，责任单位要委托第三方机构对治理与修复效果进行评估，结果向社会公开。实行土壤污染治理与修复终身责任制。

（4）落实监督目标任务。定期报告土壤污染治理与修复工作进展，会同有关部门进行督导检查。委托第三方机构对本行政区域土壤污染治理与修复成效进行综合评估，结果向社会公开。出台土壤污染治理与修复成效评估办法。

三、重大保障

实施土壤环境保护工程，以重金属和有机污染物为重点，选择典型区域开展土壤污染治理与修复试点示范。

（一）加大科技研发力度，推动环境保护产业发展

加强土壤污染防治研究。整合科研资源，开展土壤环境基准、土壤环境容量与承载能力、污染生态效应等方面研究。推进土壤污染共性关键技术研究，强化卫星遥感技术应用，建设土壤污染防治实验室、科研基地，支持土壤污染防治研究。

加大适用技术推广力度。实施土壤污染治理与修复技术应用项目，形成易推广、成本低、效果好的适用技术。加快成果转化应用，建成以环保为主导产业的高新技术产业，开展国际合作研究与技术交流，引进消化土壤污染风险管控先进技术和管理经验。

推动土壤污染治理与修复产业发展。鼓励社会机构参与土壤环境监测评估活动。培育一批充满活力的中小企业。推动有条件的地区建设产业化示范基地。发挥"互联网+"在土壤污染治理与修复全产业链中的作用，推进大众创业、万众创新。

（二）发挥政府主导作用，构建土壤环境治理体系

1. 强化政府主导

完善管理体制。按照"国家统筹、省负总责、市县落实"原则，完善土壤环境管理体制，全面落实土壤污染防治属地责任。探索建立跨行政区域土壤污染防治联动协作机制。

加大财政投入。统筹相关财政资金，通过现有政策和资金渠道加大支持，将农业综合开发、高标准农田建设、农田水利建设、耕地保护与质量提升、测土配方施肥等涉农资金，更多用于优先保护类耕地集中的县（市、区），支持企业对涉重金属落后生产工艺和设备进行技术改造。激励相关企业参与土壤污染治理与修复，研究制定企业的激励政策，建设综合防治先行区。

2. 发挥市场作用

通过政府和社会资本合作（PPP）模式，发挥财政资金撬动功能，带动更多社会资本参与土壤污染防治。加大政府购买服务力度，推动受污染耕地和以政府为责任主体的污染地块治理与修复。积极发展绿色金融，鼓励符合条件的土壤污染治理与修复企业发行股票，探索通过发行债券推进土壤污染治理与修复。

3. 加强社会监督

推进信息公开。根据土壤环境质量监测和调查结果，适时发布土壤环境状况，定期公布本行政区域土壤环境状况。重点行业企业依据有关规定，向社会公开其产生的污染物名称、排放方式、排放浓度、排放总量，以及污染防治设施建设和运行情况。

引导公众参与。实行有奖举报，鼓励公众通过环保举报热线、信函、电子邮件、政府网站、微信平台等途径，对乱排废水、废气，乱倒废渣、污泥等污染土壤的环境违法行为进行监督。根据需要聘请环境保护义务监督员，参与现场环境执法、土壤污染事件调查处理等。鼓励种粮大户、家庭农场、农民合作社以及民间环境保护机构参与土壤污染防治工作。

推动公益诉讼。鼓励依法对污染土壤等环境违法行为提起公益诉讼。地方各级人民政府和有关部门应当积极配合司法机关的相关案件办理工作和检察机关的监督工作。

4. 开展宣传教育

制作挂图、视频，出版科普读物，利用互联网、数字化放映平台等手段，结合世界地球日、世界环境日、世界土壤日、世界粮食日、全国土地日等主题宣传活动，普及土壤污染防治相关知识，加强法律法规政策宣传解读，营造保护土壤环境的良好社会氛围，推动形成绿色发展方式和生活方式。把土壤环境保护宣传教育融入党政机

关、学校、工厂、社区、农村等的环境宣传和培训工作。鼓励支持有条件的学校开设土壤环境专门课程。

（三）加强目标考核，严格责任追究

明确地方政府主体责任。地方各级人民政府是实施计划的主体，制定并公布工作方案，确定重点任务和工作目标。加强组织领导，完善政策措施，加大资金投入，创新投融资模式，强化监督管理，抓好工作落实。

加强部门协调联动。建立土壤污染防治工作协调机制，定期研究解决重大问题。各有关部门按照职责分工，协同做好土壤污染防治工作。环境保护部门抓好统筹协调，加强督促检查。

落实企业责任。有关企业加强内部管理，将土壤污染防治纳入环境风险防控体系，严格依法依规建设和运营污染治理设施，确保重点污染物稳定达标排放。造成土壤污染的，承担损害评估、治理与修复的法律责任。逐步建立土壤污染治理与修复企业行业自律机制。

严格评估考核。实行目标责任制，签订土壤污染防治目标责任书，分解落实目标任务。对重点工作进展情况进行评估，对行动计划实施情况进行考核，评估和考核结果作为对领导班子和领导干部综合考核评价、自然资源资产离任审计的重要依据。评估和考核结果作为土壤污染防治专项资金分配的重要参考依据。

对年度评估结果较差或未通过考核的提出限期整改意见，整改完成前，对有关地区实施建设项目环评限批；整改不到位的，约谈有关政府及其相关部门负责人。对土壤环境问题突出、区域土壤环境质量明显下降、防治工作不力、群众反映强烈的地区，要约谈有关政府和相关部门主要负责人。对失职渎职、弄虚作假的，区分情节轻重，予以诫勉、责令公开道歉、组织处理或党纪政纪处分；对构成犯罪的，要依法追究刑事责任，已经调离、提拔或者退休的，也要终身追究责任。

第四节　节能降耗减排工程

从生产到消费的各个环节，制止浪费，有效、合理地利用能源资源，保护环境。

一、全面推进节能减排

加强用能管理，采取技术上可行、经济上合理、环境和社会可以承受的措施，降低消耗、减少损失和污染物排放，合理利用能源。

（一）重点领域节能减排

发挥节能与减排的协同促进作用，全面推动重点领域节能减排。开展重点用能单位节能低碳行动，实施重点产业能效提升计划。严格执行建筑节能标准，加快推进既有建筑节能和供热计量改造，从标准、设计、建设等方面大力推广可再生能源在建筑上的应用，鼓励建筑工业化等建设模式。

优先发展公共交通，优化运输方式，推广节能与新能源交通运输装备，发展甩挂运输。鼓励使用高效节能农业生产设备。开展节约型公共机构示范创建活动。强化结构、工程、管理减排，继续削减主要污染物排放总量。

（二）落实主要节能措施

（1）汰旧换新，提高能效。用技术革新、科技进步、时代发展的手段更新淘汰高耗能的用电设备，更换为先进高效的设备，提升用电设备的内部效率；用节能灯替换白炽灯，用直流电机替换交流电机，能效比好的中央空调主机替换旧的空调主机等。

（2）改进工艺，挖潜增效。在水源丰富地区，采用水源热泵技术；在地形开阔地区，采用地源热泵技术，替代中央空调机组制冷供暖，同时提供生活热水。利用中央空调机组余热回收技术，提供生活热水。改进工艺流程，达到一机多用，充分挖潜增效，提高能源的综合利用。

（3）加强维护，减少损耗。采用更先进科学的维护设备和技术，减少用能设备损耗，降低用能设备的维护成本，从而有效减少企业的能源消耗支出。

（4）加装节能器，减少能耗。加装变频器，通过改变电机的运转速度、软启动等技术手段，达到节电目的；适合风机、水泵等负荷经常变化，没有恒速要求的场合。加装节电器，通过降低电压、消除谐波、抑制浪涌、调节无功等技术手段，达到节电目的，适合对电压变化不敏感的用电场合。

（5）错峰用电，减少费用。合理调整用电时间，积极利用峰谷电价差，将部分或全部的高峰用电时间转移到低谷时段。在空调制冷方面，可以采用冰蓄冷技术，转移用电时间，利用峰谷电价差节钱。

（6）计算机远程监控，科学用能。利用计算机远程监控技术，监控用能设备的用能时间、用能状况，分析判断用能设备的运行状况，合理调度能源负荷，使用能设备长期处于最佳用能状态，按"所需即所供"的原则科学用能，实现终端用能设备耗能的科学管理和有效利用。

（7）加强管理，节约用能。通过广泛的、形式多样的宣传教育活动，增强人们的节能意识。通过严格的规章制度，杜绝使用不合理的用能设备。通过现场巡视检查，制止能源浪费现象。

（8）节能降耗，大户抓起。从能源消耗大户开始，采用先进装置强化燃烧，降低不完全燃烧量，空燃比趋于合理；回收烟气余热，实现节能。

（三）实施城市节能工程

推进节能城市建设，推进区域热电联产、政府机构节能、绿色照明等节能工程。进一步加强对城市集中供热系统的技术改造和运行管理，提高热能利用效率。大力推行采暖地区住宅供热分户计量，新建住宅全部实现供热分户计量，既有住宅逐步实施供热分户计量改造。

发挥财政资金的引导带动作用，采取补助、奖励、贴息等方式，推动企业实施锅炉（窑炉）和换热设备等重点用能装备节能改造，全面推动电机系统节能、能量系统优化、余热余压利用、交通运输节能、流通零售领域节能等节能重点工程，提高传统行业的工程技术节能能力，加快节能技术装备的推广应用。开展数据中心节能改造，降低数据中心、超算中心服务器、大型计算机冷却耗能。

（四）推广建筑节能技术

我国建筑能耗约占总能耗的40%。在公共建筑中，尤其是办公建筑、大中型商场、高档旅馆饭店等几类建筑，中央空调能耗特别高，占总能耗的40%～50%，节能潜力很大。提高建筑节能标准，推广绿色建筑和建材，支持和鼓励各地结合自然气候特点，推广应用地源热泵、水源热泵、太阳能发电等新能源技术，发展被动式房屋等节能建筑。

提高新建建筑节能标准，推动政府投资建筑、保障性住房及大型公共建筑率先执行绿色建筑标准，带动绿色建筑建设改造投资和相关产业发展。大力发展绿色建材，推广应用散装水泥、预拌混凝土、预拌砂浆，推动建筑工业化。积极推进太阳能发电等新能源和可再生能源建筑规模化应用。建设中央空调节能控制系统、照明节能系统。

（五）发展交通运输节能

提升交通设施设备节能、低碳、安全水平，推动技术创新，发展新能源和清洁能源装备应用工程。积极推广新能源和清洁能源运输工具，重点强化在城市公交、出租车、城市配送等领域规模化应用，加快新能源汽车充电设施网点建设与改造。实施老旧路网、港口和航道、枢纽场站节能改造，大力倡导新型节能环保工艺和材料应用，提高土地、岸线、空域、水域等资源利用水平，强化节能降耗和环境保护监管。

二、节约资源发展循环经济

节约集约利用水、土地、矿产等资源，加强全过程管理，发展循环经济，大幅降低资源消耗强度。

（一）节约集约利用资源

抑制不合理用水需求，促进人口、经济与水资源相均衡，建设节水型社会。推广高效节水技术和产品，发展节水农业，加强城市节水，推进企业节水改造。积极开发利用再生水、矿井水、空中云水、海水等非常规水源，严控无序调水和人造水景工程，提高水资源安全保障水平。

严控增量、盘活存量、优化结构、提高效率，加强土地利用的规划管控、市场调节、标准控制和考核监管，严格土地用途管制，推广应用节地技术和模式。

发展绿色矿业，加快推进绿色矿山建设，促进矿产资源高效利用，提高矿产资源开采回采率、选矿回收率和综合利用率。

提高资源利用效率，推动资源由低值利用向高值利用转变，提高再生利用产品附加值，避免资源低水平利用和"只循环不经济"。强化监管，防止资源循环利用过程中产生二次污染，确保再生产品质量安全，实现经济效益与环境效益、社会效益相统一。

（二）大力推广循环经济

强化理念，减量优先。推动全社会树立减量化、再利用、资源化的循环经济理念，坚持减量化优先，从源头上减少生产、流通、消费各环节能源资源消耗和废弃物产生，大力推进再利用和资源化，促进资源永续利用。

完善机制，创新驱动。健全法规标准，完善经济政策，充分发挥市场配置资源的决定性作用，形成有效的激励和约束机制，增强发展循环经济的内生动力。加强制度创新、技术创新、管理创新，提升循环经济发展水平。

示范引领，全面推进。在农业、工业、服务业各产业，城市、园区、企业各层面，生产、流通、消费各环节培育循环经济示范典型，全面推广循环经济典型模式，推动循环经济形成较大规模。

因地制宜，突出特色。根据主体功能定位、区域经济特点、资源禀赋和环境承载力等状况，科学确定循环经济发展重点，合理规划布局，发挥区域优势，突出地方特色，切实发挥循环经济促进经济转型升级的作用。

以提高资源产出率为目标，推进循环经济发展，加快构建覆盖全社会的资源循环利用体系。实施好循环经济"十百千"示范行动，建设一批资源综合利用、产业园区循环化改造、再生资源回收体系、"城市矿产"基地、再制造产业化等循环经济示范工程，加大推广力度，推动资源循环利用产业做大做强。

加快建立循环型工业、农业、服务业体系，提高全社会资源产出率。推进秸秆等农林废弃物以及建筑垃圾、餐厨废弃物资源化利用，发展再制造和再生利用产品，鼓励纺织品、汽车轮胎等废旧物品回收利用。推进煤矸石、矿渣等大宗固体废弃物综合利用，大力推广循环经济典型模式，推进产业循环式组合，促进生产和生活系统的循环链接，构建覆盖全社会的资源循环利用体系。

（三）推进园区循环化改造

引导企业和地方政府加大资金投入，推进园区（开发区）循环化改造，推动各类园区建设废物交换利用、能量分质梯级利用、水分类利用和循环使用、公共服务平台等基础设施，实现园区内项目、企业、产业有效组合和循环链接，打造园区的"升级版"。推动开发区提高主要资源产出率、土地产出率、资源循环利用率，基本实现"零排放"。

改造存量，优化增量。对现有各类产业园区、重点企业进行循环化改造，提高资源产出率。产业园区、企业和项目要从规划、设计、施工、运行、管理等各环节贯彻循环经济的要求。按照自然资源开发利用和产品生产制造产业即动脉产业的特点，统筹对废弃物资源化利用相关产业即静脉产业进行合理布局，推动动脉产业与静脉产业协同发展。

第五节 智慧生态能源工程

能源是人类生存和发展的重要物质基础，是事关国计民生的战略性资源。智慧生态能源工程是信息化支撑的现代能源工程，遵循生态规律，使用现代信息技术，运用能源大数据，开展智慧生态能源工程规划、建设、运营维护和管理，涵盖智能电网、新能源与可再生能源开发利用、能源智能调控工程等。以开源、节流、减排为重点，确保能源安全供应，转变能源发展方式，调整优化能源结构，创新能源体制机制，着力提高能源效率，严格控制能源消费过快增长，着力发展清洁能源，推进能源绿色发展，着力推动科技进步，切实提高能源产业核心竞争力，提供安全可靠的能源保障。

一、能源生态化利用

20世纪，能源科技得到飞速发展，各种可利用的能源有：煤炭、石油、天然气、核能、水能、太阳能、地热能、风能、潮汐能、生物质能、电能等。从能源成因的角度，分为矿物能源和非矿物能源。矿物能源由自然界的植物或动物经过生物化学和物理化学作用形成的有机体组成，还含有一些无机物质，主要包括煤炭、石油、天然气。目前的能源结构以矿物能源为主，处于碳经济时代，带来了温室效应、空气污染、能源危机等巨大挑战，所以矿物能源的利用必须从传统方式向生态化方向转变。

（一）能源生态化利用需求紧迫

充足、廉价的煤炭和石油能源是经济增长的重要支柱，维系着社会经济的飞速发展。但是，矿物能源是有限的，百年后会出现能源危机，所以迫切需要合理地生态化地利用现有能源并开发新能源，实现能源生态化和可持续发展。

充足的能源保证，既需要数量的保证，更需要质量和品种的保证。当前，我国正处于资源的消耗高峰期，资源匮乏、能源短缺和环境污染严重，高污染、高消耗、高物耗的粗放型经济模式严重制约了发展的进程，所以能源的生态化利用与开发新能源迫在眉睫，是可持续发展的必由之路。

煤炭和石油在燃烧过程中产生大量的二氧化碳、二氧化硫等有毒有害气体，以及粉尘、重金属、灰渣等，对人类的生存环境产生巨大的负面影响。因此摆脱对含碳矿物燃料的严重依赖，既是摆脱常规能源危机的重要步骤，也是遏止气候变化和拯救生态环境的重要措施。

现代工业生产是一个将原料、能源转化为产品和废物的代谢过程。在原料转化为产品的过程中，必然伴随着一些能量的注入，因而能源的生态化利用是生态产业的重要环节。能源的生态化利用主要有矿物燃料的高效合理利用，提高能源利用效率和节约能源；改变能源消费结构，开发利用新能源。我国目前以矿物燃料为主的能源结构在短时期内不会改变，提高能源利用效率将获得解决能源危机和优化环境的双重效益。需要不断改善能源供应系统，提高能源利用率和节约能源，大力发展矿物能源的高效利用技术。积极发展天然气、核电、可再生能源等清洁能源，降低煤炭消费比重，推动能源结构持续优化。优化建设综合能源基地，大力推进煤炭清洁高效利用。限制东部、控制中部和东北、优化西部地区煤炭资源开发，推进大型煤炭基地绿色化开采和改造，鼓励采用新技术发展煤电。

（二）能源生态化利用有关技术

现代联产技术是同时生产两种或两种以上二次能源的联产技术，包括同时生产热水、蒸汽、冷气、电能等，对节约能源、保证和改善生态环境有重要意义，是节能的重要途径。现代联产技术将发电机、配电站、热交换器紧密结合在一起，充分利用回收的热水循环使用，不仅可以提高能源的利用效率，还能节约大量燃料。

大容量煤粉燃烧器成功地解决了燃煤锅炉在低功率运行时不能稳定燃烧的难题，从而减少了烧油发电，大幅度节省了石油，扩大了燃煤发电厂生产能力。传统的燃煤发电厂需要石油助燃，功率低，而大容量煤粉燃烧器利用高浓度的煤粉易燃烧的特点，利用输送空气浓缩煤粉以保证充分稳定燃烧，提高了煤的利用效率，减少了污染物的排放。

燃料电池通过电化学反应把物质的化学能转变为电能，但是燃料电池进行化学反应所用的物质是由外部不断填充的，因此能够不断地发电，效率很高。将煤、石油和天然气等反应物原料经过燃料改制装置分离出氢，与空气中的氧发生电化学反应，从而转变为电能，有可能取代火力发电，成为新型供电系统。

水煤混合技术，将煤水混合而成一种液体燃料——水煤浆，其中含有70%～75%的煤粉、25%～30%的水和0.2%～5%的添加剂，易储存和运输。由于水中含有氢，起到一定的助燃作用，大大节省了煤炭，提高了热值，同时也减少了煤灰尘的排放。

煤炭液化、气化技术，把煤转化为气体和液体燃料。目前，煤液化的方式有直接液化和间接液化两类，直接液化就是将煤在高温高压下与氢反应，使其降解和加氢，从而转化为液体燃料。间接液化就是以煤为原料，先气化再转化为烃醇类燃料。煤炭气化是一种热化学过程，通常是在空气、蒸汽或氧等作为气化介质的情况下，在煤气发生炉中加热到足够的温度，与煤发生化学反应，生成氢和甲烷等可燃的混合气体燃料即煤气，燃烧效率高，方便运输，环境污染少。

新型矿物能源的开发，主要是煤层气和可燃冰。煤层气是一种与煤相生储存于煤层及其围岩中的一种非常规天然气，是一种优质、洁净、高效的气体能源，燃烧后产生的灰分少，有害气体少。可燃冰是由甲烷和水形成的水合物，貌似冰和固体酒精，其能量密度高、分布广，是存在于海洋和冻土带的新型洁净资源。

二、新能源开发利用

按照输出与就地消纳利用并重、集中式与分布式发展并举的原则，加快发展可再生能源。提高可再生能源利用水平。到2020年，非化石能源占一次能源消费比重达到15%。加强电源与电网统筹规划，科学安排调峰、调频、储能配套能力。再生型新能源的开发利用对解决能源短缺、缓解环境污染有着巨大的社会经济效益，有些也比较成熟，如屋顶安装太阳能电池板，实施阳光屋顶；有的还处于研究阶段。新能源的研究开发与利用受到生产成本与科学技术的制约，但是，新能源的利用有利于人与自然和谐，生态环境保护，必须重视新能源的开发与利用。

（一）太阳能

太阳能是以电磁辐射形式从太阳向外传播的能量，是一次能源，又是可再生能源，也是最清洁能源，每秒钟太阳照射到地球上的能量巨大。太阳能开发利用方式有：

（1）光热利用。将太阳辐射能收集起来，通过与物质的相互作用转换成热能加以利用。目前使用最多的太阳能收集装置有平板型集热器、真空管集热器、陶瓷太阳能集热器和聚焦集热器等4种。通常根据所能达到的温度和用途的不同，把太阳能光热利用分为低温利用（<200℃）、中温利用（200~800℃）和高温利用（>800℃）。目前低温利用主要有太阳能热水器、太阳能干燥器、太阳能蒸馏器、太阳房、太阳能温室、太阳能空调制冷系统等，中温利用主要有太阳灶、太阳能热发电聚光集热装置等，高温利用主要有高温太阳炉等。太阳能的热利用用于供暖、干燥、海水淡化、热力发电、制冷等生产生活目的。

（2）太阳能发电。未来太阳能的大规模利用是发电。利用太阳能发电的方式有多种，目前实用的主要有以下两种：①光—热—电转换，即利用太阳辐射所产生的热能发电。一般是用太阳能集热器将所吸收的热能转换为工质的蒸汽，然后由蒸汽驱动汽轮机带动发电机发电。前一过程为光—热转换，后一过程为热—电转换。②光—电转换，将太阳辐射能直接转换为电能，它的基本装置是太阳能电池。

（3）光化利用。利用太阳辐射能直接分解水制氢的光—化学转换方式，包括光合作用、光电化学作用、光敏化学作用及光分解反应。光化转换是吸收光辐射导致化学反应而转换为化学能的过程。其基本形式有植物的光合作用和利用物质化学变化贮存太阳能的光化反应。植物靠叶绿素把光能转化成化学能，实现自身的生长与繁衍，若能揭示光化转换的奥秘，便可实现人造叶绿素发电。目前，太阳能光化转换正在积极探索、研究中。

（4）光生物利用。通过植物的光合作用来实现将太阳能转换成为生物质的过程。目前主要有速生植物（如薪炭林）、油料作物和巨型海藻。

加快发展太阳能发电。有序推进光伏基地建设，同步做好就地消纳利用和集中送出通道建设。加快建设分布式光伏发电应用示范区，稳步实施太阳能热发电示范工程，加强太阳能发电并网服务。鼓励大型公共建筑及公用设施、工业园区等建设屋顶分布式光伏发电，争取光伏发电与电网销售电价相当。

（二）水能

水能指水体的动能、势能和压力能等能量资源，是清洁能源、绿色能源、可再生能源，主要用于水力发电。水的落差在重力作用下形成动能，从河流或水库等高位水源处向低位处引水，利用水的压力或者流速冲击水轮机，使之旋转，从而将水能转化为机械能，然后再由水轮机带动发电机旋转，切割磁力线产生交流电。河流、潮汐、波浪以及涌浪等水运动均可以用来发电。也有部分水能用于灌溉。

我国水力资源丰富，水能资源量居世界首位，但是资源分布不均匀。受水文、气候、地貌等自然条件的限制大，而且水容易受到污染。水力发电有以下特点：

（1）需筑坝移民等，基础建设投资大，搬迁任务重。

（2）降水季节变化大的地区，少雨季节发电量少甚至停止发电。

（3）下游肥沃的冲积土减少。

（4）破坏生态环境：大坝以下水流侵蚀加剧，河流变化，对动植物的影响大，统筹水电开发与生态保护，坚持生态优先，以重要流域龙头水电站建设为重点。

积极开发水电，在做好生态环境保护和移民安置的前提下，以西南地区金沙江、雅砻江、大渡河、澜沧江等河流为重点，积极有序推进大型水电基地建设。因地制宜发展中小型电站，开展抽水蓄能电站规划和建设，加强水资源综合利用。

（三）风能

风能是流动空气具有的动能，是太阳能的转化形式，是可再生的清洁能源，储量大，分布广，但能量密度低，不稳定。风是太阳辐射在地球上不均匀分布引起地表各处冷热不同，从而造成大气流动的自然现象，风能的利用主要是将风的动能转换成机械能、电能和热能等。风能的利用方式比较简单，就是利用机械设备将风的动能转换成机械能，再用于发电、拖动。目前的研究主要是用于发电，需要解决三个问题：地点选择、风车材料、供能的连续性。因为风力能流密度低，所以风力机一般都是庞然大物，大多设于牧场、草原、沿海、岛屿上；风力机叶片要有足够的强度和抗疲劳性能，目前主要采用玻璃钢或碳纤维增强塑料。

我国大力发展风电。重点规划建设酒泉、内蒙古西部、内蒙古东部、冀北、吉林、黑龙江、山东、哈密、江苏9个大型现代风电基地以及配套送出工程；还以南方和中东部地区为重点，大力发展分散式风电，稳步发展海上风电；争取风电与煤电上网电价相当。

（四）地热能

地热能是地球内部蕴藏的能量，是地球深处物质的运动和放射性物质衰变产生的。地热能包括蒸汽型、热水型、干热岩型和岩浆型等，目前应用最广的是蒸汽型和热水型。在地热能的利用中，应注意防止过量开采，减少对环境的不良影响。地热能的利用分为地热发电和直接利用两类，地热发电实际上就是把地下的热能转变为机械能，再将机械能转变为电能的能量转变过程，称为地热发电。地热发电是地热能利用的最重要方式，也是最有前途的方式；岩层在80～150℃之间的中、低温地热能，可直接用于工业加工、供暖、医疗、农业生产、水产养殖等领域。

积极发展地热能，坚持统筹兼顾、因地制宜、多元发展的方针，有序开展地热能普查，制定开发利用规划，积极推动地热能清洁高效利用，推广地热能供热，开展地热发电示范工程。

（五）生物质能

生物质是由光合作用产生的有机体，生物质能指光合作用将太阳能转换成化学能储存在生物质中的能量。我国生物质资源数量庞大，种类繁多，包括所有的陆生、水生植物，人类和动物的排泄物以及工业有机废弃物。生物质的能量相当于世界能耗的10倍以上，因而生物质能正得到世界各国越来越多的关注。目前，对生物质能的利用主要有这样三种方法：直接燃烧、生物转换和化学转换。

直接燃烧是应用最广、操作简单、效率最低、对环境污染最严重的一类方法，我国很多农村地区的生活用能使用这种方式。生物转换和化学转换是通过发酵或用化学手段将生物质转化成不同形式的燃料，用作发电或车用燃料。例如发酵制沼，沼气用作燃料，清洁无污染，沼渣和沼液用作有机肥料。我国是农业大国，绿色资源丰富，在广大农村地区大力推广沼气应用技术，解决农村用能，保护农村生态环境。

积极发展生物质能，坚持统筹兼顾、因地制宜、多元发展的方针，制定生物质能开发利用规划，积极推动生物质清洁高效利用，推广生物质能供热。

（六）海洋能

海洋能是储藏于海水中的可再生能源，包括潮汐能、波浪能、温差能、海流能及盐差能等，海洋能开发技术尚在不断进展之中。目前潮汐电站的技术比较成熟，而波浪能、温差能、海流能及盐差能的利用尚需研究。

潮汐能是一种从海水面昼夜间上涨和降落中获得能量，潮汐发电原理与水力发电原理近似，利用潮汐涨落的位差能来双向推动水力涡轮发电机组发电。波浪能又称海浪能，波浪在运动过程中具有一定的动能和势能，以此来推动波力发电机组发电。温差能是利用表面海水与深层海水之间的温差能量，通过热力循环方式变为机械能再转换为电能。盐差能是利用海水的盐分与淡水盐分之差所产生的巨大能量发电。

地球表面70％为海洋，蕴藏着十分巨大的能源。坚持多元发展的方针，有序开展海洋能资源普查，积极推动海洋能清洁高效利用研究，开展海洋能发电示范工程，积极开发沿海潮汐能资源。

（七）核能

核能是利用可控核反应来获取的能量，转换成动力、热量和电能，目前主要用于发电。将核能转化为电能的装置包括反应堆和汽轮发电机组。核能在反应堆中被转化为热能，热能将水变为蒸汽推动汽轮发电机组发电。核能发电耗能少，对生态环境的污染少，但是必须解决好核反应和核废物的安全问题。

美国每年产生的核能居世界首位，美国人消耗的电能中有20％来自于核能。核能满足了法国80％的电能需求，欧盟30％核能需要。我国以沿海核电带为重点，安全建设自主核电示范工程和项目。

三、发展智慧生态能源

智慧生态能源充分开发人类的智力和能力，通过不断的技术创新和制度变革，在能源开发利用、生产消费的全过程和各环节融汇人类独有的智慧，建立和完善符合生态文明和可持续发展要求的能源技术和能源制度体系，呈现一种全新能源形式。智慧生态能源拥有自组织、自检查、自平衡、自优化等人类大脑功能，系统安全、清洁、经济高效；适应文明演进的新趋势和新要求，从根本上解决文明前行的动力困扰，实现能源的安全、稳定和永续供应。

（一）内涵认识理解

智慧生态能源的载体是能源。无论是开发利用技术，还是生产消费制度，研究的对象与载体始终是能源，不懈探索的目的也是寻觅更加安全、充足、清洁的能源，使人类生活更加幸福快乐、商品服务更加物美价廉、活动范围更加宽广深远、生态环境更加宜居美好。

驱动智慧生态能源发展的动力是科技。蒸汽机与内燃机的科技创新是工业文明的基础，智慧生态能源的发展，同样需要科技来推动。

智慧生态能源的保障是制度。智慧生态能源将带来新的能源格局，必然要求有与之相适应的能够鼓励科技创新、优化产业组织、倡导节约能源、促进国际合作的先进制度提供保障，确保智慧生态能源体系的稳定运行和快速发展。

智慧生态能源的智慧，首先是遵循生态规律，自然法则。智慧生态能源与智能能源、新型能源、可再生能源、清洁能源等概念既有联系也有差别。智能能源是将能效技术与智能技术相结合，强调具体的技术及其物质或物理属性。新型能源是相对于常规能源而言的一种能源形式，突出特点是：技术先进、尚未完全商业化开发和规模化应用，如风能、太阳能、海洋能、地热能、生物质能、氢能、核聚变能等。可再生能源是相对于不可再生能源而言的，强调一定时空下能源的可再生性。他们均是智慧生态能源的一部分，因为实现了能源的可再生，体现了人类的智慧。清洁是智慧生态能源的一个重要属性，但不是说所有的清洁能源都能归入智慧生态能源的范畴，清洁能源必须还要满足高效、安全等其他条件才能成为智慧生态能源，因此清洁能源与智慧生态能源拥有交集，但又不完全重合。智慧不仅融汇于能源开发利用技术创新中，还体现在能源生产消费制度变革上。

加快推进能源全领域、全环节智慧生态化发展，提高可持续自适应能力。适应分布式能源发展、用户多元化需求，优化电力需求侧管理，加快智能电网建设，提高电网与发电侧、需求侧交互响应能力。推进能源与信息等领域新技术深度融合，统筹能源与通信、交通等基础设施网络建设，建设"源—网—荷—储"协调发展、集成互补的能源互联网。

发展安全清洁高效的现代能源技术，推动能源生产和消费革命。以优化能源结构、提升能源利用效率为重点，推动能源应用向清洁、低碳转型。突破煤炭石油天然气等化石能源的清洁高效利用技术瓶颈，开发深海深地等复杂条件下的油气矿产资源勘探开采技术，开展页岩气等非常规油气勘探开发综合技术示范。加快核能、太阳能、风能、生物质能等清洁能源和新能源技术开发、装备研制及大规模应用，攻克大规模供需互动和并网关键技术。开展高效储能与分布式能源系统等新兴前沿领域创新和产业化，形成新的增长点。

（二）现代能源体系

习近平主席提出了能源发展"四个革命、一个合作"的战略思想，强调要推动能源消费革命，抑制不合理能源消费；推动能源供给革命，建立多元供应体系；推动能源技术革命，带动产业升级；推动能源体制革命，打通能源发展快车道；全方位加强国际能源合作，实现开放条件下的能源安全。为中国能源发展指明了方向。当前和今后一个时期，大力推进能源结构战略调整，着力增加非化石能源、天然气等清洁能源消费比重；科学合理发展煤电、油气、核电、水电、可再生能源，加快建设现代能源体系；实行能源消费总量和强度双控制度，稳步提高全社会绿色低碳化水平；加大重大能源科技研发力度，全面提升能源创新发展水平；加快推进能源体制改革，建立更加完备的现代能源市场体系。

21世纪上半叶是能源发展的战略过渡期、转型期，将目前比较低效、粗放、污染的能源体系逐步转型为洁净、高效、节约、多元、安全的现代化能源体系，能源结构、颜色和质量将发生革命性变革。从长远看，中国能源将可持续发展。

今后20年是这个转型期中的攻坚期、全面转向科学发展轨道的关键期。在中期内，可再生能源和核能的比重将会增加，到2030年，50%的发电量将来自低碳能源。到2050年，新增发电量将全部来自低碳能源。

着力优化能源结构，把发展清洁低碳能源作为调整能源结构的主攻方向。坚持发展非化石能源与化石能源高效清洁利用并举，逐步降低煤炭消费比重，提高天然气消费比重，大幅增加风电、太阳能、地热能等可再生能源和核电消费比重，形成与我国国情相适应、科学合理的能源消费结构。

鼓励在可再生能源富集地区推进风能、光伏、储能优化协调运行；鼓励在集中供热地区开展清洁能源与可控负荷协调运行、能源互联网示范工程；鼓励在城市工业园区（商业园区）等区域，开展能源综合利用工程示范，以光伏发电、燃气冷热电三联供系统为基础，应用储能、热泵等技术，构建多种能源综合利用体系。加快源—网—荷感知及协调控制、能源与信息基础设施一体化设备、分布式能源管理等关键技术研发。完善煤、电、油、气领域信息资源共享机制，支持水、气、电集采集抄，建设跨行业能源运行动态数据集成平台。探索光伏发电等在新型城镇化和农业现代化建设中的应用，推动用户侧储能应用试点；建立能源综合体系，建设电网综合能量信息管理平台，支撑我国新城镇新能源新生活建设行动计划。

四、建设智能生态电网

智能生态电网是在传统电力系统基础上，通过集成新能源、新材料、新设备和先进传感技术、信息技术、控制技术、储能技术和人工智能等新技术形成的新一代电力系统，具有高度信息化、自动化、互动化和自优化等特征，更好地实现电网安全、可靠、经济、高效运行。

构建安全高效的信息通信支撑平台。充分利用信息通信技术，构建一体化信息通信系统和适用于海量数据的计算分析和决策平台，整合智能电网数据资源，挖掘信息和数据资源价值，全面提升电力系统信息处理和智能决策能力，为各类能源接入、调度运行、用户服务和经营管理提供支撑。在统一的技术架构、标准规范和安全防护的基础上，建设覆盖规划、建设、运行、检修、服务等各领域的信息应用系统。

建立健全网源协调发展和运营机制。全面提升电源侧智能化水平，加强传统能源和新能源发电的厂站级智能化建设，开展常规电源的参数实测，提升电源侧的可视性和可控性，实现电源与电网信息的高效互通，进一步提升各类电源的调控能力和网源协调发展水平；优化电源结构，引导电源主动参与调峰调频等辅助服务，建立相应运营补偿机制。

增强服务与技术支撑，积极接纳新能源。推广新能源发电功率预测及调度运行控制技术，推广分布式能源、储能系统与电网协调优化运行技术，平抑新能源波动性；创新可再生能源电力送出方式，推广具有即插即用、友好并网特点的并网设备，满足新能源、分布式电源广泛接入要求。加强新能源优化调度与评价管理，提高新能源电站试验检测与安全运行能力；鼓励在集中式风电场、光伏电站配置一定比例储能系统，鼓励因地制宜开展基于灵活电价的商业模式示范；健全广域分布式电源运营管理体系，完善分布式电源调度运行管理模式；在海岛、山区等偏远区域，积极鼓励发展分布式能源和微电网，解决无电、缺电地区的供电保障问题。

强化电力需求侧管理，引导和服务用户互动。推广智能计量技术应用，完善多元化计量模式和互动功能；推广区域性自动需求响应系统、智能小区、智能园区以及虚拟电厂定制化工程方案；加快电力需求侧管理平台建设，支持需求侧管理预测分析决策、信息发布、双向调度技术研究应用；探索灵活多样的市场化交易模式，建立健全需求响应工作机制和交易规则，鼓励用户参与需求响应，实现与电网协调互动。

提高电网智能化水平，确保电网安全、可靠、经济运行。探索新型材料在输变电设备中的应用，推广建设智能变电站，合理部署灵活交流、柔性直流输电等设施，提高动态输电能力和系统运行灵活性；推广应用输变电设备状态诊断、智能巡检技术，建立电网对冰灾、山火、雷电、台风等自然灾害的自动识别、应急、防御和恢复系统；建立适应交直流混联电网、高比例清洁能源、源—网—荷协调互动的智能调度及安全防御系统。根据不同地区配电网发展的差异化需求，部署配电自动化系统，鼓励发展配网柔性化、智能测控等主动配电网技术，满足分布式能源的大规模接入需求。鼓励云计算、大数据、物联网、移动互联网、骨干光纤传送网、能源路由器等信息通信技术在电力系统的应用支撑，建立开放、泛在、智能、互动、可信的电力信息通信网络。鼓励交直流混合配用电技术研究与试点应用，探索配电网发展新模式。加快关键技术装备研发应用，促进上下游产业健康发展。

五、实施合同能源管理

合同能源管理（Energy Management Contract，简称EMC）是20世纪70年代西方发达国家发展起来的一种基于市场运作的全新节能新机制，是一种减少能源成本的财务管理方法。合同能源管理公司的经营机制是一种节能投资服务管理，客户见到节能效益后，公司才与客户一起共同分享节能成果，取得双赢效果。基于这种机制运作、以赢利为直接目的的专业化"节能服务公司"（在国外简称ESCO，国内简称EMC公司）的发展十分迅速，尤其是在美国、加拿大和欧洲，ESCO已发展成为一种新兴的节能产业。合同能源管理项目节能效率高，节能率一般在10％～40％，最高可达50％。合同能源管理已经成为国际上一个成熟的商业模式。第三方提供资金、技术和管理，单位不需要新的投资就可以开展节能了。

完善能源消费政策。实行差别化能源价格政策。加强能源需求侧管理，培育节能服务机构和能源服务公司，实施能源审计制度。采用自动化、信息化技术和集中管理模式，对能源系统的生产、输配和消耗环节实施集中扁平化的动态监控和数字化管理，改进和优化能源平衡，实现系统性节能降耗的管控一体化系统。

第六节 智慧生态建筑工程

人、建筑与资源环境是建筑发展的永恒主题，数字化技术推动建筑走向智能化、生态化及高效化。智慧生态建筑工程是信息化支撑的现代建筑工程，遵循生态规律，全面使用信息技术，广泛运用信息资源，开展智慧生态建筑工程规划建设，涵盖生态建筑、智能建筑、低碳建筑、被动式建筑和绿色建筑等。

一、建筑生态化

随着全球环境的恶化，人们越来越关注自身的生存方式。生态化是人类的取向和必然选择，建筑生态化是发展的必然趋势。推进建筑生态化有重要的现实意义，既可以有效保护当地的自然环境，节省自然资源，又能提高经济效益。

（一）建筑与自然融合

根据当地生态环境，运用生态学、建筑科技原理，采用现代手段，合理安排组织建筑与相关因素之间的关系，使建筑与生态环境融为有机整体，可持续发展。

建筑生态化将建筑融入生态循环圈，从整体考虑能源与资源流动，将建筑建造、建筑设计、建筑使用过程中的消耗与产物纳入整个生态系统来考虑，改变资源与能源单向流动的方式，趋向良性循环的模式。

建筑生态化主要有两种倾向：第一种是将建筑融入自然，把建筑纳入与环境相通的循环体系，从而经济有效地使用资源，建筑成为生态系统的一部分；尽量减少对自然景观、山石水体的破坏，让自然成为建筑的一部分。第二种是将自然引入建筑，运用高科技，促进生态建筑化、人工环境自然化。如马来西亚杨经文设计的绿色摩天大楼。在现代都市中引入自然、再现自然，运用生态技术将植物、水体等自然景观引入建筑内部。

（二）发展生态建筑

生态建筑对建筑过程中所需的基础物质进行整合，在一定的生态系统内实现能量转换，达到节能降耗减排的目的。生态建筑的实质是在尊重自然保护自然的同时降低能源消耗，提供和谐无污染的建筑空间，提高使用者的生活质量。生态建筑设计把建筑本身看做一个完整的生态系统，通过人力的改造，使这个生态系统成为适合人类生存和发展的整体系统。

生态为本，实现建筑与环境之间的交互，保证可持续发展。为此，采用多种多样的绿化方式对建筑周边的环境和气候进行适度的调控，在建筑过程中使用轻型、跨度大的房屋建设结构，降低建设过程中对环境的恶性影响，维持建筑物内部构造的完整性；采取一定的污染防治措施确保人与自然和谐相处，结合当地环境的具体情况，部分采用自然可再生能源，实现能源节约；最大限度地对可再生资源进行利用，建筑选材多为自然无害的材料，充分保障居住者的身体健康。

采用能源处理技术，使光能在建筑中得到充分应用。运用采光器、追光器，使光能与建筑有效融合，让光能和热能得以充分利用，节约不可再生资源，能源的充分利用不仅将整个建筑推向生态化，也节约了水电暖方面材料的使用。

从建筑外部与内部同时进行绿化建设。增加建筑区域内绿色面积，使生态建筑绿色面积覆盖最大化。在建筑外部规划区域，根据所在地气候、降水、土壤土质等，选择适宜的绿色植物，正确栽植，科学养护。在建筑内部，鼓励住户在室内盆栽各种花草，净化室内空气，在光合作用下产生氧气，为人营造健康舒适的生活环境。倡导生态理念，让所有住户对小区内植物进行保护，对居住的环境进行保护，使建筑内外充满生机。

实施城市"绿屋顶"计划，凡新建项目有条件的首先实施屋顶绿化，安全许可的高架立柱、市政干道的边坡和挡土墙以及河岸驳坎都同步实施绿化覆盖，提高城市立体空间的绿色浓度，降低城市的热岛效应。

使用具有协调性的建筑材料，包括起到承重或者填充作用的生态水泥、生态高性能混凝土、钢材和木材等，保温材料选取具有绝热或者保温性能的材料，减少使用或不使用对人体健康有损害的有机溶剂型涂料等。

二、建筑信息化

运用信息技术——计算机技术、网络技术、通信技术、控制技术、系统集成技术和信息安全技术等提升建筑技术，建设智能建筑；改造生产组织方式，提高建筑企业经营管理水平和核心竞争能力，提高建筑业主管部门的管理、决策和服务水平。

（一）设计信息化

建筑工程是建筑业的核心业务。完善提升企业管理系统，强化勘察设计信息资源整合，逐步建立信息资源的开发、管理及利用体系。推动基于BIM（Building Information Modeling建筑信息模型）技术的协同设计系统建设与应用，提高工程勘察问题分析能力，提升检测监测分析水平，提高设计集成化与智能化程度。

（1）积极推进协同设计技术的普及应用，通过协同设计技术改变工程设计的沟通方式，减少"错、漏、碰、缺"等错误的发生，提高设计产品质量。

（2）探索研究基于BIM技术的三维设计技术，提高参数化、可视化和性能化设计能力，并为设计施工一体化提供技术支撑。

（3）积极探索项目全生命期管理（PLM）技术的研究和应用，实现工程全生命期信息的有效管理和共享。

（4）研究高性能计算技术在各类超高、超长、大跨等复杂工程设计中的应用，解决大型复杂结构高精度分析、优化和控制等问题，促进工程结构设计水平和设计质量的提高。

（5）推进仿真模拟和虚拟现实技术的应用，方便客户参与设计过程，提高设计质量。

（6）探索研究勘察设计成果电子交付与存档技术，逐步实现从传统文档管理到电子文档管理的转变。

（二）建设信息化

工程项目信息化主要依靠工具类软件（如造价和计量软件等）和管理类软件（如造价管理系统、招投标知识管理、施工项目管理解决方案等），BIM技术，实现工程项目的信息化建设，通过可视化的技术促进规划方、设计方、施工方和运营维护方协同工作，并对项目进行全生命周期管理，特别是设计方案、施工进度、成本、质量、安全、环保等方面，增强项目的预知性和可控性。

三、智慧生态建筑

智慧生态建筑运用智慧数字系统技术，遵循生态原则，有效利用资源，降低能量消耗，降低资源消耗，减少污染物排放，有效提升建筑质量，实现建筑生态生存，创造健康舒适环境，争取最佳人居环境。

（一）应用建筑信息模型

建筑信息模型BIM的出现与应用，推动了建筑行业的巨大变革。将建筑信息模型技术应用于生态建筑中，可以实现建筑整个生命周期的生态分析。智慧生态建筑依托数字技术，提高建筑环境质量与建筑整体效能，满足建筑整体生命周期海量信息处理要求；包括设计、建造，以及数字化生命周期管理所应用的技术、方法、理论等。通过智慧技术应用，实现建筑信息化、自动化、智能化及集成化等，综合提高建筑系统运行效率，在保证建筑质量的基础上，推动建筑实现生态化、智能化。

当前建筑施工对生态平衡造成破坏，为实现建筑、自然与社会之间的和谐，在建筑设计与施工中重视环境保护，保持生态平衡，维护人与自然和谐。在明确划分生态指标数字化基础上，通过在建筑施工中应用数字生态模式，对建筑施工及建筑生态环境变化进行综合全面监控。

（二）抓建筑智能生态化

应用数字化技术，创造建筑智能环境，实现实体建筑与数字化虚拟空间结合。智能生态建筑也是一种生命建筑，通过应用数字化技术，实现对建筑内外环境的监测与评价，实现室内温度、湿度等参数的调节，创造舒适、安全及健康的建筑环境。依据用户需求、对环境结构及运行管理进行优化组合设计，打造智能生态建筑环境空间，提高环境空间质量。建筑智能化技术是建立于控制技术、计算机技术、通信技术、现代建筑技术等多种技术基础上发展而来的，建筑智能化技术的应用，综合提高了建筑集成化水平，实现了建筑信息资源的共享及综合管理。

从建筑类生命进化来看，应用数字化技术，实现建筑智能生态化，关键在于以下几点：

第一，界面技术的应用，形成建筑与外界隔离建筑界面，在满足建筑内部物质及能量需要等方面发挥着决定性作用。

第二，设备技术，通过应用设备技术组建类生命呼吸系统以进行建筑与外界能量交换，如制冷技术及空调技术的应用。

第三，数字化技术为建筑类生命神经。随着建筑功能越发复杂，设备应用越发精密，体量增加等，对建筑整体协调运行及自动调节性能提出了更高要求。数字化技术的应用，有效提高了建筑自动调控性能。

（三）建筑虚拟生态化技术

应用数字化技术，建立建筑虚拟空间。随着科学技术的进步，建筑形态逐渐由自然塑形、技术构形向数字化虚拟隐形发展。在进行虚拟建筑研究中，首先研究虚拟空间。虚拟空间，是通过文字、图像、声音等感官刺激在人的意识中形成的一种非物质虚存空间，如互联网动态演示的虚拟空间。数字化技术的应用，让虚拟空间更为逼真，其模拟能力及动态交互能力突出。在计算机技术与网络技术基础上，通过建立三维虚拟空间虚拟建筑，可以实现实体建筑部分功能。虚拟建筑生态性可无限扩展，永续利用，实现资源节约，跨越时空，高效利用。

智慧生态建筑充分利用太阳能、选好隔热保温的新型建筑材料、调控通风和采光系统、节能型取暖和制冷系统，实现居住空间的低碳装修。在建筑的全寿命周期内，最大限度地节约资源（节能、节地、节水、节材），保护环境和减少污染，提供并维护健康、适用和高效的空间，与自然和谐共生，永续发展。

第七节　智慧生态交通工程

智慧生态交通工程是信息化支撑，遵循生态规律的现代交通工程；运用现代信息技术，广泛采用信息资源，融合发展，互补互助，提供既便捷高效又节能降耗减排的交通服务。坚持网络化布局、智能化管理、一体化服务、绿色化发展，建设通道联通、城乡覆盖、枢纽节点功能完善、运输服务一体高效的综合交通运输体系。实行公共交通优先，加快发展城市轨道交通、快速公交等大容量公共交通，鼓励绿色出行。促进网络预约等定制交通发展，强化中心城区与对外干线公路快速联系，畅通城市内外交通。加强城市停车设施建设，加强邮政、快递网络终端建设。

一、深化智慧生态交通认识

智慧生态交通工程按照生态原理规划、建设和管理，资源能源消耗低、污染排放少、与生态环境相协调，是生态文明的重要组成部分；是促进人与自然和谐发展的内在要求，是破解资源环境约束，实现交通可持续发展的必然选择；是推动交通转型升级，加快现代交通运输业发展的重要途径。

（一）智慧生态交通实质

智慧生态交通遵循生态规律，低碳智能安全。建设智慧生态交通需要更加科学的路网结构，形成合理的主、次、支路层级配套体系，改善交通组织与管理；大力推行公交优先政策，合理分配道路资源，提高道路运率；科学规划停车设施，积极建设生态泊位，提升环保指数。

智慧生态交通是按自然生态、人文生态和经济生态原理规划、建设和管理，由交通网络、交通工具和交通环境组成的智慧生态型复合交通系统。通过对交通和生态环境有关环节进行系统地研究、规划、管理，使交通不仅具有输送人流、物流、信息流，支撑和引导社会经济发展的功能，而且具备改善、美化、促进和优化周围环境生态的功能，具备适应性、超前性和进化性。

智慧生态交通和以往的"交通"相比有质的变化。以往的交通，总会对环境产生一些负面影响：产生噪声、排出废气、侵占土地、分割空间等。"智慧生态交通"一方面完成作为"交通"的特有功能，另一方面克服交通的负面影响，一跃成为对周围生态环境具备改善、美化、促进和优化的交通。智慧生态交通不仅可以拉动经济，还是资源高效、能源清洁、环境友好、生态健壮、行为文明和景观美化的交通。智慧生态交通扶持以下几种生态性好的运输方式。

（1）水运，节约能耗、节约土地，对生态环境的干扰和破坏少，水路运输是生态性最好的运输方式。为此，水运是国际运输组织近年来一直推崇的绿色运输方式。

（2）管道运输，也是一种高效、无污染、生态化的运输方式。

（3）轨道运输，运输成本低、能源消耗少，占地面积也相对较少，是生态化功能比较好的交通运输方式。城市轨道交通（Rail Transit）具有运量大、速度快、安全、准点、保护环境、节约能源和用地等特点。世界各国普遍认识到：解决城市交通问题的根本出路在于优先发展以轨道交通为骨干的城市公共交通系统。

（二）智慧生态交通系统

智慧生态交通系统以人流物流为核心，实现车、路、站、能源、管理等要素与人、经济、自然的协调。居民"慢行＋公交"生态出行，从规划、技术上扩充步行、自行车与公共交通的地位，采用限行、收费方式压缩轿车的地位。效仿公交式的物流配送网络建设，既是对轴辐式配送网络的完善，也是货运从独立经营到共同配送的良性生态演化。客运与货运的生态位重叠，通过时、空维数的部分分离来减缓竞争。

1. 智慧生态陆上交通运输

（1）建设智慧生态公路。公路建设占用土地，破坏植被、生态链和生态条件，行车产生噪声，损害生态环境。智慧生态公路综合运用工程、技术、生物、园艺、管理等各方面措施，使公路建设对环境的破坏降至最低。届时，公路沿线景观优美，和生态环境相适应，和自然风光相协调，和动物、植物、生物和谐相处。同时，还能自动调节生态系统，对公路及其周边环境具有较明显的改善、净化和保护作用。

城市道路的线形实际上是三维空间曲线，平面上由直线、缓和曲线及圆形曲线组成，纵面上由上、下直坡和竖曲线构成，如果引入运动的"时间"概念，可以称为"四维空间"。因此，路线的空间曲线要符合实际的空间地理，同时考虑到道路空间随时间的变化而变化，顺势而为，线性连贯，平滑平顺，使得司乘人员感到线形流畅、清晰、行驶舒适安全，满足视觉上的连续性与通透性，提高他们的警惕性与兴奋性。道路线形还应尽可能与周边环境相吻合，几何设计时平、纵、横各要求很好配合，拥有视觉连续性，以避免造成空间线形扭曲、暗凹、跳跃等缺陷。

路线的直线、曲线、缓和曲线的设计指标运用灵活，在保证达到设计标准的前提下，做到线性均衡、连续，使得道路行驶具有可预见性。在路线设计中掌握平、纵指标，重视道路自身的线性设计、道路线形与结构物协调设计，道路线形与环境协调设计，充分优化平、纵组合，使其流畅连续。

（2）智慧生态道路运输。智慧生态道路运输有依靠高新科技建立的设备设施：无废气排放的电动、太阳能驱动、风能驱动的运输车辆，高性能、低噪声的动力和传动；现代化的管理软件和管理措施：全程跟踪的危险品控制运输系统、完善的事故预警和应急救援系统、智能交通管理和诱导系统等，使得道路运输安全、高效，有害废气排放量很少或者几乎没有，运输产生的噪声完全在正常的范围内，危险品运输的事故发生率很少，即便发生，也在可控制中。运输车辆的样式赏心悦目；排出的不再是有害废气，而是无害、味香、可净化空气的生态物质；运行不仅不会产生有害的噪声，而且发出悦耳动听的声音，甚至喇叭声都给你美妙的享受。道路运输输送到各处的物流、人流、信息流，不再会造成社会文明倒退，而是车通到哪里，哪里的文明发展得到促进。

（3）智慧生态轨道运输。轨道交通是利用轨道列车进行人流、物流运输的方式。轨道交通包括一般铁路运输和地铁、轻轨、有轨电车和磁悬浮列车等。由于轨道固定、摩擦力小、运输量大，是一种重要的运输方式。轨道运输对生态的损害主要是土地的占用，空间的分切，噪声的产生。因此，所谓的智慧生态轨道运输，一方面是对生态环境的污染和冲击减到了最小，另一方面是周密的规划、周到的设计、高新科技的运用，使得原本对生态环境有害无利的轨道运输也具有了生态化功能，促进智慧发展。比如路线和空间和谐协调，占地面积相对较少（地上和地下），车速快，运输效率高，噪声少，无污染，漂亮的外形和风驰电掣的行车，成为城市、乡村中一道道亮丽的风景线。

2. 智慧生态水上交通运输

（1）智慧生态港航。与生态公路类似，港口和航道对生态环境造成的损害也是对土地和河道的占用，对空气、水质和生态环境的污染，生态链和生态条件的破坏等。因此，智慧生态港口和航道综合运用各方面措施使港口和航道建设对环境的破坏降至最低，使港口成为风景点，港口所在的区域发展成为现代化的智慧生态城市、乡村；航道建设和河道建设无缝衔接，形成行洪、排涝，灌溉、航运、养殖、旅游多种功能于一体的智慧生态航道。智慧生态港口和航道互相促进、互相衬映，相得益彰。港口和航道沿线建成经济带、文化带、风景带、旅游带，景观优美，空气清新，和生态环境适应，和自然风光协调，和生长的动物、植物、生物和谐相处。对港航沿线及其周边环境具有明显的改善、净化和保护作用，具备自动调节生态系统的功能。

（2）智慧生态水运。和公路运输相比，水运对生态环境的损害较少，主要有船舶漏油、工作和生活垃圾排放对水质的污染，船舶装卸、修理对周围环境的影响等。因此，智慧生态水运也有依靠高新科技生产和建立的设备设施、现代化的管理软件和管理措施，提高运输效率，降低船舶航行和作业的噪声，自动处理产业垃圾和生活垃圾，有高效、智能、完善、完全的防止船舶漏油和其他有害物质外漏的设备设施。对危险品的船舶运输，有全程跟踪的危险品控制运输系统，完善的事故预警和应急救援系统，使危险品船舶运输的事故发生率很少，即便发生，也在掌控之中。进而，运输船舶、尤其是内河的运输船舶，船型规范，形态美观，赏心悦目，和水天组合协调，与周围景观融洽，增加了周围环境的动感，增加了水的流动性，改善了涉及的生态环境。

3. 智慧生态空中交通运输

目前的空中交通运输对生态环境的损害主要是噪声和废气。所以，所谓的智慧生态空中交通运输，就是要改变目前空中交通运输飞机排放状态和机场所在区域生态环境受到的不利影响。民航机场除了园林化（这点现在基本上已经做到）外，还应该是智慧生态化。即通过高新科技在涉及空中交通运输各有关领域、有关设备、设施乃至各有关零部件中的开拓性应用，使飞机安全，飞行准时，运输高效；排放废气大大减少，产生的噪声大大降低，节能降耗减排；进而，可以通过生物工程、绿化工程、建筑工程、材料工程和其他工程措施的综合运用，使飞机不排放有害气体，使已经降低的噪声得到进一步有效的抑制和屏蔽，最终演变成对所在地区生态环境有利的物质因素。

（三）智慧生态交通工程

智慧生态交通工程在交通设施建设过程中：工程规划、工程设计、工程施工中高度重视生态环境问题，智慧发展，工程建设与环境保护同时进行，使交通工程项目成为美化国土、保护自然、改良环境和抵御灾害的交通生态系统或区域交通生态系统。

1. 全周期智慧生态化

在规划阶段注意交通工程对社会发展的影响，对居民生活质量和房屋拆迁的影响，对现有公路、铁路、航道、管道运输、航空、水利及通信设施的影响，对资源开发利用的影响，对项目区域内自然景观、人文景观的影响，对野生动、植物及栖息地的影响，对地表植被的破坏和水土流失的影响，对农业土壤及农作物中铅含量的影响，对水利环境影响，对环境空气影响及对环境噪声的影响。

在设计阶段合理选择工程方案并与城市规划相协调，注意保持原有的灌溉及水网体系，大力进行绿化、防尘、减噪，合理取土保护耕地少占良田。

在建设阶段加强施工管理，主要考虑防噪。禁止超出国家标准的机械进入施工现场，同时加强维护，合理安排施工场所和施工时间；防大气污染。加强材料堆场、码头的管理，对施工场地、料场及进出料场的道路等应经常洒水，减少可能的起尘；防水污染。加强施工队伍生活污水和漏油的管理，施工垃圾运到指定地点抛弃，对施工机械定期检查。

实施智慧生态交通工程，可以提高交通基础设施的工程质量与抗灾能力，达到减少损失，保证交通畅通的目的。

2. 全方位智慧生态化

平原高架，山谷架桥，穿山建隧，大大改善了高速公路占地多和分割空间的弊病；在山丘地带削峰平坡建设路基的工程中增加梯田用以植树栽草或种植其他经济作物；将现代工业发展遗留的大量废渣、废矿石用作路基填料；改田换土，再造耕地，改造荒漠、改良土地，提高资源利用效率；公路线型优美，弯曲半径充分安全，纵坡长度、坡度科学合理；车道数量富裕，不同类型汽车分道行驶，次序井然；柔声路面舒适、平整；沿线桥隧净空和视距足够；标志标牌醒目、规范，监控设施和交通诱导系统先进、实用；夜间照明光度足够而又柔和、平顺；公路沿线四季常绿成荫，花开不断，增强沿路空间艺术色彩，改善景观，创造宜人的优美环境，还可巩固路基，稳定边坡，防止水土流失；冠大荫浓可遮光散热，减轻路面软化与老化，减少翻浆，延长路面使用寿命；减轻尘土飞扬，挡风防尘吸收噪声，减弱眩光，调节光线；公路通过水源地和动、植物保护区时，有专门提醒标志牌；在公路交通噪声敏感区，设置功能优异、造型美观的隔声墙；优质低噪声混凝土路面和吸尾气混凝土路面，强度高、抗疲劳性强，水溶性小，降低交通噪声，不污染空气和水源；公路主干线装备摄像系统和不停车称重系统，交通繁忙路段划辟特种车辆优先通行车道，大大减轻车辆行驶对环境的污染。

交通站场美丽、壮观，绿色、和谐，既是人流、物流中心，又是物贸中心、休闲中心、娱乐中心。城区内用地铁，城区和远郊及城际用高架轻轨。一般的铁路全路绿树成荫，节能无污染机车，无噪声钢轨工艺。港口无尘，无烟，低噪声；水净，景美，园林化。在航道整治工程中利用挖掘的河泥改造盐碱荒地；把航道建成绿化带、风景带、旅游带、文化带，极大地提高航道的生态性。机场低噪声，多绿化，与周围环境和谐相处。

（四）智慧生态交通运输工具

智慧生态交通运输工具节能、低排放、低噪声，美观、舒适。随着经济的发展，客货运量的稳定增加和家庭轿车的日益增长，我国的交通运输能耗量增加很快，占总能耗的比例不断升高，正以每年接近一个百分点的速度上升。从趋势看，交通运输的能源消耗比重还会进一步提高。而且我国交通运输行业的燃油单耗偏高，目前全国交通运输行业的燃油单耗水平仅达到世界20世纪80年代的水平。因此，节能运输工具的研制和使用意义重大。

1. 自行车

自行车通常是二轮的小型陆上车辆，以脚踩踏板为动力，作为环保的交通工具用来代步、出行，是绿色环保的交通工具。其种类很多，有单人自行车、双人自行车还有多人自行车。越来越多的人将自行车作为健身器材用来骑行锻炼、自行车出游；自行车本身也是一项体育竞技运动，有公路自行车赛、山地自行车赛、场地自行车赛、特技自行车比赛等。

自行车的价格低廉、机动灵活、节约能源、维修简单、多功能且无污染、有益健康，是短途出行的首选交通工具。

2. 公共汽车

根据不同出行方式与能量消耗、废气总排放量资料的比较，轿车的每公里废气排放量是公共汽车的19倍，每公里能源消耗量是公共汽车的1.5～2.0倍。同时公共汽车较小轿车占用道路和停车用地更为经济。以每平方米每小时通行人数为标准衡量道路的使用效益，公共汽车是小轿车的10～15倍。

3. 无轨电车

无轨电车实质上是电动公共汽车，兼具公共汽车和电动车的优点。因此，无轨电车具有尾气零排放、无污染、低噪声及使用清洁、廉价能源的优势。从世界范围来看，电车的发展经历了建设、拆除、重建的曲折过程。20世纪六七十年代逐步减少甚至取消的无轨电车现在又出现回归热。在莫斯科、旧金山、米兰、温哥华等欧美城市，无轨电车成了城市公共交通的主力。我国的无轨电车由于存在集电杆经常脱落等缺陷，许多城市的无轨电车的发展从80年代开始受到一定影响，基本上呈停滞、萎缩状态。进入90年代以来，在愈来愈强调生态环保和持续发展的形势下，无轨电车得到广泛重视和发展，随着长期困扰电车的难题得到解决，自动升降集电杆、小巧轻型优质电杆和整齐美观、简洁明快线网的采用，以及铺源技术的应用，铺源电车的出现，使无轨电车迈入一个新的发展阶段。

4. 轨道交通

轨道交通是一种交通方式，也视作一种交通工具，发展非常迅速。因为轨道交通的生态性显著优于其他交通工具，噪声和空气污染等环境方面的损失仅为道路交通方式的6%～10%；同时，交通事故率低，运输量大，速度快（旅客消耗的旅行时间不到公共汽车的40%），能耗低（人·kM能耗为道路交通方式的15%～40%），占地面积少（仅为道路交通方式的1/3左右），因此，在绝大多数人文和可持续发展属性的定性评价指标中，轨道交通都具有优势。

5. 磁悬浮列车

我国首条具有完全自主知识产权的中低速磁悬浮商业运营示范线——长沙磁浮快线开通试运营，全长18.55公里，该线路也是世界上最长的中低速磁浮运营线。线路采用具有完全自主知识产权的中低速磁浮交通系统，磁浮列车由中国中车株洲电力机车公司与国防科技大学等高校研发制造，设计最高时速100公里，每列车最大载客量363人。

相较从德国引进、飞驰在世界首条商营磁浮专线的上海高速磁浮列车，长沙中低速磁浮列车具有安全、噪声小、转弯半径小、爬坡能力强等特点，多项成果达到国际领先水平。中国也由此成为世界少数几个掌握中低速磁悬浮列车技术的国家之一。

（五）交通信息化

交通信息化广泛应用现代信息技术和信息资源，加强互联网在交通领域的应用，提供便捷交通运输服务，提高交通资源利用效率，提升运输组织管理水平，实现交通产业升级；提高科研、生产和管理的效率和能力，加快推进交通现代化。使社会公众享有更多的交通信息资源。

"互联网+"便捷交通工程。推进交通基础设施、运输工具、运行信息等互联网化，完善故障预警、运行维护和智能调度系统，发展互联网公共交通、拼车合乘、汽车共享等定制交通，停车、汽车维修等个性化服务。

交通信息互通工程。优化集成现有信息资源，集物流、客流、信息流、资金流等为一体，建设统一兼容、功能完善、高效便捷的综合交通公共信息服务平台和交通运输物流公共信息平台，实现信息的互联互通、及时发布、实时更新、便捷查询。

票务整合工程。推动铁路、民航、道路客运"一站式"票务服务系统建设，提高对社会公众的开放共享程度，积极推广电子客票和单据应用，提供客运"一票式"运输服务。

交通大数据工程。加快部门间数据横向整合，建立不同运输方式的信息采集、交换和共享机制。建设综合交通大数据中心，为便捷交通运输服务提供权威、精准、可靠的数据支持，为交通决策提供基础支撑。

交通控制网工程。先行示范、逐步推广，加大北斗卫星导航系统应用，加快构建车联网、船联网，加强人车路协同，强化交通有效引导和监管，推动驾驶自动化、设施数字化和运行智慧化。

建智慧生态城市。智慧生态城市依托于信息化基础建设的完善，实现生产的信息化、商品交易的信息化和服务的信息化，让市民充分享受到信息化带来的智慧化城市生活。市民普遍可以用近乎"傻瓜式"的操作，在网上购物、聊天，视频获取各种所需的服务，足不出户享受到信息社会的便利。

二、智慧生态交通战略举措

智慧生态城市全面建设以立体交通、绿色出行、慢行系统为代表的智慧生态交通体系；这是以人为本，人与自然协调，交通网络、工具、对象和环境组成的高效统一的复合交通系统。轨道交通、城内公交骨干线和公交支线构成市内的三级公交服务体系。不同层级的公交线路之间、公交线路与慢行交通系统之间分工衔接，满足片区之间、与外围邻近地区之间的公交联系。主动适应经济新常态、加快转变发展方式、推动行业转型升级，提质增效；节约资源、提高能效、便捷高效，控制排放和保护环境。

（一）完善综合交通运输体系规划

完善综合交通运输体系规划，大力优化交通运输布局和结构，加快推进综合交通运输体系建设。

优化顶层设计，从源头上管理好交通出行需求；充分发挥各种运输方式的比较优势和组合效率，加快发展轨道交通和水运等资源节约型、环境友好型运输方式，提高其承运比重，加强城市步行和自行车交通系统建设，优先发展公共交通，提高公共出行和非机动出行比例。

优化装备结构，加快推广应用交通运输节能与新能源装备，积极推进清洁能源汽车和船舶，完善节能减排产品推广机制；积极推进甩挂运输、多式联运。优化能源结构，加快推动交通运输用能方式变革，推进能源动力多元化、清洁化和低碳化，提高车用燃油经济性标准和环保标准，以最少的资源消耗支撑交通运输持续发展。

（二）交通基础设施的低资源占用

发展低资源占用的交通方式，最大限度地发挥资源的效能，以尽可能减少资源消耗。

（1）节约土地资源。处理好交通发展与耕地保护的关系，在地方和区域层面整合交通运输规划和土地利用规划，协调各种交通运输方式的基础设施的规划建设，并与运输需求管理相结合，保证交通建设对土地的占用符合可持续发展的总体要求。

（2）珍惜岸线资源和深水资源。岸线资源是十分重要、稀缺的战略资源，集中了水体开发利用的主要活动，包括水产养殖、石油开采等在内的全部产业，是矛盾集中的焦点区。合理规划岸线，引导交通和各类产业的协调发展十分重要。

（三）减少污染排放冲击生态环境

减少交通运输污染排放对生态环境的冲击，采取以下策略：减少废气排放，降低噪声污染，减少交通运输水体污染，回收交通运输固体废物等。

1. 减少废气排放

使用清洁燃油，严格排放标准，加强交通管理，实施交通总量控制。提高公共交通服务质量，促使私人汽车交通转向公共交通系统，减少汽车使用，同时促进货运方式的生态化改变。实施生态建设工程，改善道路结构，建设环保设施，建设绿化带，使用吸尾气路面等。

2. 降低噪声污染

加强道路规划，优化道路布局，使主要交通干道绕开居民区和住宅区，并采取措施减轻居民区、住宅区噪声；机场要与城市有一定的距离，切实加强机场选址工作，防止飞机噪声扰民。对于现在离城市太近的机场考虑搬迁，建设新机场。同时，城市规划也要防止城市发展向机场靠拢。

采用各种技术措施降低噪声。研究推广低噪声混凝土路面，细骨料外露混凝土路面。铁路轨道采用无缝和无间隙技术，大幅度降低铁路运输的噪声。改善运输车辆结构，改善行驶状态，控制交通量，在道路和轨道交通沿线采用隔声墙等。

3. 减少交通水体污染回收交通固体废物

加强车船的运营管理和工程建设项目中的环境保护，加强环保执法。控制汽车维修和服务中废弃的曲柄油、润滑油、变速和刹车油，抗冻剂、冷却剂和航运中船舶的排放、油轮的漏油和事故、港区排到水域内的工业废水和生活污水。减缓疏浚航道、建造码头对水生物造成的影响。

回收交通固体废物：报废汽车、报废船舶及其相关设备、设施，如电瓶、电池等，必须加强管理，否则后果不堪设想。

（四）强化科技创新和信息化引领

加强重大关键技术研发和推广应用，大力推进"互联网+"等现代信息技术在交通运输领域的应用，促进智慧交通与绿色交通的深度融合；加强智慧生态交通科研基础能力建设，健全技术创新和服务体系，全面提升科研水平；组织实施智慧生态交通科技专项行动，充分发挥政府的引导作用和企业的主体作用，建立智慧生态交通科技投入稳定增长机制。

全面运用电子、信息、通信、计算机、GPS、GIS等高新技术，提高交通系统中的人、物、交通设施和交通工具之间的有机联系，利用交通系统的"时空"资源，降低运输成本，减少交通事故，提高运输效率。

（五）污染预防、监控和紧急救援

建设交通生态环境监测预警和紧急救援信息系统和紧急救援体系；加强污染源头的预防性技术和管理措施，加强地方及区域范围的环境监控，特别在交通流量大的路段、桥梁、隧道、港口、码头和场站等敏感地区。建立环境污染紧急救援系统，组织紧急救援团队，以处理可能的污染事件或事故。

（六）建设低事故率交通运输机制

加强交通安全研究，建立和实施低事故率的交通运输机制。强化市场准入制度，加强安全管理检查，引入经济手段解决运输安全问题（如在危险品运输中采用银行保险的做法），建立处理交通运输事件和事故，保障交通运输安全的应急反应机制。在交通运输的各个环节，从运输基础设施和运输工具到人的管理，采取有效的组织、管理和技术上的措施，提高对重大灾害及突发事件的应对能力，尽可能地减少交通事故率、死亡率和事故损失。

（七）建设智慧生态交通制度体系

坚持依法治理，健全法律法规，将生态文明建设理念融入交通运输法律法规中；有序推进智慧生态交通标准体系建设，逐步提高道路、桥梁、港口、航道等建设标准；加强智慧生态交通重大政策储备，抓好宏观战略研究；提升智慧生态交通监管能力，正确处理政府、企业和市场的关系，加强智慧生态交通统计监测、评价考核体系建设。

（八）着力培育智慧生态交通文化

统筹谋划，将智慧生态交通纳入行业重大主题宣传，结合"节能宣传周"、"低碳日"等活动，大力宣传智慧生态交通理念，倡导绿色出行方式，使智慧生态交通成为全行业的共同目标与价值取向，成为人民群众的共同理念和自觉行动。

城市智慧生态交通离不开公众的积极参与，公众对交通的参与不同于对一般活动的参与，也不同于对环境保护的参与。公众提高自己的素质、改变自己的思想，建立有节制的交通出行观念，用符合智慧生态交通的办法改变自己的交通行为方式。

三、智慧生态交通运输系统

智慧生态交通运输系统是信息化支撑的，以生态规律为基础，考虑生态和交通双重需求，在城市交通规划、建设和运营中，最大限度地降低交通系统正常运转所造成的环境污染和资源消耗的高效便捷安全的交通运输系统，涵盖交通运输方式、交通运输工具和交通运输管理等。

（一）重视步行系统建设

步行交通具有不可替代的优势。重视步行系统的规划和建设，提高中心区人行道标准，改进交叉口设计，增设安全岛；在人流、车流繁忙的路口设置地下通道、天桥等高质量的行人过街设施；在社区、商业区，繁华地区开辟步行街区，改善城市环境景观，打造城市精彩亮点。

城市配套设施的布局合理，人们的购物、游憩、锻炼及社交等弹性出行就会在合理的出行距离内采用随意性的、不受时间约束的步行方式。在交通设施的设计上照顾其生理特点，特别是当今人口老龄化时期，更注重老年人无障碍设计，关照弱者。

步行交通质量是体现城市现代化文明程度的重要标志，需加大步行设施建设，加强步行空间的改造和管理，尤其重视主城中心区步行交通环境建设，努力营造一个安全、舒适的、宜人的步行环境。

（二）弘扬自行车交通

自行车交通是我国城市交通的传统优势。自行车环保、节能、经济、方便、灵活，还可以强身健体。因此，自行车是所有交通工具里面最环保的绿色交通工具。可是现在，这些权利却没有得到应有的保障，在城市改建扩建的过程中，有一些地方挤占甚至取消自行车道。这是一个严重问题，必须立即纠正。自行车在短距离的作用，刚好是汽车，乃至公共交通不能发挥作用的地方。因此，在市中心一定要重视自行车道的建设。欧洲发达国家非常重视自行车交通和自行车道建设。在人均拥有汽车比例十分高的美、日、英、法、德等发达国家，也在积极推广自行车，大力建设自行车道和自行车高速路。我们不要再走发达国家走过的曲折道路，继续推广自行车交通，保持自行车数量，保障自行车道的通畅和便利。同时注意处理好自行车的换乘站点和停车设施。

（三）优先发展公共交通

建立方便、快捷的多层次公共交通系统。公共交通以最低的环境代价、有限的资源实现最多的人、物流动，提供高效率、高品质的服务，是城市智慧生态交通运输系统的基本组成部分。一般情况下，方便、快捷的多层次公共交通系统主要由经生态化改进后的无轨电车、公共汽车、地铁、轻轨等交通工具、方便换乘的公交布局、高效的公交专用道和公交优先的管理系统综合组成。

以提高公共交通分担率为突破口，缓解城市交通压力。尤其在超大、特大城市统筹公共汽车、轻轨、地铁等多种类型公共交通协调发展。加强城市综合交通枢纽建设，促进不同运输方式和城市内外交通之间的顺畅衔接、便捷换乘。扩大公共交通专用道的覆盖范围。实现中心城区公交站点500米内全覆盖。引入市场竞争机制，改革公交公司管理体制，鼓励社会资本参与公共交通设施建设和运营，增强公共交通运力。立法实施道路上公交优先，遏制小轿车挤占公交车道。

（四）适度控制小汽车

小汽车的生产、使用刺激了发展，也是交通拥堵和污染等城市病的重要原因。必须通过政策、价格和停车场等交通设施的控制限制城市中心区的小汽车交通量。现在的许多城市，包括北京、上海等国际大都市，大街小巷的停车占用了大量的道路运输资源，严重恶化了城市的生态空间，必须纠正。

建设地下、楼面和立体停车场，因地制宜，合理布局；设置足够数量的、配有停车诱导系统的公共停车场；制定相关法规，强制房地产商和企事业单位严格按照要求建设内部停车场，限制路边停车以提高通行能力。停车场管理对城市不同区域区别对待，停车收费价格逐步市场化，大幅增加违章停车处罚力度。

（五）智慧生态交通工程规划

智慧生态交通工程规划首先对交通系统做整体评估，然后在云技术和大数据的支持下对交通网络、交通工具、交通对象和交通环境进行规划，坚守以下准则：维系交通与环境和谐、交通与资源和谐、交通与社会和谐、交通与发展协调。

功能协调。智慧生态城市是一个整体。通过改变交通规划观念、开发模式，改变社会生活形态，达到能源清洁、资源高效、经济发展，增加社会活力、提高规划设计创造性，美化城市。

空间协调。按照生态学和城市科学原理，将住宅、交通、基础设施及消费过程与自然生态系统融为一体；通过科学合理的交通规划，合理开发利用自然资源，提高对城市生态系统的影响力，促进社会经济与生态环境协调发展。

时间协调。以自然资源的时空效率最大化来优化交通，实现资源整个配置在时间上的完美结合。对于交通规划的各个具体过程也要达到时间上的协调，统筹各地域规划和各资源配置的同时，解决交通规划的规划阶段划分、规划时间确定、规划工作时间和同步性等问题，让交通规划使资源配置在时效性上达到最佳。

上述三种协调的三维层面可分别看作三位一体的时空融合。其中空间和时间上的协调以功能上的协调为基础。整体规划具有广阔的时空范围和内涵。三维层面协调的目的是智慧协调生态系统各组成部分，找到最佳的时空切入点，达到整个生态系统的最优。

第八节 智慧生态健康工程

健康是促进人的全面发展的必然要求，是经济社会发展的基础条件，是民族昌盛和国家富强的重要标志，也是广大人民群众的共同追求。智慧生态健康工程是信息化支撑的现代健康工程，遵循生态规律、人体健康医学理论，运用现代医疗技术、保健技术、信息技术，广泛使用信息资源；以人的健康为中心，深化改革，转变医学模式，实施全民健身战略、食品安全战略，发展健康医疗大数据、中医药健康服务、先进有效、安全便捷的健康技术，积极应对人口老龄化，建设健康城市。

一、健康中国2030规划纲要

中共中央政治局2016年8月26日召开会议，审议通过"健康中国2030"规划纲要。坚持以保障人民群众健康为中心，把人民健康放在优先发展的战略地位，抓紧研究制定配套政策，坚持问题导向，抓紧补齐短板；从大健康、大卫生的高度出发，加强全局性、战略性思考，从国家层面制定整体性解决方案，推动解决当前和长远重大健康问题。

坚持以人民为中心的发展思想，牢固树立和贯彻落实创新、协调、绿色、开放、共享的发展理念，坚持正确的卫生与健康工作方针，坚持健康优先、改革创新、科学发展、公平公正的原则，以提高人民健康水平为核心，以体制机制改革创新为动力，从广泛的健康影响因素入手，以普及健康生活、优化健康服务、完善健康保障、建设健康环境、发展健康产业为重点，把健康融入所有政策，全方位、全周期保障人民健康，大幅提高健康水平，显著改善健康公平。

推进健康中国建设，要坚持预防为主，推行健康文明的生活方式，营造绿色安全的健康环境，减少疾病发生。调整优化健康服务体系，强化早诊断、早治疗、早康复，坚持保基本、强基层、建机制，更好满足人民群众健康需求。坚持共建共享、全民健康，坚持政府主导，动员全社会参与，突出解决好妇女儿童、老年人、残疾人、流动人口、低收入人群等重点人群的健康问题。强化组织实施，加大政府投入，深化体制机制改革，加快健康人力资源建设，推动健康科技创新，建设健康信息化服务体系，加强健康法治建设，扩大健康国际交流合作。

二、发挥人体自组织功能

人类健康工程以人的健康作为主要发展方向，发挥人体自组织功能，治未病，护健康。以保障人民健康为中心，实现发展方式由以疾病为中心向以健康为中心的转变，延长人均预期寿命。

（一）转变医学模式

当前的医学模式以疾病的诊断和治疗技术为主要方向。这种医学模式的发展趋势是医学的现代化、专门化、精细化和商业化。医学的现代化体现在医院的信息化和规模化，导致高新技术的过度应用；医学的专门化表现在分科的细化，导致专科医生匠人化，失去整体性，容易误判；医学的精细化体现在分子基因诊断、分子基因治疗等，客观上增进了学科发展，达到的目标却渐行渐远；医学的商业化使医院成为人均产值最高和投资热点行业，完全改变了医学的初衷。其现实后果是全球性的医疗危机：非传染性慢病成为人类健康和生命的主要威胁，虽然各国医疗卫生界均投入了大量人力、财力，但从总体上控制不住非传染性慢病的发展，医疗费用消耗已经远远大于社会经济的发展速率，呈现一种不可持续的态势。

造成以上种种现象的原因是医学变成了疾病医学，以疾病的治疗和诊断为主。而实际上疾病是整体失调状态的局部体现；局部体现成什么病，则与性格、行为、遗传等有关，是第二位的。"我们应该看到还原论思想带来的科学进步、带来的现代医学的发展和对生命体由表及里的认知，但也必须清楚：在还原论的指导下，我们对生命和疾病的认识是局部的、分离的，缺乏系统的、综合的、整体的和本质的认识和理解。"，韩启德院士在香山科学会议上指出的这些问题正在达成共识。当前医学的工作重点应从关注疾病为主转向关注整体状态为主。世界卫生组织在《21世纪的挑战》报告中强调："21世纪的医学，不应该继续以疾病为主要领域，应当以人的健康作为医学的主要发展方向。"

慢病肆虐的切入点在恢复自组织能力。这是解决慢病问题、解决困扰人们整整一个世纪难题的人类健康工程的内涵。它的具体内容包括相互联系的两大部分：一是用健康医学模式替代目前的疾病医学模式；二是用健康物联网，在全社会范围内推进健康医学模式。

（二）发挥人自组织功能

人体是一个开放的复杂系统，通常具备五种主导系统运行的系统学原理：自组织原理、开放性原理、能量原理、层次结构或网络化原理、进化原理。这五种系统学原理中，自组织原理是核心，因为自组织原理本身就具备了开放的性质，也是能量耗散的结果，而且自组织过程一定是多层次网络化的，自组织的结果一定具有进化意义。

从健康和疾病的角度看，人的自组织功能主要表现在如下三个方面：自组织系统自发地走向"目的点"的能力是人体强大的维持和促进健康的能力；自组织系统动态内稳机制的存在是人体健康地适应环境的基础，是自组织系统自发地走向"目的环"的体现；自组织系统表现出的自修复能力，是回到"目的点"的能力，因此，这是人体祛除病痛、恢复健康的最安全、最有效的途径。

（三）发扬健康医学模式

人体是一个在内外各种因素作用下的动态内稳态系统。内稳态范围可分为线性非应激区和非线性应激区两部分。前者属对称倒易关系，处于线性非平衡态的稳定状态，是生命的常态，是稳定的、对称的、低功耗的。

生命在一定条件下具有适应环境的能力。当外因（风、寒、暑、湿、燥、火）或内因（七情）对机体的刺激作用超出人体的线性定态性稳态范围而进入内稳态的非线性区，使原有的对称性开始破坏，属于应激反应区。这时，机体会产生普遍性适应综合征（GAS），会在反应之后表现为全面的回归。机体在远离平衡态，进入非线性区之后，会产生新的适应环境的有序功能和有序结构，并产生较高的有序性耗散。但生命体的自组织功能存在自发地走向低耗散、恢复低耗散下的对称性的能力，并在新的环境下，重新建立起上述的线性稳态区，达到再一次的低功耗状态。

人体对新环境的适应存在两个阶段：其一，是功能习服阶段，或称耗散性习服阶段；另一个，是结构习服阶段，或称低耗散习服阶段。这种应激反应所引发的是新的有序结构，一般不会产生不利于整体有序运动的新的无序结构，因此，这类反应是生理性应激反应，是人体适应新环境所必须经历的应激反应。恰当利用它，使它成为促进人体稳态水平提高的主要途径。

随着社会经济的发展，非传染性慢病的肆虐成为当前人类生活的主要矛盾。慢病本质上是自组织功能弱化，是体内形成了持续内部应激原的结果，是系统稳态水平下降、失调、失稳的表现。

健康医学模式提出的理论依据有如下两点：健康人所具备的自组织自修复能力是人体祛除病痛最安全最有效的途径；各类慢性病生成的条件是："状态失稳"与"遗传因素"同时存在即二者"相与"的结果。上述理论依据表明：消除慢病的唯一原理是使上述两个条件不"相与"，而唯一可行的途径是重塑自组织功能，充分运用恢复过来的自修复能力祛除各类慢病，变"状态失稳"为"状态稳定"。

以人为中心的SIR模式是实施健康医学模式的具体形态，其内容不仅指科技，也

包括与人文的结合。在具体实施时不排除
能直接祛除病灶而又不损害整体的办法，
但主要的努力应放在通过序参量的调整、
自组织功能的重建上（图10-1）。

在具体实施SIR模式时应权衡利弊。
对于损伤不大，又有利于祛除病灶所引起
的内源性应激原，可考虑采用节省机体有
序能消耗的直接祛除病灶办法。

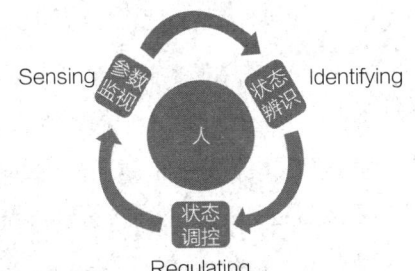

图10-1　健康医学模式实施流程——SIR模式

SIR模式中的重点是"R"环节，即作用在机体自组织系统中"序参量"上的调理。包括饮食、认知教育方面，也包括可工程化的生物反馈、红光辐照、多点同步振动、低频旋磁等设备。在对待癌症、银屑病、慢性高原病等NCD调理试用中已经取得众多令人鼓舞的效果。SIR模式中每个环节的内容都可产业化、网络化，为应对井喷状的慢性病控制提供可行性。

三、全民健身战略食品安全战略

全民健康是国家综合实力的重要体现，是经济社会发展进步的重要标志。全民健身是实现全民健康的重要途径和手段，是全体人民增强体魄、生活幸福的基础保障。实施全民健身计划是国家的重要发展战略。过去五年，覆盖城乡、比较健全的全民健身公共服务体系基本形成，为提供更加完备的公共体育服务、建设体育强国奠定了坚实基础。今后五年，面对人民群众日益增长的体育健身需求、全面建成小康社会的目标要求、推动健康中国建设的机遇挑战，需要更加准确把握新时期全民健身发展内涵的深刻变化，不断开拓发展新境界，使其成为健康中国建设的有力支撑和全面建成小康社会的国家名片。

发展体育事业，加强群众健身活动场地和设施建设，推行公共体育设施免费或低收费开放。实施青少年体育活动促进计划，培育青少年体育爱好和运动技能，推广普及足球、篮球、排球、冰雪等运动，完善青少年体质健康监测体系。发展群众健身休闲项目，鼓励实行工间健身制度，实行科学健身指导。促进群众体育与竞技体育全面协调发展。鼓励社会力量发展体育产业。

完善食品安全法规制度，提高食品安全标准，强化源头治理，全面落实企业主体责任，实施网格化监管，提高监督检查频次和抽检监测覆盖面，实行全产业链可追溯管理。开展国家食品安全城市创建行动。深化药品医疗器械审评审批制度改革，探索按照独立法人治理模式改革审评机构。推行药品经营企业分级分类管理。加快完善食品监管制度，健全严密高效、社会共治的食品药品安全治理体系。加大农村食品药品安全治理力度，完善对网络销售食品药品的监管。加强食品药品进口监管。

四、创新发展健康技术

应对重大疾病和人口老龄化挑战，促进生命科学、中西医药、生物工程等多领域技术融合，提升重大疾病防控、公共卫生、生殖健康等技术保障能力。研发创新药物、新型疫苗、先进医疗装备和生物治疗技术。推进中华传统医药现代化。促进组学和健康医疗大数据研究，发展精准医学，研发遗传基因和慢性病易感基因筛查技术，提高心脑血管疾病、恶性肿瘤、慢性呼吸性疾病、糖尿病等重大疾病的诊疗技术水平。开发数字化医疗、远程医疗技术，推进预防、医疗、康复、保健、养老等社会服务网络化、定制化，发展一体化健康服务新模式，显著提高人口健康保障能力，有力支撑健康城市建设。

（一）推进健康保障信息化

加快全民健康保障信息化工程建设，建立区域性医疗卫生信息平台，实现电子健康档案和电子病历的连续记录以及不同级别、不同类别医疗机构之间的信息共享，确保转诊信息畅通。提升远程医疗服务能力，利用信息化手段促进医疗资源纵向流动，提高优质医疗资源可及性和医疗服务整体效率，鼓励二、三级医院向基层医疗卫生机构提供远程会诊、远程病理诊断、远程影像诊断、远程心电图诊断、远程培训等服务，鼓励有条件的地方探索"基层检查、上级诊断"的有效模式。促进跨地域、跨机构就诊信息共享。发展基于互联网的医疗卫生服务，充分发挥互联网、大数据等信息技术手段在分级诊疗中的作用。

（二）发展健康医疗大数据

健康医疗大数据是重要的基础性战略资源。健康医疗大数据应用发展将带来健康医疗模式的深刻变化，有利于激发深化医药卫生体制改革的动力和活力，提升健康医疗服务效率和质量，扩大资源供给，不断满足人民群众多层次、多样化的健康需求，有利于培育新的业态和经济增长点。顺应新兴信息技术发展趋势，规范和推动健康医疗大数据融合共享、开放应用。

1. 发展健康医疗大数据指导思想

发挥市场在资源配置中的决定性作用，更好发挥政府作用，以保障全体人民健康为出发点，强化顶层设计，夯实基层基础，完善政策制度，创新工作机制，大力推动政府健康医疗信息系统和公众健康医疗数据互联融合、开放共享，消除信息孤岛，积极营造促进健康医疗大数据安全规范、创新应用的发展环境，通过"互联网+健康医疗"探索服务新模式、培育发展新业态，努力建设人民满意的医疗卫生事业。

2. 全面深化健康医疗大数据应用

推进健康医疗临床和科研大数据应用，加强人口基因信息安全管理，推动精准医疗技术发展。围绕重大疾病临床用药研制、药物产业化共性关键技术等需求，建立药物副作用预测、创新药物研发数据融合共享机制。充分利用优势资源，系统加强临床和科研数据资源整合共享，提升医学科研及应用效能。

加强公共卫生业务信息系统建设，完善免疫规划、网络直报、网络化急救、职业病防控、口岸公共卫生风险预警决策等信息系统以及移动应急业务平台应用功能，推进医疗机构、公共卫生机构和口岸检验检疫机构的信息共享和业务协同，全面提升公共卫生监测评估和决策管理能力。

整合社会网络公共信息资源，完善疾病敏感信息预警机制，及时掌握和动态分析全人群疾病发生趋势，提高突发公共卫生事件预警与应急响应能力。整合环境卫生、饮用水、健康危害因素、口岸医学媒介生物和核生化等多方监测数据，有效评价影响健康的社会因素。开展重点传染病、职业病、口岸输入性传染病和医学媒介生物监测，整合传染病、职业病多源监测数据，建立实验室病原检测结果快速识别网络体系，有效预防控制重大疾病。推动疾病危险因素监测评估和妇幼保健、老年保健、国际旅行卫生健康保健等智能应用，普及健康生活方式。

积极鼓励社会力量创新发展健康医疗业务，促进健康医疗业务与大数据技术深度融合，加快构建健康医疗大数据产业链，不断推进健康医疗与养生、养老、家政等服务业协同发展。发展居家健康信息服务，规范网上药店和医药物流第三方配送等服务，推动中医药养生、健康养老、健康管理、健康咨询、健康文化、体育健身、健康医疗旅游、健康环境、健康饮食等新型产业发展。

3. 推"互联网+健康医疗"服务

发展健康医疗便民惠民服务。发挥优质医疗资源的引领作用，鼓励社会力量参与，整合线上线下资源，规范医疗物联网和健康医疗应用程序（APP）管理，大力推进互联网健康咨询、网上预约分诊、移动支付和检查检验结果查询、随访跟踪等应用，优化形成规范、共享、互信的诊疗流程。探索互联网健康医疗服务模式。以家庭医生签约服务为基础，推进居民健康卡、社会保障卡等应用集成，激活居民电子健康档案应用，推动覆盖全生命周期的预防、治疗、康复和健康管理的一体化电子健康服务。

全面建立远程医疗应用体系。实施健康中国云服务计划，建设健康医疗服务集成平台，提供远程会诊、远程影像、远程病理、远程心电诊断服务，健全检查检验结果互认共享机制。推进大医院与基层医疗卫生机构、全科医生与专科医生的数据资源共享和业务协同，健全基于互联网、大数据技术的分级诊疗信息系统，延伸放大医疗卫生机构服务能力，有针对性地促进"重心下移、资源下沉"。

五、发展中医药健康服务

健全中医医疗保健服务体系，创新中医药服务模式，提升基层服务能力，发展中医药健康服务。开展中药资源普查，加强中药资源保护，建立中医古籍数据库和知识库。加快中药标准化建设，提升中药产业水平。建立大宗、道地和濒危药材种苗繁育基地，促进中药材种植业绿色发展。支持民族医药发展。推广中医药适宜技术，推动中医药服务走出去。

（一）基本形势

中医药作为我国独特的卫生资源、潜力巨大的经济资源、具有原创优势的科技资源、优秀的文化资源和重要的生态资源，在经济社会发展中发挥着重要作用。随着我国现代化深入发展，人口老龄化进程加快，健康服务业蓬勃发展，人民群众对中医药服务的需求越来越旺盛，迫切需要继承、发展、利用好中医药，充分发挥中医在深化医药卫生体制改革中的作用，造福人类健康。

日本、韩国、印度、泰国中医发展迅速，大有"四分天下"的趋势，我国中草药出口占国际市场总额的比例下降，我国中医产业发展面临"倒逼"压力。近年来，国内兴起的将农业+养生+中医药+旅游结合的方法，备受欢迎，而且流传到了欧洲等国。这既是中医产业发展的创新，更是中医国际化的具体举措。

正确认识形势，把握机遇，扎实推进中医药事业持续健康发展。深化医药卫生体制改革，加快推进健康中国建设，迫切需要在构建中国特色基本医疗制度中发挥中医药独特作用。适应未来医学从疾病医学向健康医学转变、医学模式从生物医学向生物—心理—社会模式转变的发展趋势，迫切需要继承和发展中医药的绿色健康理念、天人合一的整体观念、辨证施治和综合施治的诊疗模式、运用自然的防治手段和全生命周期的健康服务。促进经济转型升级，培育新的经济增长动能，迫切需要加大对中医药的扶持力度，进一步激发中医药原创优势，促进中医药产业提质增效。传承和弘扬中华优秀传统文化，迫切需要进一步普及和宣传中医药文化知识。实施"走出去"战略，推进"一带一路"建设，迫切需要推动中医药海外创新发展。

（二）指导思想

牢固树立五大发展理念，坚持中西医并重，从思想认识、法律地位、学术发展与实践运用上落实中医药与西医药的平等地位，充分遵循中医药自身发展规律，以继承创新为主题，以提高中医药发展水平为中心，以完善符合中医药特点的管理体制和政策机制为重点，以增进和维护人民群众健康为目标，拓展中医药服务领域，促进中西医结合，发挥中医药在促进卫生、经济、科技、文化和生态文明发展中的独特作用，统筹推进中医药事业振兴发展。

（三）切实提高中医医疗服务能力

完善覆盖城乡的中医医疗服务网络。提高中医药防病治病能力。实施中医临床优势培育工程，加强在区域内有影响力、科研实力强的省级或地市级中医医院能力建设。建立中医药参与突发公共事件应急网络和应急救治工作协调机制，提高中医药应急救治和重大传染病防治能力。持续实施基层中医药服务能力提升工程，提高县级中医医院和基层医疗卫生机构中医优势病种诊疗能力、中医药综合服务能力。建立慢性病中医药监测与信息管理制度，推动建立融入中医药内容的社区健康管理模式，开展高危人群中医药健康干预，提升基层中医药健康管理水平。大力发展中医非药物疗法，充分发挥其在常见病、多发病和慢性病防治中的独特作用。建立中医医院与基层医疗卫生机构、疾病预防控制机构分工合作的慢性病综合防治网络和工作机制，加快形成急慢分治的分级诊疗秩序。

促进中西医结合。运用现代科学技术，推进中西医资源整合、优势互补、协同创新。加强中西医结合创新研究平台建设，强化中西医临床协作，开展重大疑难疾病中西医联合攻关，形成独具特色的中西医结合诊疗方案，提高重大疑难疾病、急危重症的临床疗效。探索建立和完善国家重大疑难疾病中西医协作工作机制与模式，提升中西医结合服务能力。积极创造条件建设中西医结合医院。完善中西医结合人才培养政策措施，建立更加完善的西医学习中医制度，鼓励西医离职学习中医，加强高层次中西医结合人才培养。

促进民族医药发展。放宽中医药服务准入。推动"互联网+"中医医疗。大力发展中医远程医疗、移动医疗、智慧医疗等新型医疗服务模式。构建集医学影像、检验报告等健康档案于一体的医疗信息共享服务体系，逐步建立跨医院的中医医疗数据共享交换标准体系。探索互联网延伸医嘱、电子处方等网络中医医疗服务应用。利用移动互联网等信息技术提供在线预约诊疗、候诊提醒、划价缴费、诊疗报告查询、药品配送等便捷服务。

（四）大力发展中医养生保健服务

加快中医养生保健服务体系建设。研究制定促进中医养生保健服务发展的政策措施，支持社会力量举办中医养生保健机构，实现集团化发展或连锁化经营。实施中医治未病健康工程，加强中医医院治未病科室建设，为群众提供中医健康咨询评估、干预调理、随访管理等治未病服务，探索融健康文化、健康管理、健康保险于一体的中医健康保障模式。鼓励中医医院、中医医师为中医养生保健机构提供保健咨询、调理和药膳等技术支持。

提升中医养生保健服务能力。鼓励中医医疗机构、养生保健机构走进机关、学校、企业、社区、乡村和家庭，推广普及中医养生保健知识和易于掌握的理疗、推拿等中医养生保健技术与方法。鼓励中医药机构充分利用生物、仿生、智能等现代科学技术，研发一批保健食品、保健用品和保健器械器材。加快中医治未病技术体系与产业体系建设。推广融入中医治未病理念的健康工作和生活方式。

发展中医药健康养老服务。推动中医药与养老融合发展，促进中医医疗资源进入养老机构、社区和居民家庭。支持养老机构与中医医疗机构合作，建立快速就诊绿色通道，鼓励中医医疗机构面向老年人群开展上门诊视、健康查体、保健咨询等服务。鼓励中医医师在养老机构提供保健咨询和调理服务。鼓励社会资本新建以中医药健康养老为主的护理院、疗养院，探索设立中医药特色医养结合机构，建设医养结合示范基地。

发展中医药健康旅游服务。推动中医药健康服务与旅游产业有机融合，发展以中医药文化传播和体验为主题，融中医疗养、康复、养生、文化传播、商务会展、中药材科考与旅游于一体的中医药健康旅游。开发具有地域特色的中医药健康旅游产品和线路，建设中医药健康旅游示范基地和中医药健康旅游综合体。加强中医药文化旅游商品的开发生产。推进中医药健康旅游服务标准化和专业化。举办"中国中医药健康旅游年"，支持举办国际性的中医药健康旅游展览、会议和论坛。

（五）大力弘扬中医药文化

繁荣发展中医药文化。大力倡导"大医精诚"理念，强化职业道德建设，形成良好行业风尚。实施中医药健康文化素养提升工程，加强中医药文物设施保护和非物质文化遗产传承，推动更多非药物中医诊疗技术列入联合国教科文组织非物质文化遗产名录和国家级非物质文化遗产目录，使更多古代中医典籍进入世界记忆名录。推动中医药文化国际传播，展示中华文化独特魅力，提升我国文化软实力。

发展中医药文化产业。推动中医药与文化产业融合发展，探索将中医药文化纳入文化产业发展规划。创作承载中医药文化的创意产品和文化精品。促进中医药与广播影视、新闻出版、数字出版、动漫游戏、旅游餐饮、体育演艺等有效融合，发展新型文化产品和服务。培育知名品牌和企业，提升中医药与文化产业融合发展水平。

六、积极应对人口老龄化

我国已经进入人口老龄化快速发展阶段，截至2015年年底，我国60岁及以上老年人口22200万人，占总人口的16.1%。其中65岁及以上人口14386万人，占总人口的10.5%。积极开展应对人口老龄化行动，弘扬敬老、养老、助老社会风尚，建设以居家为基础、社区为依托、机构为补充的多层次养老服务体系，推动医疗卫生和养老服务相结合，探索建立长期护理保险制度。全面放开养老服务市场，通过购买服务、股权合作等方式支持各类市场主体增加养老服务和产品供给。

敬老爱老是中华民族的传统美德。把弘扬孝亲敬老纳入社会主义核心价值观宣传教育，建设具有民族特色、时代特征的孝亲敬老文化。在全社会开展人口老龄化国情教育、老龄政策法规教育，引导全社会增强接纳、尊重、帮助老年人的关爱意识和老年人自尊、自立、自强的自爱意识。加强家庭建设，教育引导人们自觉承担家庭责任、树立良好家风，巩固家庭养老基础地位。

加快发展养老服务业。不断满足老年人持续增长的养老服务需求，从国情出发，把不断满足老年人日益增长的养老服务需求作为出发点和落脚点，充分发挥政府作用，通过简政放权，创新体制机制，激发社会活力，充分发挥社会力量的主体作用，健全养老服务体系，满足多样化养老服务需求，努力使养老服务业成为积极应对人口老龄化、保障和改善民生的重要举措，成为扩大内需、增加就业、促进服务业发展、推动经济转型升级的重要力量。

着力发挥老年人的积极作用。老年人活到老，学到老；发扬优良传统，运用坚实功底和丰富经验，继续发挥专业作用。同时，发挥老年人优良品行在家庭教育中的潜移默化作用和对社会成员的言传身教作用，发挥老年人在化解社会矛盾、维护社会稳定中的经验优势和威望优势，发挥老年人对年轻人的传帮带作用。为老年人发挥作用创造条件，引导老年人保持老骥伏枥、老当益壮的健康心态和进取精神，发挥正能量，作出新贡献。

坚持党委领导、政府主导、社会参与、全民行动相结合，坚持应对人口老龄化和促进经济社会发展相结合，坚持满足老年人需求和解决人口老龄化问题相结合，努力挖掘人口老龄化给国家发展带来的活力和机遇，努力满足老年人日益增长的物质文化需求，推动老龄事业全面协调可持续发展。

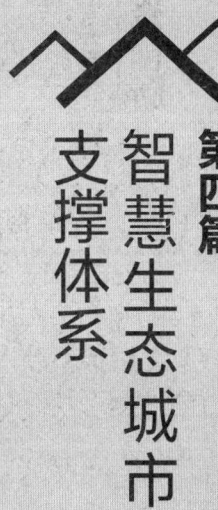

第四篇
智慧生态城市
支撑体系

智慧生态城市支撑体系涵盖理念创新、政策引导和科技支撑。

智慧生态城市的提出是发展模式理念的创新，源自城市发展的人类智慧，及其对生态、生态智慧和智慧生态等的深入思考。以人为中心，智慧是精髓，生态是基础，融合是关键。

第一节　智慧与生态

智慧是生物具有的基于神经器官的一种高级综合能力，包含：感知、知识、记忆、理解、联想、情感、逻辑、辨别、计算、分析、判断、文化、中庸、包容、决定等多种能力。智慧让人可以深刻地理解人、事、物、社会、宇宙、现状、过去、将来，拥有思考、分析、探求真理的能力，使我们做出导致成功的决策；拥有突出智慧的人被尊称为智者。

一、智慧

智慧是对事物认识、辨析、判断处理和发明创造的能力。智慧是由智力体系、知识体系、方法与技能体系、非智力体系、观念与思想体系、审美与评价体系等多个子系统构成的复杂系统，包括遗传智慧与获得智慧、生理机能与心理机能、直观与思维、意向与认识、情感与理性、道德与美感、智力与非智力、显意识与潜意识、已具有的智慧与智慧潜能等众多要素。

生态指生物的生活状态，即生物在一定的自然环境下生存和发展的状态，也指生物的生理特性和生活习性。

二、生态的现代词义

生态学一词是1865年勒特（Reiter）合并两个希腊字logos（研究）和oikos（房屋、住所）构成的生态学（Oikologie）一词。德国生物学家海克尔（H. Haeckel）首次把生态学定义为"研究动物与有机及无机环境相互关系的科学"。日本东京帝国大学三好学于1895年把ecology一词译为"生态学"，后经武汉大学张挺教授介绍到我国。

生态指一切生物的生存状态，以及它们之间和它与环境之间环环相扣的关系。生态学的产生最早也是从研究生物个体开始的。如今，生态学已经渗透到各个领域，"生态"一词涉及的范畴也越来越广，人们常常用"生态"来定义许多美好的事物，如健康的、美的、和谐的等事物均可冠以"生态"修饰。当然，不同文化背景的人对"生态"的定义会有所不同，多元的世界需要多元的文化，正如自然界的"生态"所追求的物种多样性一样，以此来维持生态系统的平衡发展。

三、生态系统

生态系统（Ecosystem）指由生物群落与无机环境构成的统一整体。生态系统的范围可大可小，相互交错，最大的生态系统是生物圈；最为复杂的生态系统是热带雨林生态系统，人类主要生活在以城市和农田为主的人工生态系统中。生态系统是开放系统，为了维系自身的稳定，生态系统需要不断输入能量，否则就有崩溃的危险；许多基础物质在生态系统中不断循环，其中碳循环与全球温室效应密切相关，生态系统是生态学领域的一个主要结构和功能单位，属于生态学研究的最高层次。

第二节 生态智慧

生态智慧（Ecological wisdom）指理解复杂多变的生态关系并在其中健康生存和发展下去的主体素质；是生命体在长期与环境相互作用过程中积累形成的各种能使环境更适于生存的生存策略和生存理念的总和（赵红，等，2008）。生态智慧来源于生物对环境的适应，而这种"对环境的适应是一切智慧最原始和最深刻的根源"。生态智慧是人们对事物符合生态观点和生态规律的认识的结晶（梅军，2009），是人们正确地理解和处理生态问题的能力（邵金峰，2012）。从人类对其传统聚落的不同的营建角度，生态智慧的表现主要分为两方面：一是生态性的思想智慧，这是人们在理解聚落周边的气候、地理、人文等生态关系后得出的生态和谐理念；二是智慧性的生态对策，人们在实践中充分利用自身智慧、技能和手段，合理规划布局，运用朴素措施，使环境要素充分为人所用（孙杨栩，等，2012）。

一、中国生态智慧

以儒、释、道为中心的中国传统文化，在几千年的发展过程中包含着丰富的生态智慧，形成了系统的生态伦理思想，给我们提供了一个认识和解决当前生态困境的思路及方法。

中国儒家生态智慧的核心是德行，尽心知性而知天，主张"天人合一"，其本质是"主客合一"，肯定人与自然界的统一。所谓"天地变化，圣人效之"，"与天地相似，故不违"，"知周乎万物，而道济天下，故不过"。儒家通过肯定天地万物的内在价值，主张以仁爱之心对待自然，讲究天道人伦化和人伦天道化，通过家庭、社会进一步将伦理原则扩展自然，体现了以人为本的价值取向和人文精神。正如《中庸》里说："能尽人之性，则能尽物之性；能尽物之性，则可以赞天地之化育；可以赞天地之化育，则可以与天地参矣。"儒家的生态伦理，反映了对宽容和谐的理想社会的追求。

中国道家的生态智慧是一种自然主义的空灵智慧，通过敬畏万物来完善自我生命。道家强调人要以尊重自然规律为最高准则，以崇尚自然效法天地作为人生行为的基本皈依。强调人必须顺应自然，达到"天地与我并生，而万物与我为一"的境界。庄子把一种物中有我，我中有物，物我合一的境界称为"物化"，也是主客体的相融。这种追求超越物欲，肯定物我之间同体相合的生态哲学，在中国传统文化中具有不可替代的作用，也与现代环境友好意识相通，与现代生态伦理学相合。

中国佛教的生态智慧的核心是在爱护万物中追求解脱，它启发人们通过参悟万物的本真来完成认知，提升生命。佛家认为万物是佛性的统一，众生平等，万物皆有生存的权利。《涅槃经》中说："一切众生悉有佛性，如来常住无有变异。"认为一切生命既是其自身，又包含他物，善待他物即是善待自身。佛教正是从善待万物的立场出发，把"勿杀生"奉为"五戒"之首，生态伦理成为佛家慈悲向善的修炼内容，生态实践成为觉悟成佛的具体手段，这种在人与自然的关系上表现出的慈悲为怀的生态伦理精神，客观上为人们提供了通过利他主义来实现自身价值的通道。

二、中华传统核心

中华民族有特殊性，其最大特殊性在于它是全世界唯一以国家形态传承，而又同根、同文、同种延续几千年的民族。其文化理念蕴含着深刻的生态智慧，其伦理与制度充满着这种深刻的生态智慧，其生活方式实践着这种深刻的生态智慧，其历史传统延续着这种深刻的生态智慧。

中国传统文化的主流是儒、释、道三家，在它们的共同作用下，中华民族形成了自己独特的文化体，即中庸、和谐、包容。这套文化体系不光有伦理准则，更有一系列政治制度与生活实践，比如大一统的文官制度、科举制度、乡绅制度、教育制度等，它一贯倡导有序、平衡、包容、协调，这正是中华民族延续至今不灭的根本原因。

一些人认为，中华民族文化是农业文明的产物。它的物质基础已被全面推翻，其价值观并不适用于今天的工业化社会，这是错误的想法。中华传统的核心就是追求人与自然的和谐统一，这种价值观在现实制度和生活中就具体落实为一个"度"字。"度"就是分寸，就是节制，就是礼数，就是平衡，就是和谐。"度"是一种从容回旋的空间，是一种进退有余的艺术，是一种节制合适的平衡，是一种立身达人的智慧。概言之，"度"不仅是中国人的政治智慧，也是中国人的生活智慧，更是中国生态智慧的凝练表达。

这种智慧不光存在于圣贤典籍中，还通过家族和礼仪牢牢地在基层社会中扎下了根，这也是中华传统伟大的一点。在传统社会中，大到国家制度、施政方针，小到士农工商、琴棋书画，古代圣贤典籍中四书五经的大道和世俗官民生活中的小道融会贯通，相辅相成，共同构成了根深叶茂的参天大树，如治家之道、茶道、商道、剑道、酒道、弈道、医道、药道、江湖道等。

所谓道，就是精神，就是原则，就是境界。上连天道自然，下通人伦日用。不追求物质享受的最大化，而是追求生命之美和人生意境，使得生态文明中的日常生活超越了现实的功利追求。这些生活实践看似涓涓细流，却共同汇成了生态文明所需要的健康文明的生活方式。这种从容有度的生活方式通过节制人的无限欲望，追求充实饱满的精神世界，能够纠正西方工业文明所带来的消费主义和虚无主义的重重迷雾。

第三节   发扬中华优秀文化传统

"中华优秀传统文化是中华民族的精神命脉，是涵养社会主义核心价值观的重要源泉，也是我们在世界文化激荡中站稳脚跟的坚实根基。只要中华民族一代接着一代追求真善美的道德境界，我们的民族就永远健康向上、永远充满希望。"走向社会主义生态文明新时代，千里之行，始于足下，历史担当任重道远，务必要同心同德、协力互动、共建共享、持之以恒。坚持把培育生态文化作为重要支撑，为实现中华民族伟大复兴、永续发展，贡献智慧和力量。

文化是民族的血脉与灵魂，是国家发展、民族振兴、文明进步的重要支撑。华夏五千年，孕育了博大精深的生态文化，凝缩为中华民族世代传承的生态智慧和文化瑰宝，是中华文化的重要组成部分。生态文明时代的开启，生态文化的崛起，象征着人类生态文明意识的觉醒和经济发展方式的历史性转型，是中国国情之必然，更是人类可持续发展的必由之路。

自然生态系统是人类生命的支撑。人与自然的关系，基于人类对于自然生态系统的依赖和对自然资源的利用；而人与人的关系，又基于人类占有、利用自然资源创造并扩张财富的权益关系；人与自然的关系，制约着人与人、人与社会的关系，人类对自然生态系统及其资源利用的"进退取舍"，都基于其价值取向。从原始社会敬畏屈从于自然，农耕文明有限地改造自然，工业文明征服控制自然，到生态文明奉行人与自然和谐共荣，深刻地折射出不同历史发展阶段人类经济社会发展转型对主流文化的选择至关人与自然的关系和人类的可持续发展。积极培育生态文化，将生态价值观、生态道德观、生态发展观、生态消费观、生态政绩观等生态文明核心理念，纳入社会主义主流价值观，成为国家意识和时尚追求。

保护和建设历史底蕴厚重、时代特色鲜明、生态文化品质高尚的智慧生态城镇。旧城改造注重保护历史文化遗产、民族文化风格和传统风貌，促进功能提升与文化文物保护相结合；新城新区建设注重融入传统文化元素，与原有城市自然人文特征相协调，扶持地方特色文化发展，保存城镇独有的典型的文化记忆；在保护本土文化的前提下，促进传统文化与现代文化、本土文化与外来文化和谐交融、创新发展。

第四节　智慧生态

　　智慧与生态具有内在的关联性，两者相结合，融合发展，形成新的城市类型——"智慧生态城市"；智慧生态城市是生态文明新时代的现代化城市、是城乡可持续发展模式。发扬中华生态智慧，促进信息化和工业化深度融合、工业化和城镇化良性互动、城镇化和农业现代化相互协调，加快推进农业现代化；促进城镇发展与产业支撑、就业转移和人口集聚相统一，促进城乡要素平等交换和公共资源均衡配置，形成以工促农、以城带乡、工农互惠、城乡一体的新型工农、城乡关系。"用循环经济和生态经济的理论来指导工业发展，实现工业化和资源、环境、生态的协调发展。""在产业结构层面，要大力构建以现代服务业和先进制造业为主体的资源节约型产业框架，在改善劳动密集型产业的同时，逐步以知识密集、技术密集、资本密集的环境友好型产业取代现有的资源密集型和土地密集型产业；依靠科技进步，推进三次产业之间优势互补，协调好产业之间的资源循环利用。"

一、信息化与工业化深度融合

　　推动信息化和工业化深度融合是加快转变发展方式，促进四化同步发展的重大举措，是走中国特色新型工业化道路的必然选择。当前，我国工业正处于转型升级的攻坚时期，国际产业竞争日趋激烈，核心竞争力不足、资源环境约束强化、要素成本上升等矛盾日益突出。全球新一轮科技革命和产业分工调整对我国工业发展既有挑战，也有实现赶超的机遇。推动以信息化带动工业化，以工业化促进信息化，对于破解当前发展瓶颈，实现工业转型升级，具有十分重要的意义。

　　加快工业化和信息化深度融合，把数字化、网络化、智能化、绿色化作为提升产业竞争力的技术基点，推进各领域新兴技术跨界创新，构建结构合理、先进管用、开放兼容、自主可控、具有国际竞争力的现代产业技术体系，以技术的群体性突破支撑引领新兴产业集群发展，推进产业质量升级。

发展新一代信息网络技术，增强经济社会发展的信息化基础。加强类人智能、自然交互与虚拟现实、微电子与光电子等技术研究，推动宽带移动互联网、云计算、物联网、大数据、高性能计算、移动智能终端等技术研发和综合应用，加大集成电路、工业控制等自主软硬件产品和网络安全技术攻关和推广力度，为我国经济转型升级和维护国家网络安全提供保障。

发展智能绿色制造技术，推动制造业向价值链高端攀升。重塑制造业的技术体系、生产模式、产业形态和价值链，推动制造业由大到强转变。发展智能制造装备等技术，加快网络化制造技术、云计算、大数据等在制造业中的深度应用，推动制造业向自动化、智能化、服务化转变。对传统制造业全面进行绿色改造，由粗放型制造向集约型制造转变。加强产业技术基础能力和试验平台建设，提升基础材料、基础零部件、基础工艺、基础软件等共性关键技术水平，发展高端装备和产品。

"十三五"时期是我国制造业提质增效、由大变强的关键期，要深入实施《中国制造2025》，建设制造强国。加快发展新型制造业、智能制造，建设制造业创新中心，形成以创新中心为核心、以服务平台和工程数据中心为重要支撑的制造业创新网络。

二、信息化与农业现代化深度融合

农业信息化的发展要以一定程度的现代农业发展为前提，现代农业的全面推进又将进一步促进农业信息化的发展，二者相互促进、互为支撑。我国农业发展面临着资源与市场的双重约束，迫切需要转变发展方式。以国家物联网示范工程智能农业项目和农业部物联网区试工程项目为标志，我国农业生产信息化开始破题，大田作物滴灌、设施园艺环境监控、畜牧水产养殖环境监测技术得到初步应用。

我国农村信息基础设施日趋完善，城乡"数字鸿沟"进一步缩小。信息技术与农艺技术进一步深度融合，多种信息技术的结合与集成明显成为农业生产智能化的发展方向，信息技术在农业中的开发应用向集成、专业和全方向发展。农业信息服务进一步呈现多元化发展，信息服务主体将由政府为主向多元化格局快速演进，政府将继续发挥主导作用，各类企业将成为农业信息服务的重要建设和推进主体，各类中介组织将成为农业信息服务建设和推进的重要补充。农业信息资源开发利用向大数据、云计算演进，为现代农业提供全方位、立体化数据保障。

三、信息化与城镇化融合发展

当今中国，城镇化与工业化、信息化和农业现代化同步发展，是现代化建设的核心内容。信息化为发展注入新的活力，城镇化承载工业化和信息化发展空间，带动农业现代化加快发展发挥着不可替代的融合作用。

（一）城镇化是现代化必由之路

城镇化是现代化的必由之路，是我国最大的内需潜力和发展动能所在。牢固树立五大发展理念，按照统筹城乡发展的要求，围绕稳增长、调结构、惠民生，紧紧抓住人的城镇化这个核心和提高质量这个关键，用改革的办法和创新的精神，全面推进新型城镇化建设，着力推动农业转移人口市民化，着力增加适应居民需求的公共产品和公共服务供给，着力构建与农业现代化相辅相成、相互促进的体制机制，惠及更多城乡群众，为促进经济中高速增长、迈向中高端水平注入强劲动力（李克强）。

（二）以人为核心推进新型城镇化

健全人口信息管理制度。加强和完善人口统计调查制度，进一步改进人口普查方法，健全人口变动调查制度。加快推进人口基础信息库建设，分类完善劳动就业、教育、收入、社保、房产、信用、计生、税务等信息系统，逐步实现跨部门、跨地区信息整合和共享，在此基础上建设覆盖全国、安全可靠的人口综合信息库和信息交换平台，到2020年在全国实行以公民身份号码为唯一标识，依法记录、查询和评估人口相关信息制度，为人口服务和管理提供支撑。加强农民工职业技能培训，提高就业创业能力和职业素质。实现就业信息全国联网，为农民工提供免费的就业信息和政策咨询。探索社区管理新体制。探索区直接管理与服务社区体制；推进社会服务管理信息化，形成居民生活全方位服务、生命周期终身服务和社会治理全程服务一体化。

（三）统筹推进科学布局城镇化

根据资源环境承载能力构建科学合理的城镇化宏观布局，以综合交通网络和信息网络为依托，科学规划建设城市群，严格控制城镇建设用地规模，严格划定永久基本农田，合理控制城镇开发边界，优化城市内部空间结构，促进城市紧凑发展，提高国土空间利用效率。运用现代信息技术手段加强土地利用变更情况监测监管。实施区域环境信息共建共享，建立跨省区域环境协作模式，强化环境权益保障机制。加大依法管理网络力度，加快完善互联网管理领导体制，确保国家网络和信息安全。

统筹区域、城乡基础设施网络和信息网络建设，深化城市间分工协作和功能互补，加快一体化发展。统筹制定实施城市群规划，明确城市群发展目标、空间结构和开发方向，明确各城市的功能定位和分工，统筹交通基础设施和信息网络布局，加快推进城市群一体化进程。推动各种交通方式、城市道路交通管理系统的信息共享和资源整合。运用信息化等手段，强化对城市规划管控的技术支撑。

（四）运用大数据驱动城镇化

大数据时代，数据资产的规模和活性，将成为左右一个行业、一座城市是否具备可持续发展的支配性要素。大数据驱动的城镇信息化，追求百业的繁荣发展、居民的幸福安康、政府的便捷服务三者协同发展。发挥数据资产价值，促进产业融合与升级，提供便利、快捷的公共服务，使城市更加宜居、安全、幸福。

大数据蕴藏着巨大的资源和财富。城市信息化为城市在发展中遇到的问题、民生的衣食住行安的难题提供解决之道。

（五）站在新起点促新型城镇化

新型城镇化建设一定要站在新起点、取得新进展。坚持以五大发展理念为引领，以人的城镇化为核心，更加注重提高户籍人口城镇化率，更加注重城乡基本公共服务均等化，更加注重环境宜居和历史文脉传承，更加注重提升人民群众获得感和幸福感。遵循科学规律，加强顶层设计，统筹推进相关配套改革，鼓励各地因地制宜、突出特色、大胆创新，积极引导社会资本参与，促进中国特色新型城镇化持续健康发展（习近平）。

四、信息化与生态建设融合发展

自有生命开始就有生态，是一个演进过程。随着工业化进程的加快，生态渐渐招架不住，不由自主地偏离了方向，人们也因此付出了沉重的代价。因此，必须按照自然规律，补上生态课，正本清源，从容地站在工业化的肩膀上。

没有信息化，就没有现代化。生态建设，离不开信息化。信息化的倍增性和渗透性将赋予生态建设新引擎，加速回归应有的状态。没有信息化的生态建设，就像没有武器的士兵一样抵挡不了现代农业、工业的冲击，会被迅猛的经济浪潮冲垮。

充分应用物联网等新技术，加强环境保护和监管。生产与污染往往相伴而生，人群过度集中，也会产生污染。被动治理容易生成二次污染，难以标本兼治。污染不仅要治，更要防。物联网是实现监测监控、动态预防的有效手段。鼓励企业自建相当规模的物联网系统，将其连接到专业的监控平台。对江河水系、城市内河及城市空气，都建设物联网设施，实时监测监控。森林是生态之源，森林防火引入物联网系统，不仅及时发现火警，还对进入林区人员进行监管，把森林火灾的损失降到最低。利用卫星资源对生态状态进行监测。

推行大数据生态管理，用数据说话、用数据管理、用数据决策、用数据创新。建立绵密的生态数据系统，数据采集、汇总、分析实现标准化；数据采集指标客观且全面，反映生态状况，实现量化；数据质量能够通过视频、图片、声音等有效印证，可溯源；数据可视化，用图形、动画等方式展现数据及之间的关系，一目了然；数据源向社会开放，让百姓监督数据，提供数据，保证数据质量，经得起公众质疑。公开透明，杜绝吹牛数据，让数据造假无处遁形。

第五节　应急智慧

2003年的SARS，2004年的禽流感，催人思考，建议组织"应急委员会"，建设国家应急体制，发表"关于建设全民应急体制和'应急委员会'的研究"等研究成果与政策建议。

一、总体架构

应急是高度复杂的系统工程，必须建立国家应急体系，设立专门机构，组建应急队伍，制定应急法律、应急预案。

国家应急体系包括法律体系、机构体系和信息系统等。英国、美国、德国、法国、日本等发达国家和发展中国家，都建立了自己的紧急状态法制度。我国抗击非典疫情的成功经验证明，重视紧急状态处置的立法工作，是战胜困难和危机的有力保障。所以，建设国家应急体系首先要立法，建设应急环境，制定应急计划，授权有关部门在紧急状态下可以采用的各项措施，使应急管理切实做到有法可依，令到必行。

公共突发事件可能发生在政治、经济、社会、金融、资源、环境等多个方面，出现重大事件、经济危机、重大事故、跨国犯罪、恐怖活动和自然灾害等；诱发原因可能是自然灾害，也可能是人类所为，还可能是多种原因所致，次生灾害也很大。所以应该在宪法中明确写上公共突发事件监测和应急处置内容，制定"紧急状态法"和一系列主要公共突发事件监测和应急处置的法律法规、实施细则和应急预案等。

组建"应急委员会"，平时抓公共突发事件监测，应急预案制订，应急演练，应急教育，防范减灾；突发事件发生时，动员各方力量，组织应急反应，应急指挥。它是各级政府的一个高级部门，协调政府有关部门、相关社会力量，开展应急工作；把"应急"纳入政府和社会的正常工作。

应急信息系统是应急体系建设的重要方面，列入电子政务和社会信息化规划。

国家应急体系大致包括纵横两个方向。纵向包括国家、省（自治区、直辖市）、市和县（市）级应急机制，横向包括政治、经济、社会应急等方面，实施应急通讯、应急分析、应急决策、应急指挥、应急处置和紧急救助等。

应急信息系统包括五大平台、五个数据库、四个中心、重点方面和保证体系等（图11-1）。

五大平台有网络通信平台、应急联动平台、专题应急平台、空间信息平台和决策支持平台。五大基础数据库有突发事件数据库、应急预案数据库、应急资源数据库、应急体系数据库和应急队伍数据库等；链接数据库包括基础地理数据库、公共设施数据库、单位数据库和人口数据库。四个中心有身份认证中心、资源管理中心、应急服务中心和应急指挥中心。重点方面有公安反恐、突发公共卫生事件、动物疫情、地震救灾、抗洪抢险、地质灾害、核安全、电力能源、火灾消防、森林火灾、交通安全、安全生产、城市公用设施、化学安全和环境安全等，有的大城市还有地铁应急。两大保证体系包括法规、政策、标准、规范体系和安全、组织、资金、人才体系等。

应急体系的运作原则应该是"政府领导，社会动员；实行政府、事业、企业、社区、乡村和民众互动机制"。应急系统的建设方针应该是"统筹规划，资源共享；条块结合，互动共赢；突出重点，各具特色；平战结合，紧急响应；安全可靠，实用高效"。

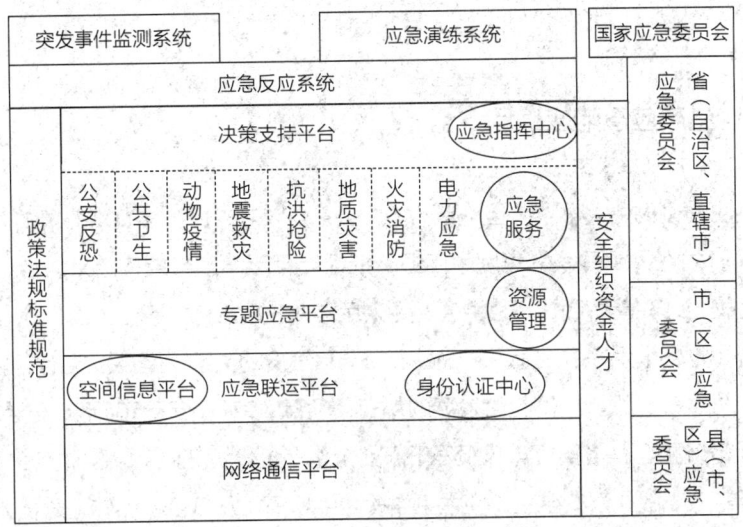

图11-1　"应急系统"总体架构

　　严重洪涝灾害是对我们的重大考验，要坚持守土有责、履职尽责，做好防汛抗洪抢险各项工作，切实保护人民群众生命财产安全。加强灾害分析和信息公开，开展市民风险防范和自救互救教育，建立巨灾保险制度，发挥社会力量在应急管理中的作用。

二、应急委员会

　　应急体制必须组织落实，各国都是如此。"9·11"事件和随之而来的炭疽危机使美国痛中思危，投入大量资源构筑国家应急体系，包括国土安全、导弹防御、先发制人和公共卫生应急等方面。2002年11月25日，美国总统签署法案，批准成立国土安全部，正式启动50多年来最大规模的政府改组计划。该部由海岸警卫队、移民和归化局及海关总署等22个联邦机构合并组建，工作人员17万多，预算额每年400亿美元。同时，俄罗斯也有紧急情况部，加拿大有紧急准备署，挪威有民防和应急事件处理局，联合国有国际救灾十年办公室等。

　　我国正完善政府的社会管理和公共服务职能，组建国家、省、市、县四级应急委员会，统管公共群体性突发事件监测和应急处置，建设和管理紧急救助和应急指挥系统、有关监测系统、紧急救助中心、应急指挥中心、城市应急联动中心等。一些执行监测和应急的部门可以划归应急委员会领导，形成统筹联动的应急反应机制，建设统一的应急联动平台，把社会公共突发事件监测和应急处置纳入工作轨道。

三、安全生产应急响应确保安全

安全生产是民生大事，一丝一毫不能放松，要以对人民极端负责的精神抓好安全生产工作，站在人民群众的角度想问题，把重大风险隐患当成事故来对待，守土有责，敢于担当，完善体制，严格监管，让人民群众安心放心。

牢固树立安全生产的观念，正确处理安全和发展的关系，坚持发展绝不能以牺牲安全为代价这条红线。经济社会发展的每一个项目、每一个环节都要以安全为前提，不能有丝毫疏漏。严格实行党政领导干部安全生产工作责任制，切实做到失职追责。把遏制重特大事故作为安全生产整体工作的"牛鼻子"来抓，在煤矿、危化品、道路运输等方面抓紧规划实施一批生命防护工程，积极研发应用一批先进安防技术，切实提高安全发展水平。

加快完善安全生产管理体制，强化安全监管部门综合监管责任，严格落实行业主管部门监管责任、地方党委和政府属地管理责任，加强基层安全监管执法队伍建设，制定权力清单和责任清单，督促落实到位。发挥各级安委会指导协调、监督检查、巡查考核的作用，形成上下合力，齐抓共管。改革安全生产应急救援体制，提高组织协调能力和现场救援实效。完善各类开发区、工业园区、港区、风景区等功能区安全监管体制，严格落实安全管理措施。完善安全生产许可制度，严把安全准入关。健全安全生产法律法规和标准体系，统筹做好涉及安全生产的法律法规和标准的制定修订工作。

加强城市运行管理，增强安全风险意识，加强源头治理。加强城乡安全风险辨识，全面开展城市风险点、危险源的普查，防止认不清、想不到、管不到等问题的发生（习近平）。

坚持生命安全至上、人民利益至上，坚持安全发展理念，坚持依法治安、源头防范、系统治理，切实加强安全风险识别管控和隐患排查治理，切实加大安全基础保障能力建设力度，切实落实安全生产责任制、强化工作考核，依法严惩违法违规和失职渎职行为。加快制定完善相关法律法规和标准，进一步深化安全监管体制改革和机制创新。当前，要特别重视做好极端天气和重大灾害预警预报、检查督查和应急处置工作，强化各项安全防范措施，坚决遏制重特大事故发生，切实把保障人民群众生命安全的承诺落到实处（李克强）。

国家提出创新驱动发展战略纲要，隆重召开全国科技创新大会，高度重视大力推进信息化，生态文明建设纳入"五位一体"总布局，审议通过"健康中国2030"规划纲要，提出关于深化人才发展体制机制改革的意见等重大决策，中共中央、国务院发出通知，要求各地区各部门结合实际认真贯彻执行，指引了智慧生态城市的创新与探索。

第一节　提出国家创新驱动发展战略

提出国家创新驱动发展战略纲要，包括战略背景、战略要求、战略部署、战略任务、战略保障、组织实施六大部分。提出国家创新驱动发展战略的基本原则：紧扣发展，深化改革，强化激励，扩大开放。

一、实施创新驱动发展战略必然选择

纵观人类发展历史，创新始终是一个国家、一个民族发展的重要力量，也始终是推动人类社会进步的重要力量。不创新不行，创新慢了也不行。不识变、不应变、不求变，就可能陷入战略被动，错失发展机遇，甚至错过整整一个时代。实施创新驱动发展战略，是应对发展环境变化、把握发展自主权、提高核心竞争力的必然选择，是加快转变经济发展方式、破解经济发展深层次矛盾和问题的必然选择，是更好引领我国经济发展新常态、保持我国经济持续健康发展的必然选择。深入贯彻新发展理念，深入实施科教兴国战略和人才强国战略，深入实施创新驱动发展战略，统筹谋划，加强组织，优化我国科技事业发展总体布局。

实现创新驱动是一个系统性的变革，要按照"坚持双轮

驱动、构建一个体系、推动六大转变"进行布局，构建新的发展动力系统。

双轮驱动就是科技创新和体制机制创新两个轮子相互协调、持续发力。抓创新首先要抓科技创新，补短板首先要补科技创新的短板。科学发现对技术进步有决定性的引领作用，技术进步有力推动发现科学规律。明确支撑发展的方向和重点，加强科学探索和技术攻关，形成持续创新的系统能力。体制机制创新要调整一切不适应创新驱动发展的生产关系，统筹推进科技、经济和政府治理等三方面体制机制改革，最大限度释放创新活力。

一个体系就是建设国家创新体系。建设各类创新主体协同互动和创新要素顺畅流动、高效配置的生态系统，形成创新驱动发展的实践载体、制度安排和环境保障。明确企业、科研院所、高校、社会组织等各类创新主体功能定位，构建开放高效的创新网络，建设军民融合的国防科技协同创新平台；改进创新治理，进一步明确政府和市场分工，构建统筹配置创新资源的机制；完善激励创新的政策体系、保护创新的法律制度，构建鼓励创新的社会环境，激发全社会创新活力。

六大转变就是发展方式从以规模扩张为主导的粗放式增长向以质量效益为主导的可持续发展转变；发展要素从传统要素主导发展向创新要素主导发展转变；产业分工从价值链中低端向价值链中高端转变；创新能力从"跟踪、并行、领跑"并存、"跟踪"为主向"并行"、"领跑"为主转变；资源配置从以研发环节为主向产业链、创新链、资金链统筹配置转变；创新群体从以科技人员的小众为主向小众与大众创新创业互动转变。

二、国家隆重召开全国科技创新大会

全国科技创新大会、中国科学院第十八次院士大会和中国工程院第十三次院士大会、中国科学技术协会第九次全国代表大会30日上午在人民大会堂隆重召开。中共中央总书记、国家主席、中央军委主席习近平出席大会并发表重要讲话强调，科技兴则民族兴，科技强则国家强。"今天，我们在这里召开这个盛会，就是要在我国发展新的历史起点上，把科技创新摆在更加重要位置，吹响建设世界科技强国的号角。实现'两个一百年'奋斗目标，实现中华民族伟大复兴的中国梦，必须坚持走中国特色自主创新道路，面向世界科技前沿、面向经济主战场、面向国家重大需求，加快各领域科技创新，掌握全球科技竞争先机。这是我们提出建设世界科技强国的出发点。"

部署优化我国科技事业发展总体布局。夯实科技基础，在重要科技领域跻身世界领先行列；强化战略导向，破解创新发展科技难题；加强科技供给，服务经济社会发展主战场；深化改革创新，形成充满活力的科技管理和运行机制；弘扬创新精神，培育符合创新发展要求的人才队伍；把科学普及放在与科技创新同等重要的位置。

三、推进科技领域"放管服"改革

补好基础研究短板。加大长期稳定支持，到2020年研发投入强度达到2.5％，组建国家实验室和综合性国家科学中心等创新平台，发挥科研院所和高校主力军作用，调动企业和社会积极性，增强原始创新能力。

突破应用研究产业化瓶颈。建立以企业为主体、市场为导向的创新机制，部署推进一批重大科技项目和工程，形成新产业领域和增长点。

推动协同创新。依托互联网打造开放共享的创新平台，推动企业、科研机构、高校、创客等创新主体协同，人才、技术、资金等创新要素协同，大众创业、万众创新与科技创新协同以及区域创新协同，释放创新潜能，培育新动能，改造提升传统产业。

深入贯彻全国科技创新大会精神，形成充满活力的科技管理和运行机制，推进科研领域"放管服"改革，调动科研人员积极性、创造性，对于实施创新驱动发展战略，推动大众创业、万众创新，落实"三去一降一补"任务，培育新动能，增强发展内生动力，迈向创新型国家和世界科技强国，具有重要意义。

第二节　高度重视大力推进信息化发展

信息化是当今世界发展的大趋势，是推动经济社会变革的重要力量。大力推进信息化，是覆盖我国现代化建设全局的战略举措，是贯彻落实科学发展观、全面建设小康社会、构建社会主义和谐社会和建设创新型国家的迫切需要和必然选择。

一、中央制定国家信息化发展战略纲要

2016年7月，中共中央办公厅、国务院办公厅印发《国家信息化发展战略纲

要》，并发出通知，要求各地区各部门结合实际认真贯彻落实。这是根据新形势对《2006—2020年国家信息化发展战略》的调整和发展，是规范和指导未来10年国家信息化发展的纲领性文件，是国家战略体系的重要组成部分，是信息化领域规划、政策制定的重要依据。

（一）战略思想

坚持走中国特色信息化发展道路，以信息化驱动现代化，建设网络强国，迫在眉睫、刻不容缓。信息革命为我国加速完成工业化任务、跨越"中等收入陷阱"、构筑国际竞争新优势提供了历史性机遇，也警示我们面临不进则退、慢进亦退、错失良机的巨大风险。站在新的历史起点，我们完全有能力依托大国优势和制度优势，加快信息化发展，推动我国社会主义现代化事业再上新台阶。

统筹国内国际两个大局，统筹发展安全两件大事，坚持走中国特色信息化发展道路，坚持与实现"两个一百年"奋斗目标同步推进，以信息化驱动现代化为主线，以建设网络强国为目标，着力增强国家信息化发展能力，着力提高信息化应用水平，着力优化信息化发展环境，推进国家治理体系和治理能力现代化，努力在践行新发展理念上先行一步，让信息化造福社会、造福人民，为实现中华民族伟大复兴的中国梦奠定坚实基础。

（二）战略目标

到2020年，固定宽带家庭普及率达到中等发达国家水平，第三代移动通信（3G）、第四代移动通信（4G）网络覆盖城乡，第五代移动通信（5G）技术研发和标准取得突破性进展。重点行业数字化、网络化、智能化取得明显进展，网络化协同创新体系全面形成，电子政务支撑国家治理体系和治理能力现代化坚实有力，信息化成为驱动现代化建设的先导力量。

到2025年，新一代信息通信技术得到及时应用，固定宽带家庭普及率接近国际先进水平，建成国际领先的移动通信网络，实现宽带网络无缝覆盖。根本改变核心关键技术受制于人的局面，形成安全可控的信息技术产业体系，电子政务应用和信息惠民水平大幅提高。实现技术先进、产业发达、应用领先、网络安全坚不可摧的战略目标。

到21世纪中叶，信息化全面支撑富强民主文明和谐的社会主义现代化国家建设，网络强国地位日益巩固，在引领全球信息化发展方面有更大作为。

二、"十三五"规划推动信息化

"十三五"规划提出牢牢把握信息技术变革趋势，实施网络强国战略，加快建设数字中国，推动信息技术与经济社会发展深度融合，加快推动信息经济发展壮大。加快构建新一代国家信息基础设施、建立现代信息技术产业体系、深入实施"互联网+"行动计划、健全网络安全保障体系、完善促进互联网发展的协同推进体系，加快发展现代互联网产业体系。

构建泛在高效的信息网络。加快构建高速、移动、安全、泛在的新一代信息基础设施，推进信息网络技术广泛运用，形成万物互联、人机交互、天地一体的网络空间。

发展现代互联网产业体系。实施"互联网+"行动计划，促进互联网深度广泛应用，带动生产模式和组织方式变革，形成网络化、智能化、服务化、协同化的产业发展新形态。

实施国家大数据战略。把大数据作为基础性战略资源，全面实施促进大数据发展行动，加快推动数据资源共享开放和开发应用，助力产业转型升级和社会治理创新。

强化信息安全保障。统筹网络安全和信息化发展，完善国家网络安全保障体系，强化重要信息系统和数据资源保护，提高网络治理能力，保障国家信息安全。

完善社会治安综合治理体制机制，以信息化为支撑加快建设社会治安立体防控体系，建设基础综合服务管理平台。大力推进基础信息化、警务实战化、执法规范化、队伍正规化建设。构建群防群治、联防联治的社会治安防控网，加快推进网上综合防控体系建设。实施社会治安重点部位、重点领域、重点地区联动管控和排查整治。加强打击违法犯罪、禁毒、防范处理邪教等基础能力建设。

推进农业信息化建设。健全现代农业科技创新推广体系，加快推进农业机械化，加强农业与信息技术融合，发展智慧农业，提高农业生产力水平。

推动信息技术与农业生产管理、经营管理、市场流通、资源环境等融合。实施农业物联网区域试验工程，推进农业物联网应用，提高农业智能化和精准化水平。推进农业大数据应用，增强农业综合信息服务能力。鼓励互联网企业建立产销衔接的农业服务平台，加快发展涉农电子商务。

推进农业标准化和信息化。健全从农田到餐桌的农产品质量安全全过程监管体系、现代农业科技创新推广体系、农业社会化服务体系。发展现代种业，提高农业机械化水平。持续增加农业投入，完善农业补贴政策。改革农产品价格形成机制，完善粮食等重要农产品收储制度。加强农产品流通设施和市场建设。

三、国务院部署"互联网+"行动

2015年6月24日，国务院常务会议部署推进"互联网+"行动，促进形成经济发展新动能。

（一）推动互联网与各行业深度融合

推动互联网与各行业深度融合，对促进大众创业、万众创新，加快形成经济发展新动能，意义重大。根据《政府工作报告》要求，会议通过《"互联网+"行动指导意见》，明确了推进"互联网+"，促进创业创新、协同制造、现代农业、智慧能源、普惠金融、公共服务、高效物流、电子商务、便捷交通、绿色生态、人工智能等若干能形成新产业模式的重点领域发展目标任务，并确定了相关支持措施。

（二）关于深入实施"互联网+流通"行动计划的意见

为贯彻落实国务院决策部署，深入实施"互联网+流通"行动计划，进一步推进线上线下融合发展，从供需两端发力，实现稳增长、扩消费、强优势、补短板、降成本、提效益。

"互联网+流通"正在成为大众创业、万众创新最具活力的领域，成为经济社会实现创新、协调、绿色、开放、共享发展的重要途径。实施"互联网+流通"行动计划，有利于推进流通创新发展，推动实体商业转型升级，拓展消费新领域，促进创业就业，增强经济发展新动能。

四、国务院印发《关于大力发展电子商务加快培育经济新动力的意见》

《关于大力发展电子商务加快培育经济动力的意见》提出了七方面的政策措施。一是营造宽松发展环境，降低准入门槛，合理降税减负，加大金融服务支持，维护公平竞争。二是促进就业创业，鼓励电子商务领域就业创业，加强人才培养培训，保障从业人员劳动权益。三是推动转型升级，创新服务民生方式，推动传统商贸流通企业发展电子商务，积极发展农村电子商务，创新工业生产组织方式，推广金融服务新工具，规范网络化金融服务新产品。四是完善物流基础设施，支持物流配送终端及智慧物流平台建设，规范物流配送车辆管理，合理布局物流仓储设施。五是提升对外开放水平，加强电子商务国际合作，提升跨境电子商务通关效率，推动电子商务走出去。六是构筑安全保障防线，保障电子商务网络安全，确保电子商务交易安全，预防和打击电子商务领域违法犯罪。七是健全支撑体系，健全法规标准体系，加强信用体系建设，强化科技与教育支撑，协调推动区域电子商务发展。

五、国务院关于促进云计算创新发展培育信息产业新业态的意见

发展云计算，有利于分享信息知识和创新资源，降低全社会创业成本，培育形成新产业和新消费热点，对稳增长、调结构、惠民生和建设创新型国家具有重要意义。当前，全球云计算处于发展初期，我国面临难得的机遇，但也存在服务能力较薄弱、核心技术差距较大、信息资源开放共享不够、信息安全挑战突出等问题，重建设轻应用、数据中心无序发展苗头初步显现。

（一）指导思想

适应推进新型工业化、信息化、城镇化、农业现代化和国家治理能力现代化的需要，以全面深化改革为动力，以提升能力、深化应用为主线，完善发展环境，培育骨干企业，创新服务模式，扩展应用领域，强化技术支撑，保障信息安全，优化设施布局，促进云计算创新发展，培育信息产业新业态，使信息资源得到高效利用，为促进创业兴业、释放创新活力提供有力支持，为经济社会持续健康发展注入新的动力。

基本原则：市场主导、统筹协调、创新驱动、保障安全。

（二）主要任务

增强云计算服务能力，提升云计算自主创新能力，探索电子政务云计算发展新模式，加强大数据开发与利用，统筹布局云计算基础设施，提升安全保障能力。加强云计算相关基础研究、应用研究、技术研发、市场培育和产业政策的紧密衔接与统筹协调。

鼓励应用云计算技术整合改造现有电子政务信息系统，实现各领域政务信息系统

整体部署和共建共用，大幅减少政府自建数据中心的数量。新建电子政务系统须经严格论证并按程序进行审批。政府部门要加大采购云计算服务的力度，积极开展试点示范，探索基于云计算的政务信息化建设运行新机制，推动政务信息资源共享和业务协同，促进简政放权，加强事中事后监管，为云计算创造更大市场空间，带动云计算产业快速发展。

六、国务院印发《关于深化制造业与互联网融合发展的指导意见》

2016年5月，国务院印发《关于深化制造业与互联网融合发展的指导意见》部署深化制造业与互联网融合发展，协同推进"中国制造2025"和"互联网+"行动，加快制造强国建设。

制造业是国民经济的主体，是实施"互联网+"行动的主战场。推动制造业与互联网融合，有利于形成叠加效应、聚合效应、倍增效应，加快新旧发展动能和生产体系转换。要以激发制造企业创新活力、发展潜力和转型动力为主线，以建设制造业与互联网融合"双创"平台为抓手，围绕制造业与互联网融合关键环节，积极培育新模式新业态，强化信息技术产业支撑，完善信息安全保障，夯实融合发展基础，营造融合发展新生态，充分释放"互联网+"的力量，发展新经济，加快推动"中国制造"提质增效升级。

坚持创新驱动，激发转型新动能；坚持融合发展，催生制造新模式；坚持分业施策，培育竞争新优势；坚持企业主体，构筑发展新环境。深化制造业与互联网融合发展有7项主要任务，包括打造制造企业互联网"双创"平台，推动互联网企业构建制造业"双创"服务体系，支持制造企业与互联网企业跨界融合，培育制造业与互联网融合新模式，强化融合发展基础支撑，提升融合发展系统解决方案能力，提高工业信息系统安全水平。

第三节 生态文明建设纳入"五位一体"总布局

党中央、国务院高度重视生态文明建设，对推进生态文明建设作出了一系列重要部署。基于对中华民族生存与发展的深刻思考和长远谋划，生态文明建设纳入中国特色社会主义事业"五位一体"总布局。

一、推进生态文明建设的重大意义

我国经济正处于增长速度换挡期、结构调整阵痛期叠加阶段。我们用几十年的时间走过了西方国家几百年的发展历程，在经济社会发展取得巨大成就的同时，各种矛盾和问题也开始集中显现。我们党把握规律，审时度势，及时作出大力推进生态文明建设的战略决策，对建设中国特色社会主义具有重大现实意义和深远历史意义。

推进生态文明建设是保持我国经济持续健康发展的迫切需要。一直以来，人口多、底子薄、发展不平衡是我国的基本国情。现在还应看到，能源资源相对不足、生态环境承载能力不强也成为我国的基本国情。经过30多年快速发展，粗放的发展方式已难以为继。2012年，我国经济总量约占全球的11.5%，却消耗了全球21.3%的能源、45%的钢、43%的铜、54%的水泥；原油、铁矿石对外依存度分别达到56.4%和66.5%，排放的二氧化硫、氮氧化物总量已居世界第一。我们必须更加自觉地推动绿色发展、循环发展、低碳发展，加快转变经济发展方式，改变资源消耗大、环境污染重的增长模式，努力走出一条代价小、排放低、效益好、可持续的发展路子。

推进生态文明建设是坚持以人为本的基本要求，推进生态文明建设是实现中国梦的重要内容，推进生态文明建设是实现中华民族永续发展的必然选择，推进生态文明建设是应对全球气候变化的必由之路。立足战略全局，运用底线思维，注重宏观思考，准确把握国内外形势，全面认识我国生态文明建设的成就和存在的问题，激发强烈的忧患意识和责任意识，进一步坚定信心，推动生态文明建设不断取得新进展。

二、推进生态文明建设的重大决策

党的十八届三中全会通过《中共中央关于全面深化改革若干重大问题的决定》，提出紧紧围绕建设美丽中国深化生态文明体制改革，加快建立生态文明制度，健全国土空间开发、资源节约利用、生态环境保护的体制机制，推动形成人与自然和谐发展现代化建设新格局。其中关于生态文明建设的新思想、新论断、新要求，充分表明了以习近平同志为总书记的党中央高度重视推进生态文明建设，决心团结带领全国各族人民努力建设美丽中国、走向社会主义生态文明新时代。

2015年中共中央国务院印发《关于加快推进生态文明建设的意见》，中央全面深化改革领导小组第十四次会议审议通过了《环境保护督察方案（试行）》、《生态环境监测网络建设方案》、《关于开展领导干部自然资源资产离任审计的试点方案》、《党政领导干部生态环境损害责任追究办法（试行）》。

中共中央政治局2015年9月11日召开会议，审议通过了《生态文明体制改革总体方案》，是生态文明领域改革的顶层设计。加快建立系统完整的生态文明制度体系，加快推进生态文明建设，增强生态文明体制改革的系统性、整体性、协同性。

中共中央政治局2016年3月25日召开会议，审议通过《长江经济带发展规划纲要》。长江是中华民族的生命河，也是中华民族发展的重要支撑。长江经济带发展的战略定位必须坚持生态优先、绿色发展，共抓大保护，不搞大开发。要按照全国主体功能区规划要求，建立生态环境硬约束机制，列出负面清单，设定禁止开发的岸线、河段、区域、产业，强化日常监测和问责。要抓紧研究制定和修订相关法律，把全面依法治国的要求覆盖到长江流域。

三、推进生态文明建设的主要任务

（一）以主体功能定位为依据，加快优化国土空间开发格局

国土是生态文明建设的空间载体。要根据我国国土空间多样性、非均衡性、脆弱性特征，按照人口资源环境相均衡、经济社会生态效益相统一的原则，统筹人口、经济、国土资源、生态环境，科学谋划开发格局，促进生产空间集约高效、生活空间宜居适度、生态空间山清水秀。

坚定不移实施主体功能区战略。严格按照主体功能区定位推动发展，完善与主体功能区规划相配套的法规和政策，加强规划实施监督，在推动科学发展中形成各功能区的区域特色和竞争的比较优势。

（二）以调整优化产业结构为抓手，有效减轻经济活动对资源环境带来的压力

从源头上缓解经济增长与资源环境之间的矛盾，必须抓好转方式、调结构、促转型，加快形成有利于生态文明建设的现代产业体系。

下大决心化解产能过剩。要严控增量，各级政府和主管部门必须按中央要求，严

禁核准产能严重过剩行业新增产能项目，违规项目尚未开工建设的不准开工，正在建设的项目一律停工。要逐步消化存量，有压减的指标和时间表，按照尊重规律、分业施策、多管齐下、标本兼治的原则，消化一批，转移一批，整合一批，淘汰一批，充分发挥市场机制作用和政府引导作用，逐步化解产能过剩矛盾。

（三）以全面加强资源节约为突破口，推动资源利用方式转变

节约资源是保护生态环境的根本之策。必须在全社会、全领域、全过程都加强节约，采取有力措施大幅降低能源、水、土地等资源消耗强度，狠抓水资源节约利用，狠抓矿产资源节约利用，狠抓土地节约集约利用，努力用合理的资源消耗支撑经济社会发展。

狠抓节能减排降低消耗。单位国内生产总值能源消耗要降低，主要污染物排放总量要显著减少，化学需氧量、二氧化硫排放减少，氨氮、氮氧化物排放减少，这是硬任务，必须确保完成。做好节能减排工作要抓主要领域，盯重点企业，实施重大工程。加快完善重点行业、重点产品能效标准和污染物排放标准，推行能效领跑者制度，切实把能效提上去，把排放降下来。深入推进万家企业节能低碳行动和重点污染源治理行动，继续推进节能改造、节能技术产业化示范、城镇污水垃圾处理设施及配套管网建设等节能减排重点工程。

（四）以加强污染治理为着力点，切实提高生态环境质量和水平

当前，大气、水和土壤等突出的污染问题已经到了不治不行、刻不容缓的地步，必须重点突出、重拳出击、重点治污、力求实效，坚决治理大气污染，大力治理水污染，加紧治理土壤污染，积极应对气候变化。

（五）以健全法律法规、创新体制机制为核心，加快生态文明制度建设

建设生态文明，是一场涉及生产方式、生活方式、思维方式和价值观念的革命性变革，必须加快推进生态文明体制改革，实行最严格的源头保护制度、损害赔偿制度、责任追究制度，完善环境治理和生态修复制度，用制度保护生态环境。进一步健全促进生态文明建设的法律法规，进一步完善发展成果考核评价体系，进一步健全市场体制机制和经济政策。

（六）以促进绿色、低碳消费为重点，加快形成推进生态文明建设的良好社会氛围

生态文明建设需要全社会共同努力，良好的生态环境也为全社会所共享。必须加强宣传教育，引导全社会树立生态理念、生态道德，构建文明、节约、绿色、低碳的消费模式和生活方式，把生态文明建设牢固建立在公众思想自觉、行动自觉的基础之上，形成生态文明建设人人有责、生态文明规定人人遵守的良好风尚。

加快培养生态文明意识，积极倡导绿色生活方式，有效发挥公众监督作用。生态文明建设功在当代、利在千秋，关系到中华民族生存发展和伟大复兴，任务艰巨繁重而又光荣。"锲而不舍，金石可镂。"大力推进生态文明建设，努力建设美丽中国，为全面建成小康社会、实现中华民族伟大复兴的中国梦而不懈奋斗!

第四节　审议通过"健康中国2030"规划纲要

健康是促进人的全面发展的必然要求，是经济社会发展的基础条件，是民族昌盛和国家富强的重要标志，也是广大人民群众的共同追求。"健康中国2030"规划纲要是今后15年推进健康中国建设的行动纲领。

新中国成立特别是改革开放以来，我国健康领域改革发展成就显著，人民健康水平不断提高。同时，我国也面临着工业化、城镇化、人口老龄化以及疾病谱、生态环境、生活方式不断变化等带来的新挑战，需要统筹解决关系人民健康的重大和长远问题。

坚持以人民为中心的发展思想，牢固树立和贯彻落实创新、协调、绿色、开放、共享的发展理念，坚持正确的卫生与健康工作方针，坚持健康优先、改革创新、科学发展、公平公正的原则，以提高人民健康水平为核心，以体制机制改革创新为动力，从广泛的健康影响因素入手，以普及健康生活、优化健康服务、完善健康保障、建设健康环境、发展健康产业为重点，把健康融入所有政策，全方位、全周期保障人民健康，大幅提高健康水平，显著改善健康公平。

坚持预防为主，推行健康文明的生活方式，营造绿色安全的健康环境，减少疾病发生。调整优化健康服务体系，强化早诊断、早治疗、早康复，坚持保基本、强基层、建机制，更好满足人民群众健康需求。坚持共建共享、全民健康，坚持政府主导，动员全社会参与，突出解决好妇女儿童、老年人、残疾人、流动人口、低收入人群等重点人群的健康问题。强化组织实施，加大政府投入，深化体制机制改革，加快健康人力资源建设，推动健康科技创新，建设健康信息化服务体系，加强健康法治建设，扩大健康国际交流合作。

各级党委和政府要增强责任感和紧迫感，把人民健康放在优先发展的战略地位，抓紧研究制定配套政策，坚持问题导向，抓紧补齐短板。

第五节　关于深化人才发展体制机制改革的意见

人才是经济社会发展的第一资源。人才发展体制机制改革是全面深化改革的重要组成部分。协调推进"四个全面"战略布局，贯彻落实五大发展理念，实现"两个一百年"奋斗目标，必须深化人才发展体制机制改革，加快建设人才强国，最大限度激发人才创新创造创业活力。

一、中共中央印发《关于深化人才发展体制机制改革的意见》通知

切实增强责任感、使命感，加强对《关于深化人才发展体制机制改革的意见》（以下简称《意见》）实施的组织领导。有关方面要抓紧制定任务分工方案，明确各项改革的进度安排。各地区各部门要结合实际，采取有力措施，把《意见》提出的各项任务落到实处。要加强政策解读和舆论引导，调动各方面积极性，形成全社会关心支持人才发展体制机制改革的良好氛围。配齐配强工作力量，加强指导监督，研究解决人才发展体制机制改革中遇到的新情况新问题。落实《意见》过程中的重要情况和建议，及时报告。

二、推进人才管理体制改革

坚持聚天下英才而用之，牢固树立科学人才观，深入实施人才优先发展战略，遵循社会主义市场经济规律和人才成长规律，破除束缚人才发展的思想观念和体制机制

障碍，解放和增强人才活力，构建科学规范、开放包容、运行高效的人才发展治理体系，形成具有国际竞争力的人才制度优势。

转变政府人才管理职能，保障和落实用人主体自主权，健全市场化、社会化的人才管理服务体系，加强人才管理法制建设。

三、健全人才顺畅流动机制

破除人才流动障碍。打破户籍、地域、身份、学历、人事关系等制约，促进人才资源合理流动、有效配置。建立高层次人才、急需紧缺人才优先落户制度。加快人事档案管理服务信息化建设，完善社会保险关系转移接续办法，为人才跨地区、跨行业、跨体制流动提供便利条件。畅通党政机关、企事业单位、社会各方面人才流动渠道，促进人才向艰苦边远地区和基层一线流动。

科技革命总是能够深刻改变世界发展格局。在绵延5000多年的文明发展进程中，中华民族创造了闻名于世的科技成果。经过新中国成立以来特别是改革开放以来的不懈努力，我国科技发展取得举世瞩目的伟大成就，科技整体能力持续提升，一些重要领域跻身世界先进行列，正处于从量的积累向质的飞跃，点的突破向系统能力提升的重要时期。

第一节　科技与产业支撑

科学是人类所积累的关于自然、社会、思维的知识体系。技术泛指根据自然科学原理生产实践经验，为某一实际目的而协同组成的各种工具、设备、技术和工艺体系。科学技术是通过研究和利用客观事物存在及其相关规律，达到有效、便捷、低消耗、高产出等特定目的的方法和手段。科学技术有四个方面的基本内容：科学精神、科学思想、科学方法、科学知识。科学与技术是辩证统一体，技术提出课题，科学完成课题，科学是发现，是技术的理论指导；技术是发明，是科学的实际运用。

观其本质，技术的存在取决于人们的需要，并满足其需要。早期人类创造及使用技术是为了解决其基本需求。而现在的技术则是为了满足人们更广泛的需求和欲望，并需要一巨大的社会结构来支撑它。

智慧生态城市需要多种技术、业务和应用支撑；坚持以实用技术为技术主体，以优势产业和服务业为产业主体。智慧生态城市是生态文明新时代的现代化城市，在科学技术的支撑下规划、建设和运营维护，倡导科技创新。

科技经常和创新连在一起，称为科技创新。科技创新是原创性科学研究和技术创新的总称，是指创造和应用新知识和新技术、新工艺，采用新的生产方式和经营管理模式，开发新产品，提高产品质量，提供新服务的过程。科技创新可以被分成三种类型：知识创新、技术创新和现代科技引领的管理创新。原创性的科学研究或知识创新是提出新观点（包括新概念、新思想、新理论、新方法、新发现和新假设）的科学研究活动，并涵盖开辟新的研究领域、以新的视角来重新认识已知事物等。原创性的知识创新与技术创新结合在一起，使人类知识系统不断丰富和完善，认识能力不断提高，产品不断更新。信息通信技术发展引领的管理创新作为信息时代和知识社会科技创新的主题，也是当今时代科技创新的重要组成部分。

人类社会有三次科技革命。第一次，是以蒸汽机为代表的工业革命；第二次，人类社会进入了"电气时代"；第三次，则是与信息技术有关，而且尤以信息技术的影响最大，最深远。随着时代的进步，科技的发展，信息通信技术（ICT）已经渗透到人们生活中的方方面面。

从1993年美国总统克林顿提出"信息高速公路"，标志着城市信息化建设的开始，到2008年IBM提出了"智慧地球"新理念，标志着城市信息化开始迈向"智慧城市"建设新阶段。智慧城市的发展和早期的信息基础设施及"数字城市"的建设一脉相承，但更要注重信息资源的整合集成，强调城市管理的协调统筹，是信息化城市和数字城市建设的更高级阶段。

数字城市相关技术，包括天、空、地一体化的空间信息快速获取技术（当前天、空、地对地观测的在轨卫星，美国有160多颗，中国有60颗，预计2020年中国将有120~140颗；无人机、飞艇、气球等日益增多；地面传感器在21世纪将达到上百万个）、海量空间数据调度与管理技术、空间信息可视化技术、空间信息分析与挖掘技术、网络服务技术。

信息通信技术ICT支撑智慧生态城市，涵盖信息技术、信息资源、网络、云计算、大数据和地理信息等。加快集聚高水平人才，大力发展科技服务业，发展众创空间等公共服务平台，服务实体经济转型升级；推动政府职能从研发管理向创新服务转变，强化企业创新主体地位和主导作用，提升创新能力。围绕加快构建新一代信息基础设施、建立现代信息技术产业体系、深入实施"互联网+"行动计划、健全网络安全保障体系、完善促进互联网发展的协同推进体系，加快发展现代互联网产业体系。

第二节 信息化总体架构

加强城市规划建设管理和服务体系智能化建设，促进大数据、物联网、云计算等现代信息技术与城市管理服务融合，提升城市治理和服务水平。加强市政设施运行管理、交通管理、环境管理、应急管理等城市管理数字化平台建设和功能整合，建设综合性城市管理数据库。推进城市宽带信息基础设施建设，强化网络安全保障。积极发展民生服务智慧应用，不断提高城市运行效率。

一、信息与信息化总体架构

当今世界，信息技术革命日新月异，信息化和经济全球化相互促进，互联网融入社会生活的方方面面，深刻改变着社会的生产方式和人们的生活方式。信息化总体架构从信息与信息化的矩阵全面分析并积极推进人类发展的伟大进程（图13-1）。

以企业、民众和政府为主体，在经济发展、民生改善、社会治理和生态保护等方面应用信息通信技术，开发利用信息资源，整合业务应用系统，提升信息交流和共享水平，支撑生产、生活和生态活动，节约资源，保护环境，促进可持续发展。

我国成为网络大国，处在可以大有作为的战略机遇期，稳增长的同时，推动发展

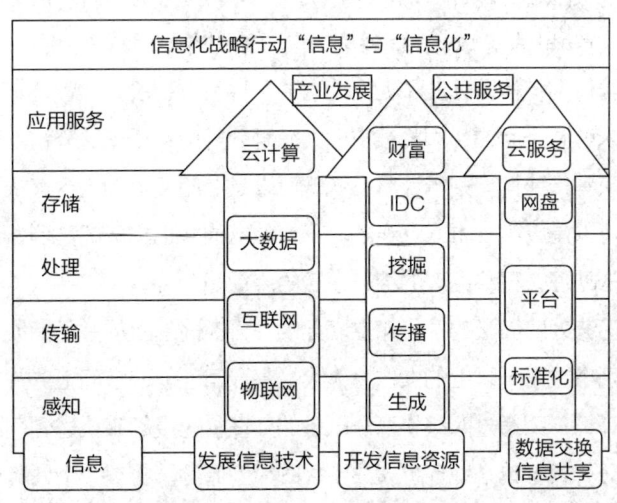

图13-1 智慧生态城市信息化总体架构

从国际产业分工的中低端向中高端提升。信息资源日益成为重要的生产要素和社会财富，信息掌握的多寡成为软实力和竞争力的重要标志。

微电子技术和软件技术是信息技术的核心。集成电路的集成度和运算能力、性能价格比继续按每18个月翻一番的速度呈几何级数增长，支持信息技术达到前所未有的水平。每个芯片上包含上亿个元件，构成了"单片上的系统"（SOC），模糊了整机与元器件的界限，极大地提高了信息设备的功能，并促使整机向轻、小、薄和低功耗方向发展。软件技术已经从以计算机为中心向以网络为中心转变。软件与集成电路设计的相互渗透使得芯片变成"固化的软件"，进一步巩固了软件的核心地位。软件技术的快速发展使得越来越多的功能通过软件来实现，"硬件软化"成为趋势，出现了"软件无线电"、"软交换"等技术领域。嵌入式软件的发展使软件走出了传统的计算机领域，促使多种工业产品和民用产品的智能化。软件技术已成为推进信息化的核心技术，发展高性能计算和并行计算。

高性能计算（High performance computing，缩写HPC）指通常使用很多处理器（作为单个机器的一部分）或者某一集群中组织的几台计算机（作为单个计算资源操作）的计算系统和环境。有许多类型的HPC系统，其范围从标准计算机的大型集群，到高度专用的硬件。大多数基于集群的HPC系统使用高性能网络互连。基本的网络拓扑和组织可以使用一个简单的总线拓扑，在性能很高的环境中，网状网络系统在主机之间提供较短的潜伏期，所以可改善总体网络性能和传输速率。

并行计算（Parallel Computing）指同时使用多种计算资源解决计算问题的过程，是提高计算机系统计算速度和处理能力的一种有效手段。它的基本思想是用多个处理器来协同求解同一问题，即将被求解的问题分解成若干个部分，各部分均由一个独立的处理器来并行计算。并行计算系统既可以是专门设计的、含有多个处理器的超级计算机，也可以是以某种方式互连的若干台独立计算机构成的集群。通过并行计算集群完成数据的处理，再将处理的结果返回给用户。

并行计算可分为时间上的并行和空间上的并行。时间上的并行指流水线技术。在同一时间启动两个或两个以上的操作，大大提高计算性能。空间上的并行指多个处理机并发的执行计算，即通过网络将两个以上的处理机连接起来，达到同时计算同一个任务的不同部分，或者单个处理机无法解决的大型问题。将一个大任务分割成多个相同的子任务，加快问题解决速度。

二、发展核心技术，做强信息产业

信息技术（Information Technology，缩写IT）是用于管理和处理信息所采用的各种技术的总称，主要是应用计算机科学和通信技术来设计、开发、安装和实施信息系统及应用软件，也常被称为信息和通信技术（Information and Communications Technology，ICT）。信息技术主要包括传感技术、计算机与智能技术、通信技术和控制技术。信息技术的应用包括计算机硬件和软件、网络和通信技术、应用软件开发工具等。计算机和互联网普及以来，人们日益普遍地使用计算机来生产、处理、交换和传播各种形式的信息（如书籍、商业文件、报刊、唱片、电影、电视节目、语音、图形、影像等）。信息技术和产业发展程度决定信息化发展水平。我国正处于从跟跑并跑向并跑领跑转变的关键时期，要抓住自主创新的"牛鼻子"，构建安全可控的信息技术体系，培育形成具有国际竞争力的产业生态，把发展主动权牢牢掌握在自己手里。

（一）构建先进技术体系

制定国家信息领域核心技术设备发展战略纲要，以体系化思维弥补单点弱势，打造国际先进、安全可控的核心技术体系，带动集成电路、基础软件、核心元器件等薄弱环节实现根本性突破。积极争取并巩固新一代移动通信、下一代互联网等领域全球领先地位，着力构筑移动互联网、云计算、大数据、物联网等领域比较优势。

（二）加强前沿和基础研究

加快完善基础研究体制机制，强化企业创新主体地位和主导作用，面向信息通信技术领域的基础前沿技术、共性关键技术，加大科技攻关。遵循创新规律，着眼长远发展，超前规划布局，加大投资保障力度，为前沿探索提供长期支持。实施新一代信息技术创新国际交流项目。

（三）打造协同发展的产业生态

统筹基础研究、技术创新、产业发展与应用部署，加强产业链各环节协调互动。提高产品服务附加值，加速产业向价值链高端迁移。加强专利与标准前瞻性布局，完善覆盖知识产权、技术标准、成果转化、测试验证和产业化投资评估等环节的公共服务体系。

（四）培育壮大龙头企业

支持龙头企业发挥引领带动作用，联合高校和科研机构打造研发中心、技术产业联盟，探索成立核心技术研发投资公司，打通技术产业化的高效转化通道。深化上市发审制度改革，支持创新型企业在国内上市。支持企业在海外设立研发机构和开拓市场，有效利用全球资源，提升国际化发展水平。

（五）支持中小微企业创新

加大对科技型创新企业研发支持力度，适当扩大政策适用范围。完善技术交易和企业孵化机制，构建普惠性创新支持政策体系。完善公共服务平台，提高科技型中小微企业自主创新和可持续发展能力。

三、开发信息资源，释放数字红利

信息资源指人类社会信息活动中积累起来的以信息为核心的各类信息活动要素（信息技术、设备、设施、信息生产者等）的集合。信息资源一词最早出现于沃罗尔科的《加拿大的信息资源》。信息资源是企业生产及管理过程中所涉及的一切文件、资料、图表和数据等信息的总称。它涉及企业生产和经营活动过程中所产生、获取、处理、存储、传输和使用的一切信息资源，贯穿于企业管理的全过程。信息同能源、材料并列为当今世界的三大资源。

（一）信息资源三大要素

信息资源由信息生产者、信息、信息技术三大要素组成。

（1）信息生产者是为了某种目的的生产信息的劳动者，包括原始信息生产者、信息加工者或信息再生产者。

（2）信息既是信息生产的原料，也是产品。它是信息生产者的劳动成果，对社会各种活动直接产生效用，是信息资源的目标要素。

（3）信息技术是能够延长或扩展人的信息能力的各种技术的总称，是对声音、图像、文字等数据和各种传感信号的信息进行收集、加工、存储、传递和利用的技术。信息技术作为生产工具，对信息收集、加工、存储和传递提供支持与保障。

（二）信息资源特点

信息资源广泛存在于经济、社会各个领域和部门，是各种事物形态、内在规律、和其他事物联系等各种条件、关系的反映。随着社会的不断发展，信息资源对国家和民族的发展，对人们的工作、生活至关重要，成为国民经济和社会发展的重要战略资源。它的开发和利用是整个信息化体系的核心内容。信息资源日益成为重要的生产要素和社会财富，信息掌握的多寡、信息能力的强弱成为衡量竞争力的重要标志。当前，我国信息资源开发利用不足与无序滥用的现象并存，要加强顶层设计和系统规划，完善制度体系，全面提升信息采集、处理、传输、利用、安全能力，构筑国家信息优势。

信息资源与自然资源、物质资源相比，具有以下几个特点：

（1）信息资源能够重复使用。其价值在使用中得到体现。

（2）信息资源的利用具有很强的目标导向。不同的信息在不同的用户中体现不同的价值。

（3）信息资源具有整合性。人们对其检索和利用，不受时间、空间、语言、地域和行业的制约。

（4）信息资源是社会财富。任何人无权全部或永久买下信息的使用权；它是商品，可以被销售、贸易和交换。

（5）信息资源具有流动性。

（三）信息交换

信息交换指数据在不同的信息实体之间进行交互的过程，其目标是在异构环境中实现数据的共享，从而有效地利用资源，提高整个信息系统的性能，加快信息系统之间的数据流通，实现数据的集成和共享。

由于信息交换系统主要是针对各行业企业之间信息集成、信息交换和共享的一个网络系统大平台，但同时也可能是各种不安全因素的大集合，特别是当前各种网络安全威胁越来越严重。在当前的这种网络安全环境下，又由于信息交换系统中交换的信息主要是行业内或是企业之间与部门之间的内部信息，这些信息有可能是敏感的、重要的，甚至是有可能是关系切身利益的商业机密，因此不希望外部或其竞争对手知道，但又要能保障行业内部、各企业联盟内及企业内部的正常合法用户能及时了解共享交流、发送、接受信息。

（四）加强信息资源规划、建设和管理

推动重点信息资源统筹规划和分类管理，增强关键信息资源掌控能力。完善基础信息资源动态更新和共享应用机制。创新部门业务系统建设运营模式，逐步实现业务应用与数据管理分离。统筹规划建设互联网大数据平台。逐步开展社会化交易型数据备份和认证，确保数据可追溯、可恢复。

（五）提高信息资源利用水平

建立公共信息资源开放目录，构建统一规范、互联互通、安全可控的数据开放体系，积极稳妥推进公共信息资源开放共享。发展信息资源市场，促进信息消费。引导和规范公共信息资源增值开发利用，支持市场主体利用全球信息资源开展业务创新。

（六）建立信息资源基本制度体系

探索建立信息资产权益保护制度，实施分级分类管理，形成重点信息资源全过程管理体系。加强采集管理和标准制定，提高信息资源准确性、可靠性和可用性。依法保护个人隐私、企业商业秘密，确保安全。研究制定信息资源跨境流动管理办法。

四、人工智能

人工智能（Artificial Intelligence，缩写为AI）是研究、开发用于模拟、延伸和扩展人的智能的理论、方法、技术及应用系统的技术科学。人工智能是计算机科学的一个分支，它企图了解智能的实质，并生产出新的能以人类智能相似的方式做出反应的智能机器，该领域的研究包括机器人、语言识别、图像识别、自然语言处理和专家系统等。人工智能从诞生以来，理论和技术日益成熟，应用领域也不断扩大，可以设想，未来人工智能带来的科技产品，将会是人类智慧的"容器"。

人工智能是对人的意识、思维的信息过程的模拟。人工智能不是人的智能，但能像人那样思考、也可能超过人的智能。从事这项工作的人必须懂得计算机知识、心理学和哲学。人工智能是包括十分广泛的科学，它由不同的领域组成，如机器学习、计算机视觉等。

五、"云、大、智、物、移"共同驱动DT新世界的到来

在DT（数据技术）时代，人、事、物都在被数据化，数据成为新经济的核心生产要素。IT时代以自我控制、自我管理为主，而DT时代则以服务大众、激发生产力为主。

在IT时代，技术的使用者以大型企业用户为主，主要用IT来提高自己本身的生产效率，改善业务流程，数据的流动、共享非常有限，数据主要用于查询和报表展示；而在DT时代，有了云计算基础设施，数据的开放、流动、共享成为可能，数据开始激发新的生产力。

DT意味着信息技术的发展，终于有能力、以低价格的形式还原、映射、记录和支撑商业世界的运行。DT时代的技术基础不是单一的某种技术，而是以云计算和大数据技术为核心的技术群落，这一组新的技术群落包括云（计算）、大（数据）、智（智能化）、物（物联网）、移（移动互联网）等，共同驱动了DT新世界的到来。

云计算与大数据技术的结合使得中小企业和创新创业企业利用IT技术处理和管理数据的成本大幅降低，应用开发、测试、上线的速度快速提升，使得中小企业可以拥有与大企业同样的技术能力。据阿里研究院测算，云计算能够降低70%的IT投入成本，同时提升互联网创新效率高达70%。

第三节　网络

宽带网络是新时期经济社会发展的战略性公共基础设施，发展宽带网络对拉动有效投资和促进信息消费、推进发展方式转变和小康社会建设具有重要支撑作用。从全球范围看，宽带网络正推动新一轮信息化发展浪潮，众多国家纷纷将发展宽带网络作为战略部署的优先行动领域，作为抢占新时期国际经济、科技和产业竞争制高点的重要举措。近年来，我国宽带网络覆盖范围不断扩大，传输和接入能力不断增强，宽带技术创新取得显著进展，完整产业链初步形成，应用服务水平不断提升，电子商务、软件外包、云计算和物联网等新兴业态蓬勃发展，网络信息安全保障逐步加强。

一、网络发展

1999年之前，人们一般认为网络的结构都是随机的。但随着Barabasi和Watts在1999年分别发现了网络的无标度和小世界特性并分别在世界著名的《科学》和《自然》杂志上发表了他们的发现之后，人们才认识到网络的复杂性。

（一）网络功能广泛

网络会借助文字阅读、图片查看、影音播放、下载传输、游戏、聊天等软件工具从文字、图片、声音、视频等方面给人们带来极其丰富的生活和美好的享受。

拥有高于8个内核的CPU称为众核。采用众核CPU作为报文处理引擎（Packet Processor）的路由器，称为众核路由器。众核有多核的优势，计算能力强，所有的核都可以计算，同时又有NP的功能，加上大量的应用协处理器，把大量过去需要独立硬件/板卡才可以应用的L4-L7的应用都硬件化，比如防火墙、VPN加速、DPI等，这些特性都做成硬件加速器放在众核里面提升性能。

数据运营和处理能力已成为核心竞争力，云计算、物联网、三网融合、宽带提速等重大战略布局空前提速，又进一步扩大并深化了数据爆炸的范围和影响，从而加剧了对网络高性能、高稳定性的进一步需求。作为数据通信网的核心，路由器设备成为制约数据业务表现的关键要素；尤其是数据集中的云计算应用日益升温，对高端核心路由器的需求也与日俱增。众核是一个兼顾了性能和灵活性的产品，在路由器架构方面众核是未来的主流选择。

（二）"云脑"控制万物

"万物互联"后的下一个挑战是"万物控制"，将凯文凯利的"蜂巢"理论延伸，如果每一个智能设备是一个较低智能的"蜜蜂"，而大量设备组成的自动服务网则是"蜂巢"，未来如"养蜂人"一样，我们操控的绝不是一只"蜜蜂"（智能设备），而是整个"物联蜂巢"，唯有依托貌似"失控"的自动服务网，通过机器学习、自动控制策略实现基于数据的智能设备微观自管理，有限的人类管理员才能在宏观上驾驭近乎无限增长的物联设备生态圈。

（1）泛在连接：人人都是网民。世界经济论坛预测，2022年，将有1万亿个传感器接入互联网，衣食住行的方方面面都会联网，每个设备都能与基础设施相连，通过家中、办公室、汽车、商场、餐馆等场所内无处不在的传感器、各类智能终端，全球每个人都永续在线，例如家中放置的一个智能音响即让全家人联网，智能汽车让所有乘客联网，智能楼宇的触摸屏让所有来访者联网，贴身穿戴的智能衣服、智能首饰、智能鞋、VR眼镜、虹膜眼镜让人联网"零距离"。

（2）泛在服务：物物都是服务。计算机大师Alan Kay提出："真正认真对待软件的人，应该制造他们自己的硬件。"丰富多彩的线上线下服务内容前置于物联终端，形成无数个微服务入口，商品与服务密不可分，例如智能厨电成为美食服务入口，智能冰箱成为冷链电商服务入口，智能音响成为音乐服务入口，智能机器人成为综合服务入口，"万物即服务"（TaaS，即Thing as a Service）成为普遍现象。

（3）泛在需求：数据都是需求，分析无处不在。在TaaS基础上，传感器收集到的个人行为数据，让"云脑"全天候分析，实时了解主人所有需求，并驱动全部智能家电、智能汽车，将越来越多的"手动服务"转变为专属于你的个性化"自动服务"，智能空调会在你进入家门前5分钟将室内温湿度调节至最舒适环境，智能空气净化器会根据城市气象预报、室内空气测量结果自动开启净化功能，智能扫地机器人会通过摄像头主动寻找、清扫灰尘、污渍，智能汽车会根据你的行为数据分析，播放你最喜欢的音乐、途经热门商店（或促销商品）甚至猜出目的地。Gartner在《2015年十大战略性IT趋势》中分析，更深层次地植入技术将为世界各地的用户创造"接触点"，形成数字业务的基础，伴随嵌入式物联设备的发展，大量结构化、非结构化数据产生，高级、渗透型、隐形分析学出现，每一个应用程序都必须是一个分析性应用，从大数据中发现大问题与大答案。

二、互联网

互联网（Internet）又称因特网、英特网，始于1969年美国的阿帕网；是网络与网络之间所串连成的庞大网络，这些网络以一组通用的协议相连，形成逻辑上的单一巨大国际网络，在这基础上发展出覆盖全世界的全球性互联网络称互联网，即是互相连接一起的网络结构。互联网并不等同万维网，万维网只是一建基于超文本相互链接而成的全球性系统，且是互联网所能提供的服务其中之一。

（一）互联网3.0

互联网诞生的半个多世纪中，发展方向始终未变，以满足人类个性化需求为目的，以全球网络为供需控制器，以数据计算为智能驱动，历经了三个重要发展阶段。

互联网1.0时代，人们因为线下的"信息不对称"，通过PC查找网上信息，大量的信息逐步通过网站网页在线化输入、存储、展示，产品与服务仍在线下，后来产生了"信息盈余"，找到精准信息的难度与需求加大，"搜索引擎"成为大众核心工具。

互联网2.0时代，即"移动互联网"，人们因为线下的"效率不对称"，通过手机安装各种APP应用软件，产品与供应链仍在线下，大量O2O服务被开发出来，产生了"服务盈余"，找到最优服务的难度与需求增长，各类提供标准化或非标准化的"共享经济"服务平台成为主流。

互联网3.0时代，即"物联网"。人们面对碎片化的市场需求、浩瀚的数据资源、极快的商业节奏，呈现"智慧不对称"（人与人、人与算法），通过跨终端的"云脑"（个人助理和专业助理）在线提供快速、精准、专属的数据分析、决策支持、备选方案，而所有硬件、服务都已联网，面向全网数据的人工智能算法控制的云脑，将成为每个人日常工作生活不可或缺的外脑。

马云指出："我们在经历的这一次技术革命，是在释放人的大脑。未来三十年，整个变革会远远超过大家的想象。"大风起兮云飞扬，智能物联"风口"在云端。人类的科技变革如大海一般，后浪推前浪，生生不息，没有云计算、大数据、移动物联网在近十年的全面普及，就没有物联网的"今天"与云脑的"明天"。

德国提出通用计算、二进制的大师莱布尼茨已经预见到几百年后的未来——"用计算代替思考"，正是云脑物联网的主旨。2016年新年伊始，蓝色巨人IBM顺应大势推出"认知计算"，接替"智慧地球"成为下一代科技创新战略，物联网产业成熟时，"智商"各不相同的云脑正在"互联网社区"的"大数据学校"中日夜用功学习，IBM Watson、Google Now、Facebook M、Apple Siri、Microsoft Cortana、Amazon Echo、阿里巴巴个人助理+、百度度秘这些"同班同学"，都在各自擅长的行业领域快速成长，希望能够以接近人类的方式认知、服务这个世界。

（二）DT新经济

物联网正在重新定义DT时代的生活方式、工作方式，线下尚未被数据化的市场隐藏着大量用户的个性化需求，如"冰山"一样巨大的"全息需求"亟待开发。传统互联网，通过各种科技手段只能发现、收集人们的线上数据，即全球32亿网民（约44%全球人口）上网行为产生的7.9ZB数据量，通过分析、利用数据资源，创造出价值巨大的互联网商业产值，然而在全球互联网最发达的中美两国，互联网经济占比接近GDP的10%。

物联网通过丰富的智能"触点"，将纳入全球不能上网的其余40亿人口（约66%全球人口），正在产生无法估量而富含商业价值的海量数据，彻底撬动起全球剩余90%的GDP产业。伴随物联网技术在各国服务业、工业、农业的深入普及，产业重构、业务创新、业务增值成为未来20年的主题，物联网触发"DT经济大爆炸"。

（三）阿里智能物联生态圈

从美国的Apple、Google到中国的小米、华为都在从自身优势资源出发，积极布局物联网业务，选择产品相对全面、国产自主研发、为全产业链合作伙伴赋能的阿里巴巴智能物联生态圈，作为样本进行深入分析。阿里巴巴从云（阿里云）、网（阿里通信）、端（YunOS、智能家电、智能汽车）全方位的研发投入、自主可控、安全保障，到创意、设计、研发、制造、销售、服务的全生命周期平台服务，阿里智能联合上下游厂商、科研院所、相关社会团体等近百家物联产业合作伙伴，共同发起成立"阿里智能生活联盟"（简称ASLA），从可穿戴到家居家电，从互联硬件到智能服务，遍及家居、影音、健康、母婴等各大品类，托举整个中国智能行业加速起飞，正在见证这一轮硬件产业"去中心化"和"智能服务平台化"的创新浪潮趋势，具有中国IOT产业发展的标杆性研究价值。

三、移动互联网

移动互联网将移动通信和互联网结合起来，成为一体，是互联网技术、平台、商业模式和应用与移动通信技术结合并实践的活动总称。4G时代的开启及移动终端设备的凸显为移动互联网的发展注入巨大的能量。

（一）移动互联网基本特点

（1）用户体验至上：在移动互联网时代，一个商品或一项服务想要成功，必须更加了解消费者的需求，满足消费者简单、精准的用户体验，这将决定其爆炸能量的大小；从与消费者发生第一点接触开始，越精确越好。

（2）盈利策略不可急功近利：这些客户可能只用过手机的简单功能、盈利模式的策略上，需要企业性化和简单易懂的指引，移动互联网的强大平台，已经成为全方位、立体式。

（3）找到业务的核心竞争力：集定位、搜索和精确数据库功能的服务必定将手机提升到改变世界的境界。在产业链竞争中处于相对被动的情况下，手中最大的砝码就是市场占有率和业务创新能力，市场占有率让你有更大的话语权和议价资格，业务创新能力则决定自己的"卖点"。

（4）把握移动营销新模型：移动互联网的营销模型与传统营销最大的不同，是通过口碑传播吸引更多的客户，随之让其参与互动，直接让正确的客户为企业说正确的话；冷冰冰的广告式营销终将在这个时代里慢慢衰退，这是移动互联网的一个品牌文化。

（5）整合产业链之外的资源：把握移动互联网的前提，抓住行业的强势资源，在相关节点有效整合产业资源。

（二）移动互联网业务模式

（1）移动社交成客户数字化生存的平台：在移动网络虚拟世界里，服务社区化将成为焦点。社区可以延伸出不同的用户体验，提高用户对企业的黏性。

（2）移动广告将是移动互联网的主要盈利来源：手机广告是一项具有前瞻性的业务形态，可能成为下一代移动互联网繁荣发展的动力因素。

（3）手机游戏将成为娱乐化先锋：随着产业技术的进步，移动设备终端上会发生一些革命性的质变，带来用户体验的跳跃：加强游戏触觉反馈技术，手机游戏将作为移动互联网的杀手级盈利模式，将掀起移动互联网商业模式的全新变革。

（4）手机电视将成为时尚人士新宠：手持电视用户主要集中在积极尝试新事物、个性化需求较高的年轻群体，这样的群体扩大很快。

（5）移动电子阅读填补狭缝时间：因为手机功能扩展、屏幕更大更清晰、容量提升、用户身份易于确认、付款方便等诸多优势，移动电子阅读正在迅速传播开来。

（6）移动定位服务提供个性化信息：随着随身电子产品日益普及，人们的移动性在日益增强，对位置信息的需求也日益高涨，市场对移动定位服务的需求快速增加。

（7）手机搜索将成为移动互联网发展的助推器：手机搜索引擎整合搜索概念、智能搜索、语义互联网等概念，综合多种搜索方法，可以提供范围更宽广的垂直和水平搜索体验，更加注重提升用户的使用体验。

（8）手机内容共享服务将成为客户的黏合剂：手机图片、音频、视频共享被视为未来手机业务的重要应用。

（9）移动支付蕴藏巨大商机：支付手段的电子化和移动化是必然趋势，移动支付业务发展预示着移动行业与金融行业融合的深入。

（10）移动电子商务的春天到来：移动电子商务可以为用户随时随地提供所需的服务、应用、信息和娱乐，利用手机终端方便便捷地选择及购买商品与服务。

多种支付方式，使用方便。移动支付平台不仅支持各种银行卡通过网上进行支付，而且还支持手机、电话等多种终端操作，符合网上消费者追求个性化、多样化的需求。

四、物联网

物联网（Internet of things，IoT）是物物相连的互联网、新一代信息技术的重要组成部分，也是"信息化"时代的重要发展阶段。物联网有两层意思：其一，物联网的核心和基础仍然是互联网，是在互联网基础上延伸和扩展的网络；其二，用户端延伸和扩展到了任何物品与物品之间，进行信息交换和通信。物联网通过智能感知、识别技术与普适计算等通信感知技术，广泛应用于网络的融合中，也因此被称为继计算机、互联网之后世界信息产业发展的第三次浪潮。物联网是互联网的应用拓展，与其说物联网是网络，不如说物联网是业务和应用。因此，应用创新是物联网发展的核心。

（一）物联网基本特点

利用局部网络或互联网等通信技术把传感器、控制器、机器、人员和物等通过新的方式联系在一起，形成人与物、物与物相联，实现信息化、远程管理控制和智能化。物联网及互联网上所有的资源，兼容互联网所有的应用，但物联网中所有的元素（所有的设备、资源及通信等）都是个性化和私有化的。

和现有的互联网相比，物联网多了一个底层的数据采集环节，大致是四类数据的采集：电子标签显示身份，传感器捕捉状态，摄像头记录图像，GPS进行跟踪定位。物联网两个最主要的技术基础是网络通信技术和传感器技术，而网络通信技术发展到今天已经无处不在，技术很成熟。物联网则对传感器制造提出了新的要求，体积越来越小，重量更轻，以及更低的功耗。物联网整个产业链的基础就是传感器产业。作为整个金字塔的塔座，传感器需求量将会是整个产业链条中总量最大和最基础的环节。

目前，对于物联网产业的预测基本都限于传感网的应用。在业界，物联网的应用大致被公认为有三个层次的理念，底层是传感网络，往上是数据传输的网络通道，最上面则是内容应用。物联网产业链因此也基本明晰，即传感器研发厂商、网络运营商以及提供应用软件和工具的系统集成商。

物联网的发展一开始就指向产业化。其他产业链端的企业希望物联网从"孤独的传感网"中跳出来，给整个移动通信、互联网都带来一个全新服务的体系，把通信或者是传输的业务扩展成从感知、传输到处理的一个综合服务。

物联网的发展将产生海量的数据，尤其与互联网融合后，需要超乎想象的存储资源共享和计算处理分析能力，发展大数据和云计算。

（二）下一代网络

下一代网络（Next Generation Network）的主要思想是在一个统一的网络平台上以统一管理的方式提供多媒体业务，整合现有的市内固定电话、移动电话的基础上（统称FMC），增加多媒体数据服务及其他增值型服务。其中话音的交换将采用软交换技术，而平台的主要实现方式为IP技术，逐步实现统一通信，其中voip将是下一代网络中的一个重点。为了强调IP技术的重要性，业界的主要公司之一思科公司（Cisco Systems）主张称为IP-NGN。

我国传感网标准体系已形成初步框架，向国际标准化组织提交的多项标准提案被采纳。传感网标准化工作已经取得积极进展。传感网在国际上又称为"物联网"，这是继计算机、互联网与移动通信网之后的又一次信息产业浪潮。物联网用途广泛，遍及智能交通、环境保护、政府工作、公共安全、平安家居、智能消防、工业监测、老人护理、个人健康等多个领域。这一技术将会发展成为一个上万亿元规模的高科技市场。随着传感器、软件、网络等关键技术迅猛发展，传感网产业规模快速增长，应用领域广泛拓展，带来信息产业发展的新机遇。我国对物联网的发展高度重视，经过长期艰苦努力，相关机构和企业攻克了大量关键技术，取得了国际标准制定的重要话语权，传感网发展具备了一定的产业基础，在电力、交通、安防等相关领域的应用初见成效。国家重大专项中均将传感网列入重点研究领域。全国信息技术标准化技术委员会组建了传感器网络标准工作组，聚集了国内传感网主要的技术研究和应用单位，积极开展传感网标准制订工作，深度参与国际标准化活动，旨在通过标准化为产业发展奠定坚实技术基础。

加快推进实施"宽带中国"战略，结合云计算发展布局优化网络结构，加快网络基础设施建设升级，优化互联网网间互联架构，提升互联互通质量，降低带宽租费水平。

（三）发展地球物联

2008年，IBM公司提出"智慧地球"，次年，美国总统将其提升为国家战略；2010年，IBM公司推出智慧系统，打包推销IBM的产品与服务。20世纪末，麻省理工学院提出的物联网，重在将RFID等传感器与日常物品联系起来。到目前，人们共识的物联网是物物相联的全面认知。可见，物联网正在成为信息化发展的新特征，处于起步阶段。我国可以提出并抓紧发展"地球物联网"，迅速在理念、愿景、架构、规划、组网、传感、应用、路线等方面形成体系，启动地球物联网关键支撑技术攻关。

中华民族有图像思维的悠久历史，有航天遥感、定位导航、空天发展的理论技术，应该抢占世界制高点。地球物联网更重视面的感知、体的感知、图像思维，而图像思维发达是当代人类的优势，属于视觉空间智能，便于标示、感知、识别分析地物；将其以地理位置及其相互关系为基础组成信息框架，并在框架内嵌入多种信息。

五、量子通信

量子通信（Quantum Teleportation）是利用量子纠缠效应进行信息传递的新型通讯方式，是量子论和信息论相结合的新的科技领域。主要涉及：量子密码通信、量子远程传态和量子密集编码等，已逐步从理论走向实用化发展。高效安全的信息传输日益受到人们的关注，量子通信高效率和绝对安全，成为国际上的研究热点。

（一）第一颗量子卫星升空

2016年8月16日凌晨，世界上第一颗量子卫星"墨子号"从酒泉升空。量子卫星是中科院空间科学先导专项首批科学实验卫星之一，其主要科学目标一是进行星地高速量子密钥分发实验，并在此基础上进行广域量子密钥网络实验；二是在空间尺度验证量子力学理论，进行量子纠缠分发和量子隐形传态实验。

根据预定计划，量子卫星发射升空后，在轨时间两年，将与地面的南山、德令哈、兴隆、丽江4个量子通信地面站以及阿里量子隐形传态实验站，共同构成天地一体化大范围的量子科学实验系统。2016年年底，我国将建成用光量子传输的京沪通信干线，但光量子在光纤线路中的传输距离较短，每100公里便需要一个中继器来帮助完成接力赛跑，而大气层中，却可以一次传递几千公里。

量子卫星的成功发射和在轨运行，将有助于我国在量子通信技术实用化整体水平上保持和扩大国际领先地位，实现国家信息安全和信息技术水平跨越式提升，有望推动我国科学家在量子科学前沿领域取得重大突破，对于推动我国空间科学卫星系列可持续发展具有重大意义。

（二）量子纠缠与信息安全

量子是构成世界所有物质的最小单元，是能量的最基本的携带者，它不可分割，也无法被精确复制。在信息传递过程中，如果被中途窃听，其状态会发生变化，并使得通信双方立刻察觉，是建造绝对安全信息系统的"佼佼者"。

光量子通信主要基于量子纠缠态的理论，使用量子隐形传态（传输）的方式实现信息传递。根据实验验证，具有纠缠态的两个粒子无论相距多远，只要一个发生变化，另外一个也会瞬间发生变化，利用这个特性实现光量子通信的过程如下：事先构建一对具有纠缠态的粒子，将两个粒子分别放在通信双方，将具有未知量子态的粒子与发送方的粒子进行联合测量（一种操作），则接收方的粒子瞬间发生坍塌（变化），坍塌（变化）为某种状态，这个状态与发送方的粒子坍塌（变化）后的状态是对称的，然后将联合测量的信息通过经典信道传送给接收方，接收方根据接收到的信息对坍塌的粒子进行么正变换（相当于逆转变换），即可得到与发送方完全相同的未知量子态。

量子通信绝不会"泄密"，其一体现在量子加密的密钥是随机的，即使被窃取者截获，也无法得到正确的密钥，因此无法破解信息；其二，分别在通信双方手中具有纠缠态的2个粒子，其中一个粒子的量子态发生变化，另外一方的量子态就会随之立刻变化，并且根据量子理论，宏观的任何观察和干扰，都会立刻改变量子态，引起其坍塌，因此窃取者由于干扰而得到的信息已经破坏，并非原有信息。高效、被传输的未知量子态在被测量之前会处于纠缠态，即同时代表多个状态，例如一个量子态可以同时表示0和1两个数字，7个这样的量子态就可以同时表示128个状态或128个数字：0～127。光量子通信的这样一次传输，就相当于经典通信方式的128次。可以想象如果传输带宽是64位或者更高，那么效率之差将是惊人的。

（三）自主研究领跑世界

我国自主研发的量子卫星突破了一系列关键技术，包括高精度跟瞄、星地偏振态保持与基矢校正、星载量子纠缠源等。

中国科学技术大学教授潘建伟、彭承志、陈宇翱等人，与中科院上海技术物理研究所王建宇、光电技术研究所黄永梅等组成联合团队，于2011年10月在青海湖首次成功实现了百公里量级的自由空间量子隐形传态和纠缠分发。实验证明，无论是从地面指向卫星的上行量子隐形传态，还是卫星指向两个地面站的下行双通道量子纠缠分发均可行，为基于卫星的广域量子通信和大尺度量子力学原理检验奠定了技术基础。

在高损耗的地面成功传输100公里，意味着在低损耗的太空传输距离将可以达到1000公里以上，基本上解决了量子通信卫星的远距离信息传输问题。量子通信卫星核心技术的突破，也表明未来构建全球量子通信网络具备技术可行性。

我国发射世界首颗量子科学实验卫星，完全由我国自主研发，突破了卫星平台、有效载荷、地面光学收发站等一系列关键技术，将在轨开展量子密钥分发、广域量子密钥网络、量子纠缠分发、量子隐形传态、星地高速相干激光通信等科学实验。将在世界上首次实现卫星和地面之间的量子通信，构建一个天地一体化的量子保密通信与科学实验体系。量子卫星的各项实验都需要天上的卫星和地面的实验站进行互动来实现。科研人员采用一系列创新技术，通过平台和载荷两级控制的方式，对准精度可以达到普通卫星的十倍，从而使各项天地互动实验能够顺利展开。通过建立天地一体化的量子保密通信网，有望从根本上解决国防、金融、政务、商业等领域的信息安全问题。

第四节　云计算

云计算是推动信息技术能力实现按需供给、促进信息技术和数据资源充分利用的全新业态，是信息化发展的重大变革和必然趋势。

一、增强云计算服务能力

大力发展公共云计算服务，实施云计算工程，支持信息技术企业加快向云计算产品和服务提供商转型。大力发展计算、存储资源租用和应用软件开发部署平台服务，以及企业经营管理、研发设计等在线应用服务，降低企业信息化门槛和创新成本，支持中小微企业发展和创业活动。积极发展基于云计算的个人信息存储、在线工具、学习娱乐等服务，培育信息消费。发展安全可信的云计算外包服务，推动政府业务外包。支持云计算与物联网、移动互联网、互联网金融、电子商务等技术和服务的融合发展与创新应用，积极培育新业态、新模式。鼓励大企业开放平台资源，打造协作共赢的云计算服务生态环境。引导专有云有序发展，鼓励企业创新信息化建设思路，在充分利用公共云计算服务资源的基础上，立足自身需求，利用安全可靠的专有云解决方案，整合信息资源，优化业务流程，提升经营管理水平。大力发展面向云计算的信息系统规划咨询、方案设计、系统集成和测试评估等服务。发挥企业创新主体作用，以服务创新带动技术创新，增强原始创新能力。

二、探索云计算发展新模式

鼓励应用云计算技术整合改造现有电子政务信息系统。在保障信息安全和个人隐私的前提下，积极探索地理、人口、知识产权及其他有关管理机构数据资源向社会开放，推动政府部门间数据共享，提升社会管理和公共服务能力。重点在公共安全、疾病防治、灾害预防、就业和社会保障、交通物流、教育科研、电子商务等领域，开展基于云计算的大数据应用示范，支持政府机构和企业创新大数据服务模式。充分发挥云计算、大数据在城市建设中的服务支撑作用，加强推广应用，挖掘市场潜力，服务城市经济社会发展。

三、提升安全保障能力

研究完善云计算和大数据环境下个人和企业信息保护，加强云计算服务网络安全防护管理。落实国家信息安全等级保护制度，开展定级备案和测评等工作。完善云计算安全态势感知、安全事件预警预防及应急处置机制，加强对党政机关和金融、交通、能源等重要信息系统的安全评估和监测。支持云计算安全软硬件技术产品的研发生产、试点示范和推广应用，加快云计算安全专业化服务队伍建设。

第五节　大数据

大数据是以容量大、类型多、存取速度快、应用价值高为主要特征的数据集合，正快速发展为对数量巨大、来源分散、格式多样的数据进行采集、存储和关联分析，从中发现新知识、创造新价值、提升新能力的新一代信息技术和服务业态。

一、总体部署

信息技术与经济社会的交汇融合引发了数据迅猛增长，数据成为国家基础性战略资源，大数据正日益对全球生产、流通、分配、消费活动以及经济运行机制、社会生活方式和国家治理能力产生重要影响。目前，我国在大数据发展和应用方面已具备一定基础，拥有市场优势和发展潜力，但也存在政府数据开放共享不足、产业基础薄弱、缺乏顶层设计和统筹规划、法律法规建设滞后、创新应用领域不广等问题，亟待解决。

发挥市场在资源配置中的决定性作用，加强顶层设计和统筹协调，大力推动政府信息系统和公共数据互联开放共享，加快政府信息平台整合，消除信息孤岛，推进数据资源向社会开放，增强政府公信力，引导社会发展，服务公众企业；以企业为主体，营造宽松公平环境，加大大数据关键技术研发、产业发展和人才培养力度，着力推进数据汇集和发掘，深化大数据在各行业创新应用，促进大数据产业健康发展；科学规范利用大数据，切实保障数据安全。通过促进大数据发展，加快建设数据强市，释放技术红利、制度红利和创新红利，提升政府治理能力，推动经济转型升级。

二、主要任务

（一）加快政府数据开放共享，推动资源整合，提升治理能力

大力推动政府部门数据共享，稳步推动公共数据资源开放，统筹规划大数据基础设施建设，支持宏观调控科学化，推动政府治理精准化，推进商事服务便捷化，促进安全保障高效化，加快民生服务普惠化。

（二）推动产业创新发展，培育新兴业态，助力经济转型

发展工业大数据。推动大数据在工业研发设计、生产制造、经营管理、市场营销、售后服务等产品全生命周期、产业链全流程各环节的应用，分析感知用户需求，提升产品附加价值，打造智能工厂。建立面向不同行业、不同环节的工业大数据资源聚合和分析应用平台。抓住互联网跨界融合机遇，促进大数据、物联网、云计算和三维（3D）打印技术、个性化定制等在制造业全产业链集成运用，推动制造模式变革和工业转型升级。

发展新兴产业大数据，发展农业农村大数据，发展万众创新大数据，推进基础研究和核心技术攻关，完善大数据产业链。

（三）强化安全保障，提高管理水平，促进健康发展

健全大数据安全保障体系。落实信息安全等级保护、风险评估等网络安全制度，建立健全大数据安全保障体系。建立大数据安全评估体系。切实加强关键信息基础设施安全防护，做好大数据平台及服务商的可靠性及安全性评测、应用安全评测、监测预警和风险评估。明确数据采集、传输、存储、使用、开放等各环节保障网络安全的范围边界、责任主体和具体要求，切实加强对涉及国家利益、公共安全、商业秘密、个人隐私、军工科研生产等信息的保护。妥善处理发展创新与保障安全的关系，审慎监管，保护创新，探索完善安全保密管理规范措施，切实保障数据安全。

强化安全支撑。采用安全可信产品和服务，提升基础设施关键设备安全可靠水平，提升重大网络安全事件应急处理能力；深化网络安全防护体系和态势感知能力建设，增强网络空间安全防护和安全事件识别能力。开展安全监测和预警通报工作，加强大数据环境下防攻击、防泄露、防窃取的监测、预警、控制和应急处置能力建设。

第六节　地理信息

地理信息是地理数据所蕴含和表达的地理含义，是与地理环境要素有关的物质的数量、质量、性质、分布特征、联系和规律的数字、文字、图像和图形等的总称。

一、地理信息系统

地理信息系统（Geographic Information System或 Geo-Information system，GIS）是一种重要的空间信息系统，在计算机硬、软件系统支持下，对整个或部分地球表层（包括大气层）空间中的有关地理分布数据进行采集、储存、管理、运算、分析、显示和描述的技术系统。它是一门综合性学科，结合地理学与地图学以及遥感和计算机科学，已经广泛地应用在不同的领域，是用于输入、存储、查询、分析和显示地理数据的计算机系统，对地球上存在的现象和发生的事件进行成图和分析。GIS 技术把地图这种独特的视觉化效果和地理分析功能与一般的数据库操作（例如查询和统计分析等）集成在一起。

（一）地理信息系统特点

（1）公共的地理定位基础。

（2）具有采集、管理、分析和输出多种地理空间信息的能力。

（3）系统以分析模型驱动，具有极强的空间综合分析和动态预测能力，并能产生高层次的地理信息。

（4）以地理研究和地理决策为目的，是一个人机交互式的空间决策支持系统。

（二）数据处理

GIS系统能够将不同来源的信息以不同的形式应用。对于源数据的基本要求是确定变量的位置。位置可能由经度、纬度和海拔的x，y，z坐标来标注，或是由其他地理编码系统比如ZIP码，又或是高速公路公里标志来表示。任何可以定位存放的变量都能被反馈到GIS。可以将地图中不同类型的数据格式输入GIS。GIS系统同时能将不是地图形式的数字信息转换成可识别利用的形式。例如，通过分析由遥感生成的数字卫星图像，可以生成一个与地图类似的有关植被覆盖的数字信息层。同样，人口调查或水文表格数据也可在GIS系统中被转换成作为主题信息层的地图形式。

（三）系统转换

GIS中的地图数据必须能被操作以使其与从其他地图获得的数据相配合。在数字数据被分析前，经过其他一些将它们整合进GIS的处理，如投影与坐标变换。地球可以用多种模型来表示，对于地球表面上的任一给定点，各个模型都可能给出一套不同的坐标（如纬度、经度、海拔）。最简单的模型是假定地球是一个理想的球体。随着地球的更多测量逐渐累积，地球的模型也变得越来越复杂，越来越精确。事实上，有些模型应用于地球的不同区域以提供更高的精确度，如北美坐标系统1983-NAD83-只适合在美国使用，而在欧洲却不适用。

投影是制作地图的基础，是从地球的一种模型中转换信息的数学方法，它将三维的弯曲表面转换成二维的媒介（比如纸或电脑屏幕）。不同类型的地图采用不同的投影系统，因为每种投影系统有其自身的合适的用途。比如一种可以精确反映大陆形状的投影会歪曲大陆的相对尺寸。

（四）空间分析

空间分析能力是GIS的主要功能，也是GIS与计算机制图软件相区别的主要特征。空间分析从空间物体的空间位置、联系等方面去研究空间事物，对空间事物做出定量的描述。一般地讲，它只回答What（是什么？）、Where（在哪里？）、How（怎么样？）等问题，但并不（能）回答Why（为什么？）。空间分析需要复杂的数学工具，其中最主要的是空间统计学、图论、拓扑学、计算几何等，其主要任务是对空间构成进行描述和分析，以达到获取、描述和认知空间数据，理解和解释地理图案的背景过程，空间过程的模拟和预测，调控地理空间上发生的事件等。

空间分析技术与许多学科有联系，地理学、经济学、区域科学、大气、地球物理、水文等专门学科为其提供知识和机理。除了GIS软件捆绑空间分析模块外，也有一些专用的空间分析软件。

（五）建模系统

地理信息系统既是表达、模拟现实空间世界和进行空间数据处理分析的"工具"，也是人们用于解决空间问题的"资源"，还是一门关于空间信息处理分析的科学技术，需要建模，包括数据建模、拓扑建模、网络建模等。

二、导航定位系统

全球定位系统（GPS）是20世纪70年代由美国陆海空三军联合研制的新一代空间卫星导航定位系统，为陆、海、空三大领域提供实时、全天候和全球性的导航服务，并用于情报收集、核爆监测和应急通讯等一些军事目的，是全球战略的重要组成。北斗卫星导航系统是我国着眼于国家安全和经济社会发展需要，自主建设、独立运行的卫星导航系统，是为全球用户提供全天候、全天时、高精度的定位、导航和授时服务的国家重要空间基础设施。

（一）北斗卫星导航系统发展原则

中国坚持"自主、开放、兼容、渐进"的原则建设和发展北斗系统。

自主。坚持自主建设、发展和运行北斗系统，具备向全球用户独立提供卫星导航服务的能力。

开放。免费提供公开的卫星导航服务，鼓励开展全方位、多层次、高水平的国际合作与交流。

兼容。提倡与其他卫星导航系统开展兼容与互操作，鼓励国际合作与交流，致力于为用户提供更好的服务。

渐进。分步骤推进北斗系统建设发展，持续提升北斗系统服务性能，不断推动卫星导航产业全面、协调和可持续发展。

（二）北斗系统的基本组成

北斗系统由空间段、地面段和用户段三部分组成。

空间段。北斗系统空间段由若干地球静止轨道卫星、倾斜地球同步轨道卫星和中圆地球轨道卫星三种轨道卫星组成混合导航星座。

地面段。北斗系统地面段包括主控站、时间同步/注入站和监测站等若干地面站。

用户段。北斗系统用户段包括北斗兼容其他卫星导航系统的芯片、模块、天线等基础产品，以及终端产品、应用系统与应用服务等。

（三）北斗系统的发展特色

北斗系统的建设实践，实现了在区域快速形成服务能力、逐步扩展为全球服务的发展路径，丰富了世界卫星导航事业的发展模式。

北斗系统具有以下特点：一是北斗系统空间段采用三种轨道卫星组成的混合星座，与其他卫星导航系统相比高轨卫星更多，抗遮挡能力强，尤其低纬度地区性能特点更为明显。二是北斗系统提供多个频点的导航信号，能够通过多频信号组合使用等方式提高服务精度。三是北斗系统创新融合了导航与通信能力，具有实时导航、快速定位、精确授时、位置报告和短报文通信服务五大功能。

（四）构建产业应用推进体系

推行国家关键领域应用。在涉及国家安全和国民经济发展的关键领域，着力推进北斗系统及兼容其他卫星导航系统的技术与产品的应用，为国民经济稳定安全运行提供重要保障。

推进行业/区域应用。推动卫星导航与国民经济各行业的深度融合，开展北斗行业示范，形成行业综合应用解决方案，促进交通运输、国土资源、防灾减灾、农林水利、测绘勘探、应急救援等行业转型升级。鼓励结合"京津冀协同发展"、"长江经济带"以及智慧城市发展等国家区域发展战略需求，开展北斗区域示范，推进北斗系统市场化、规模化应用，促进北斗产业和区域经济社会发展。

引导大众应用。面向智能手机、车载终端、穿戴式设备等大众市场，实现北斗产品小型化、低功耗、高集成，重点推动北斗兼容其他卫星导航系统的定位功能成为车载导航、智能导航的标准配置，促进在社会服务、旅游出行、弱势群体关爱、智慧城市等方面的多元化应用。

（五）构建产业创新体系

加强基础产品研发。突破核心关键技术，开发北斗兼容其他卫星导航系统的芯片、模块、天线等基础产品，培育自主的北斗产业链。

鼓励创新体系建设。鼓励支持卫星导航应用技术重点实验室、工程（技术）研究中心、企业技术中心等创新载体的建设和发展，加强工程实验平台和成果转化平台能力建设，扶持企业发展，加大知识产权保护力度，形成以企业为主体、产学研用相结合的技术创新体系。

促进产业融合发展。鼓励北斗与互联网+、大数据、云计算等融合发展，支持卫星导航与移动通信、无线局域网、伪卫星、超宽带、自组织网络等信号的融合定位及创新应用，推进卫星导航与物联网、地理信息、卫星遥感/通信、移动互联网等新兴产业融合发展，推动大众创业、万众创新，大力提升产业创新能力。

（六）加强与其他卫星导航系统的兼容共用

积极推动北斗系统与其他卫星导航系统在系统建设、应用等各领域开展全方位合作与交流，加强兼容与互操作，实现资源共享、优势互补、技术进步，共同提高卫星导航系统服务水平，为用户提供更加优质多样、安全可靠的服务。

三、遥感系统

遥感（Remote Sensing）是以空中摄影技术为基础发展起来的一门新兴技术。开始为航空遥感，1972年，美国发射第一颗陆地卫星，标志航天遥感时代的开始。经过几十年的迅速发展，遥感技术已广泛应用于资源环境、水文、气象，地质地理等领域，成为一门实用的、先进的空间探测技术。

（一）系统组成

遥感从广义上说泛指从远处探测、感知物体或事物的技术。即不直接接触物体本身，从远处通过仪器（传感器）探测和接收来自目标物体的信息（如电场、磁场、电磁波、地震波等信息），经过信息的传输及其处理分析，识别物体的属性及其分布等特征的技术。遥感利用遥感器从空中来探测地面物体性质，它根据不同物体对波谱产生不同响应的原理，识别地面上各类地物，遥远感知事物。也就是利用地面上空的飞机、飞船、卫星等飞行物上的遥感器收集地面数据资料，并从中获取信息，经记录、传送、分析和判读来识别地物。

遥感是一门对地观测综合性技术，它的实现既需要一整套的技术装备，又需要多种学科的参与和配合，因此实施遥感是一项复杂的系统工程。根据遥感的定义，遥感系统主要由以下四大部分组成：

（1）信息源。信息源是遥感需要对其进行探测的目标物。任何目标物都具有反射、吸收、透射及辐射电磁波的特性，当目标物与电磁波发生相互作用时会形成目标物的电磁波特性，这就为遥感探测提供了获取信息的依据。

（2）信息获取。信息获取是运用遥感技术装备接受、记录目标物电磁波特性的探测过程。信息获取所采用的遥感技术装备主要包括遥感平台和传感器。其中遥感平台是用来搭载传感器的运载工具，常用的有气球、飞机和人造卫星等；传感器是用来探测目标物电磁波特性的仪器设备，常用的有照相机、扫描仪和成像雷达等。

（3）信息处理。信息处理是指运用光学仪器和计算机设备对所获取的遥感信息进行校正、分析和解译处理的技术过程。信息处理的作用是通过对遥感信息的校正、分析和解译处理，掌握或清除遥感原始信息的误差，梳理、归纳出被探测目标物的影像特征，然后依据特征从遥感信息中识别并提取所需的有用信息。

（4）信息应用。信息应用是指专业人员按不同的目的将遥感信息应用于各业务领域的使用过程。信息应用的基本方法是将遥感信息作为地理信息系统的数据源，供人们对其进行查询、统计和分析利用。遥感的应用领域十分广泛，最主要的应用有：军事、地质矿产勘探、自然资源调查、地图测绘、环境监测以及城市建设和管理等。

（二）主要特点

遥感通常是指空对地的遥感，即从远离地面的不同工作平台上（如高塔、气球、飞机、火箭、人造地球卫星、宇宙飞船、航天飞机等）通过传感器，对地球表面的电磁波（辐射）信息进行探测，并经信息的传输、处理和判读分析，对地球的资源与环境进行探测和监测。当前遥感形成了一个从地面到空中，乃至空间，从信息数据收集、处理到判读分析和应用，对全球进行探测和监测的多层次、多视角、多领域的观测体系，成为获取地球资源与环境信息的重要手段。

遥感技术所获取信息量极大，其处理手段是人力难以胜任的。为了提高对这样庞大数据的处理速度，遥感数字图像技术得以迅速发展。

遥感技术已广泛应用于农业、林业、地质、海洋、气象、水文、军事、环保等领域，预计遥感技术将步入一个能快速、及时提供多种对地观测数据的新阶段。遥感图像的空间分辨率、光谱分辨率和时间分辨率都会有极大地提高。其应用领域随着空间技术发展，尤其是地理信息系统和全球定位系统技术的发展及相互渗透，将会越来越广泛。

　　遥感在地理学中的应用，进一步推动和促进了地理学的研究和发展，使地理学进入到一个新的发展阶段。

　　遥感信息应用是遥感的最终目的。遥感应用则应根据专业目标的需要，选择适宜的遥感信息及其工作方法进行，以取得较好的社会效益和经济效益。

　　遥感技术系统是一个完整的统一体。它是建筑在空间技术、电子技术、计算机技术以及生物学、地学等现代科学技术的基础上的，是完成遥感过程的有力技术保证。

参考文献
REFERENCE

[1] 朱启臻. 从生态文明视角看乡村价值[N]. 光明日报，2016-7-23
（10）.

[2] 何玉宏. "天人合一"与生态城市建设[EB/OL]. [2012-6-4].
http://www.xhut.cn/archives/4789.

[3] 中国社会科学院城市发展与环境研究所. 2012年城市蓝皮书《中
国城市发展报告（2012）》[EB/OL]. [2012-08-14]. http://
www.360doc.cn/article/2017508_240835821.html

[4] 深圳城市规划网. 深圳市坪山新区综合发展规划[EB/OL]. [2014-
3-12]. http://www.upssz.net.cn/news/newsinfo.aspx?id=744

[5] 王大干，吴晖，张敏. 武汉开发区四大园区同日揭牌[EB/OL].
[2012-12-08]. http://roll.sohu.com/20121208/n359834121.
shtml

[6] 高骏. 义乌多部门联合推进城市智慧生态建设[EB/OL]. [2015-
9-22]. http://hbj.yw.gov.cn/hbdt/201509/t20150922_789281.
html

[7] 孙旭东. 智慧与生态相融的新城概念性总体规划编制（徐州）[EB/
OL]. [2015-6-2]. http://www.planners.com.cn/article_show.
asp?article_id=379&pageno=1

[8] 毛齐正，马克明，邬建国. 城市生物多样性分布格局研究进展[J].
生态学报，2013，33（4）:1051-1064.

[9] 俞孔坚，李迪华. 论反规划与城市生态基础设施建设[M]//杭州市
园林文物局. 杭州城市绿色论坛论文集. 北京：中国美术学院出版
社，2002:55-68.

[10] 张天新. 补齐城市建筑现代化的短板（新知新觉）[EB/
OL]. [2016-04-10]. http://house.people.com.cn/GB/
n1/2016/0410/c164220-28263389.html

[11] 张利民. 我国近代城市发展动力分析[N]. 人民日报，2014-04-
13（5）.

[12] 王燕，张辉. 发展现代服务业与城市转型[N]. 光明日报，2015-
06-10（15）.

[13] 付宝华. 中国城市不能照搬发达国家现代化模式[EB/OL]. [2016-01-16]. 中国规划网 http://www.zgghw.org/html/dongmanchanye/guonadongman/20160116/32967. html

[14] 邬贺铨. 互联网进入大智移云时代[EB/OL]. [2015-1-23]. http://news.sciencenet. cn/htmlnews/2015/1/312122.shtm

[15] 陆化普. 生态智慧城市中不可或缺的绿色智能交通[EB/OL]. [2014-09-23]. http:// zhujian.ce.cn/jnjp/wzlb/201409/23/t20140923_1942112.shtml

[16] 高万林. 以绿色信息技术引领生态农业发展[EB/OL]. [2013-08-02]. http://www. farmer.com.cn/zt/nylt/jcfy/201308/t20130802_873698.htm

[17] 江西省中国特色社会主义理论体系研究中心：吴晓俊，程水栋. 把生态文明建设融入经济社会发展全过程[EB/OL]. [2012-12-14]. http://theory.people.com.cn/ n/2012/1214/c49156-19897037.html

[18] 卢山. 着力构建我国自主的智能工业产业生态体系[EB/OL]. [2015-07-14]. http:// www.ccidnet.com/2015/0714/9998696.shtml.

[19] 洛菡. "七位一体"新型智慧生态能源系统[EB/OL]. [2015-07-27]. 国家能源通讯，http://www.cneinet.org/news/hyxw/4359.html

[20] 杭州网. 杭州正研究建设城市风道从钱塘江引风吹走灰霾[EB/OL]. [2013-11-5]. http://zj.sina.com.cn/news/m/2013-11-05/0659138445.html

[21] 程晓陶. 城市水患治理应该摆脱农业思维[EB/OL]. [2011-07-01]. http://news. sina.com.cn/green/p/2011-07-01/145922741071.shtml

[22] 刘存发. 浅谈生态建筑与建筑生态化发展[J]. 中国科技投资，2013（A21）：54-55.

[23] 赵斌. 浅析从数字生态建筑向智慧城市的转变之路[EB/OL]. http://www.doc88.com/ p-2691099129681.html

[24] 刘文良，陈芸. 我国城市生态交通规划的思考与建议[J]. 城市，2016（2）：46-49.

[25] 王汉新. 城市生态交通系统理论与实现途径[J]. 科技管理研究，2016（1）：246-251.

[26] 山东省交通科研所，重庆交通大学，华东交通大学，等. 关于生态交通建设的思考[EB/OL]. [2007-08-06]. http://www.cas.cn/zt/jzt/cxzt/gxdhjdstzx/ stshystjs/200708/t20070806_2671222.shtml

[27] 杨传堂. 建设生态文明绿色交通先行[EB/OL]. [2015-06-21]. http://www.ce.cn/ xwzx/gnsz/gdxw/201506/21/t20150621_5698957.shtml

[28] 蒋育红，过秀成. 基于绿色交通理念的城市交通发展策略[J]. 合肥工业大学学报：自然科学版，2009，32（7）：1086-1090.

[29] 俞梦孙. 展望人类健康系统工程[N]. 中国科学报，2014-04-04（7）.

[30] 潘岳. 中华传统的生态智慧[EB/OL]. [2013-09-06]. http://wenku.baidu.com/link?url=q8PRELLWfQrh8TY909xUZZ1ecc1e4_tB5AHu1VRNssSGQY05EXZtgAYhczppB0KmRvZcqDYr028lf9YkD2M1Swr6F76kl_H32qcwIID3Cxm

[31] 刘正农. 信息化是生态建设利器[EB/OL]. [2014-05-06]. http://cyyw.cena.com.cn/2014-05-06/content_224087.htm

[32] 阿里研究院，华泰证券研究中心. 互联网3.0："云脑"物联网创造DT新世界[EB/OL]. [2016-2-29]. http://www.cechina.cn/m/article.aspx?ID=54084